# 침략전쟁시기
# 재중·재만조선인 개황 자료 I

이 저작은 2003년도 한국학술진흥재단의 지원에 의하여 출간되었음.
(KRF-2003-073-AM1001)

# 침략전쟁시기
# 재중·재만조선인 개황 자료 I

편집 : 강대민, 민경준, 김명구

景仁文化社

침략전쟁시기 재중·재만조선인 개황 자료 I 정가 32,000 원

2013년 4월 20일 발행

발 행 인 한 정 희
발 행 처 경인문화사

등록번호 제10-18호(1973년 11월 8일)
주 소 서울시 마포구 마포동 324-3 경인빌딩
대표전화 02-718-4831~2 팩스 02-703-9711
홈페이지 http://www.kyunginp.co.kr | 한국학서적.kr
이 메 일 kyunginp@chol.com

ISBN 978-89-499-0532-7 94910 (세트)
978-89-499-0533-4 94910

# 발간에 부쳐

일제의 만주침공에 이은 또 하나의 식민지 '만주국' 건설과 1937년 중국 침공에 따른 점령지의 확대는 1920년대부터 증가하던 조선인의 만주 및 관내로의 이민을 더욱 촉진하여 만주와 화북지역 조선인사회 또는 공동체를 확충시켰다. 일제는 또한 식민지 만주국에서의 민족통합과 점령지의 원활한 통치를 위해서 재만재중조선인에 대한 통제와 활용을 적극적으로 추진하였고, 그 과정에서 조선총독부, 만주국 기관, 일본대사관, 만철, 점령지 군정부, 개인 등이 다수의 조선인 개황자료를 발간하였다. 이들 자료에는 조선인의 이주상황, 호구 및 생활상황, 교육상황, 종교상황, 산업상황, 집단부락상황, 금융 및 경제상황, 위생상황, 사회사업, 조직단체상황 등이 망라되어 있어 조선인사회의 전반적 상황을 파악하기에 손색이 없는 자료라고 할 수있다.

이들 개황자료는 재중재만 조선인사회에 대한 연구관심의 증가와 함께 일부 연구자에 이용되기도 하였지만, 간행된 자료는 그리 많지 않다. 또한 이들 자료가 일제의 관변자료인 것은 분명지만 자료가 갖고 있는 조사방법과 객관성 정도를 따지어 읽어가면서 데이터를 수집 정리하면 조선인사회의 구체적 윤곽이 그려질 수 있을 것이다. 그동안 전개되어 왔던 항일운동 또는 친일세력 연구와도 관련지으면 그 배경에 대한 객관적인 이해 하에서 성격을 규정하는데 일조할 수 있으리라 본다. 개황자료의 수집과 정리 및 발간에 대한 의미는 여기에서 찾을 수 있지 않을까 한다.

따라서 본 과제팀은 국내는 물론 중국 및 일본 현지 탐방에 근거한 자료의 조사와 수집의 필요성을 인식, 중국 동북지역, 화북의 북경과 천진, 화중의 상해 지역에 대한 답사와 현지전문가와의 협력을 통해 관련자료의 입수를 시도하여 현재 수십 권의 자료를 확보중이고 이를 다시 지역별, 시기별로 분류, 정리하였다. 특히 재만조선인 개황자료는 만주국의 민족통합정책과 관련하여 조선인에 대한 치외법권 철폐 시기인 1936-37년을 경계로 그 구성이나 내용에 적잖은 변화가 보이기 때문에 이를 염두에 두고 정리할 필요가 있었다.

현재는 이들 자료중 국내 미간행에다 인터넷상에 화상원문이 제공되지 않으면서 자료적 가치가 높은 자료를 『침략전쟁시기 재중·재만 조선인 개황자료』라는 제목으로 2책으로 묶어 내었다. 한국

근현대사 전공자는 물론 만주국과 재만조선인사회에 관심을 가진 입문자에게도 연구에 도움되는 자료가 될 것이라 믿는다. 각 원자료의 저자, 제목과 출판사항은 다음과 같다.

1. 저자 미상, 『在滿朝鮮人の實情』 출판사, 출간년도 미상.
2. 朝鮮總督府, 『在滿朝鮮總督府施設記念帖』, 1940.
3. 滿洲帝國協和會中央本部調査部, 『國內に於ける鮮系國民實態』, 1943.
4. 朝鮮總督府北京出張所, 『在北支朝鮮人概況』 朝鮮總督府, 1941.
5. 朝鮮銀行京城總裁席調査科, 『內地, 支那各地在住の半島人の活動狀況に關する調書』, 京城, 1942.

강 대 민

# 목 차

朝鮮總督府,『在滿朝鮮總督府施設記念帖』…………………………… 11

滿洲帝國協和會中央本部調査部,

『國內に於ける鮮系國民實態』…………………………………………… 281

# 침략전쟁시기

# 재중재만조선인 개황자료

# 1권

# 在滿朝鮮總督府施設記念帖

# 在滿朝鮮總督府施設記念帖

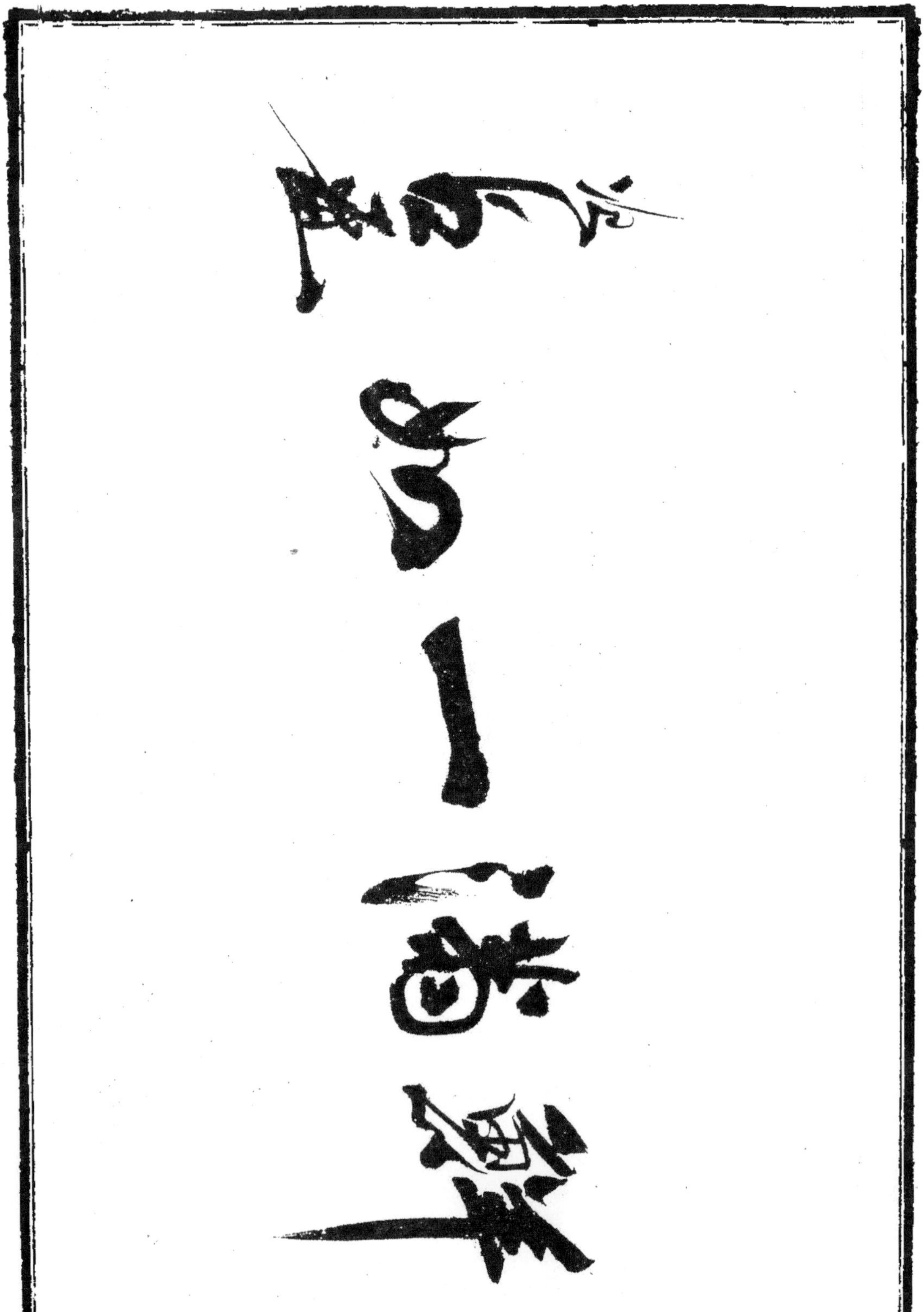
鮮滿一如

# 序

満洲帝國獨立の大精神に合體し、我大日本帝國は満洲國に於ける治外法權を撤廢し、南満洲鐵道附屬地行政權の調整乃至移讓したが、それに伴ひ多年朝鮮總督府が在満朝鮮同胞に對し施設し來つた教育、産業及醫療等の諸施設も三十餘年の光輝ある歴史を殘して、昭和十二年十一月末日限その全部が擧げて満洲國に移讓されたのである。

顧みれば我國の在満朝鮮同胞に對する保護撫育の施設は遠く統監府時代に始まり、統監府が明治四十年八月間島に臨時派出所を設置し間島地方在住朝鮮同胞の保護取締に關する各種の施設に着手したるを以て嚆矢とすべく韓國併合の大業成り總督府の開設を見た後暫くはその施設は概ね統監府より引繼を受けた間島方面のみに限られてゐたが、大正三年に至り更に鴨綠江對岸地方にも意を注ぐことゝなり同年二月安東に職員を派遣し在住朝鮮人の保護撫育事務に從事せしむることゝなり、これより在満朝鮮同胞に對する保護撫育の施設は年と共に擴充されて行つたのである。

斯くて本府は屢々乎として伸展し行く在満朝鮮人の情勢に鑑み大正十年度より新に豫算「對在外鮮人施設費」を創設して廣く満蒙地方に對し教育、衛生、防疫、金融、産業及窮民救濟等の施設の爲多額の經費を計上し移住朝鮮同胞の保護撫育に努めて來たが昭和六年の満洲事變を一轉機として更に事務官以下多數の派遣員を満洲國內各重要地に駐在せしめ一層積極的に此等施設を充實したのである。殊に昭和八年度よりは安全農村の創定に着手し尙満洲各地に適當なる土地を選定して自作農の創定、集團部落の設置等漸次其施設を擴充して遂に在満朝鮮同胞をして今日見るが如き態を成さしめたるに至つたのである。

一

春風秋雨茲に三十餘年、この間東北軍閥の暴政下にあつた在住朝鮮同胞は常に生活の不安、脅威に曝されてゐたが、その時に當つては帝國領事館に保護指導適正を得て、その生命財産を保持され加之諸般の施設に不斷の努力が拂はれたることに對する感謝の念は深甚なるものであつた。更に又事變後滿洲の全土漸く亂れんとするに際し果敢なる皇軍の出動によつて治安漸次確立し、滿洲建國の黎明を迎へて心機一轉した在住半島同胞には新天地開拓てふ重大役割が與へられその生を享樂し王道樂土を讃へるに至つたが、これ畢竟御稜威の下皇軍日夜奮鬪の賜であつて更に絶大の信頼と感謝を捧げつゝあるのである。

而して在滿本府施設移讓後百萬朝鮮同胞は名實共に滿洲國構成分子の一として總て滿洲國の施政下に諸般の恩惠を受けて安居樂業して居り、一方滿洲國は日滿一德一心に則り民族協和と鮮滿一如の精神を基として在滿朝鮮同胞の完全なる安住發展を期すると共に光輝ある將來を約束して諸種の計畫を進められつゝあるのである。

茲に移讓前に於ける本府在滿朝鮮同胞保護撫育施設の刊行にあたり些かその概況を記して以て序とする次第である。

昭和十三年十二月

朝鮮總督府外事課長

松澤龍雄

二

## 開拓されつゝある滿洲曠野

濱江省青岡縣馬家溝
青岡農場（面積七百町歩）
經營者 鄭秉植

朝鮮總督府

# 歷代總督

第一代總督
故伯爵元帥陸軍大將
寺內正毅

第七代總督
陸軍大將
南次郎

第二代總督
故伯爵元帥陸軍大將
長谷川好道

第三·五代總督
故子爵海軍大將
齋藤實

第四代總督
陸軍大將
山梨半造

第六代總督
陸軍大將
宇垣一成

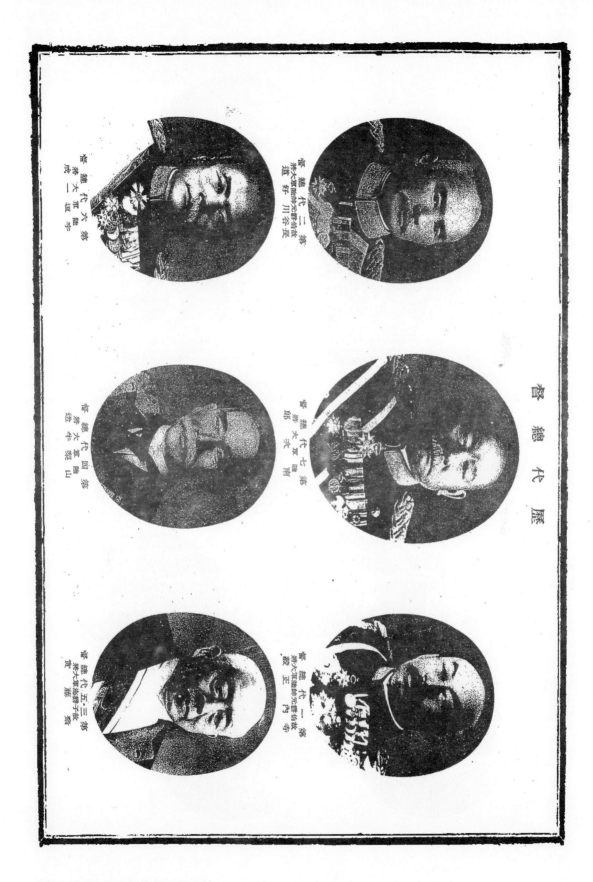

# 歷代政務總監

第一代
山縣總監

第二代
水野總監

第三代
有吉總監

第四代
下岡總監

第五代
湯淺總監

第六代
池上總監

第七代
兒玉總監

第八代
今井田總監

第九代
大野總監

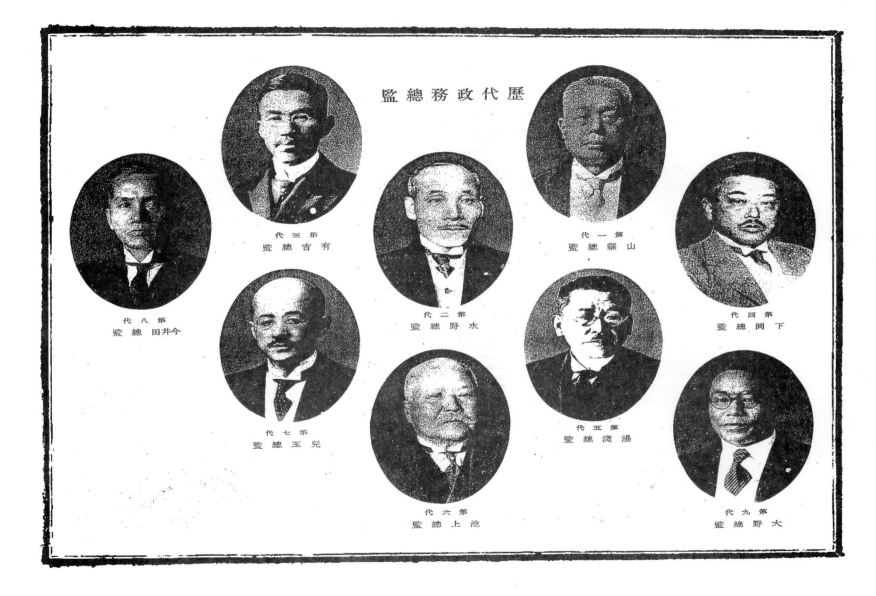

# 歷代外事課長・部長

「註」外事課長ハ昭和四年十一月八日、本府事務分掌規程改正ニ依ル在外施設ノ官房外事課移管以降ヨリ起算ス

第四代外事課長
第一代外事部長 松崎龍雄

第一代外事課長 穗積眞六郎

第二代外事課長 田中武雄

第三代外事課長 相川勝六

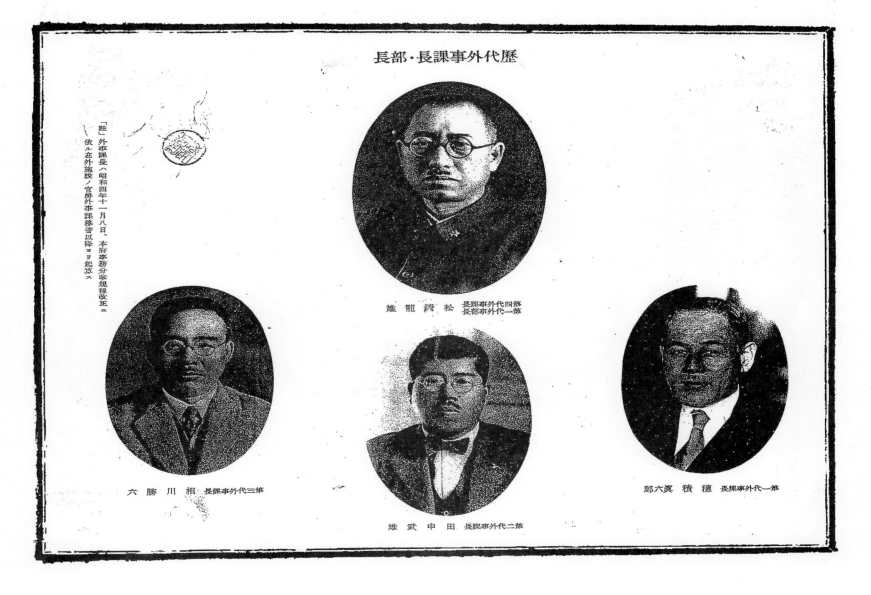

# 歷代滿洲派遣首席事務官

事務官
土屋傳作

事務官
堂本貞一

事務官
高尾甚造

事務官
高橋敏

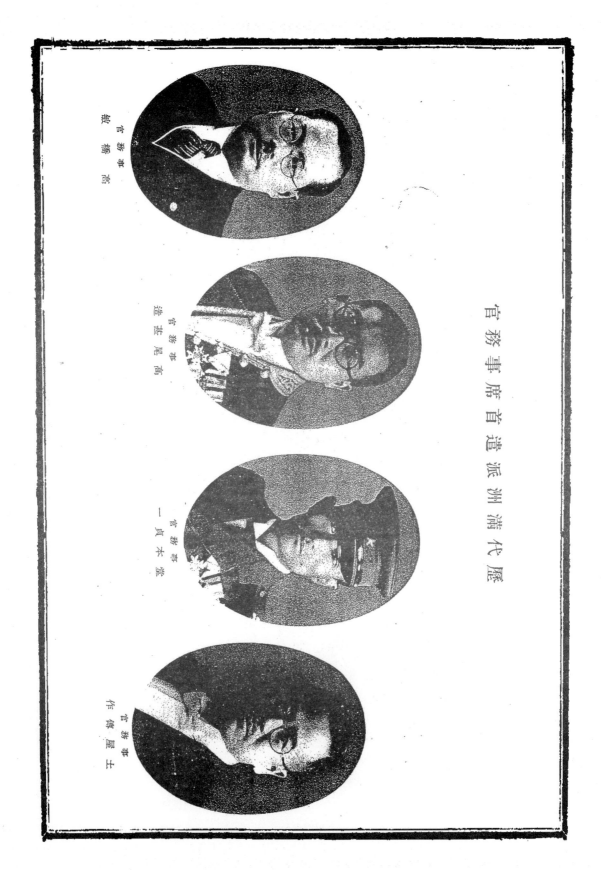

在滿首席派遣員の會合

在滿大日本帝國大使館

(檢閱濟)

滿洲帝國
國務院

(檢閱濟)

王道輝く偉容・

滿洲國に咲く櫻

朝鮮總督府が寄贈した咸鏡北道産の櫻は滿洲國總理大臣官邸庭園に移植され、その艶を誇つてゐる。
これこそ鮮滿一如久遠繁榮の表徵である。

## 鮮滿拓殖株式會社

### 百年大計進めらるる

鮮滿拓殖株式會社は昭和十年九月九日京城に設立せられたものであつて設立の趣旨は滿鮮拓殖株式會社のそれと同一でありその事業は滿鮮拓殖株式會社に對する投資を主たるものとし外に西北鮮に於ける開拓を爲す、その組織事業等左の通りである。

△組織

一、制令に依る特殊會社にして朝鮮總督之を監督す、
二、資本金貳千萬圓(四十萬株一株五十圓)第一回拂込八百萬圓、
三、株式は記名式、日滿兩國人に限り之を所有し得、
四、社債は拂込資金の三倍を限度として之を募集し得、
五、會社は存續期限は三十年、但朝鮮總督の認可を受けこれを延長し得、
六、役員は總裁一人理事三人以上、監事二人以上、總裁は朝鮮總督これを命じ理事は株主總會に選擧したる二倍の候補者中より朝鮮總督これを命じ監事は株主總會にてこれを選任す。

△事業

會社の事業として は定款上に次の諸項が數へられてゐる、因に左記各項に土地とあるは西北鮮の土地である。

一、滿鮮拓殖株式會社に對する投資
二、移住者の爲必要なる土地の取得、經營及處分
三、移住者の爲必要なる資金の貸付
四、移住者の爲必要なる建築物の築造・賣買處分
五、移住者の爲必要なる土地の委託及管理
六、前各項に附帶する事業

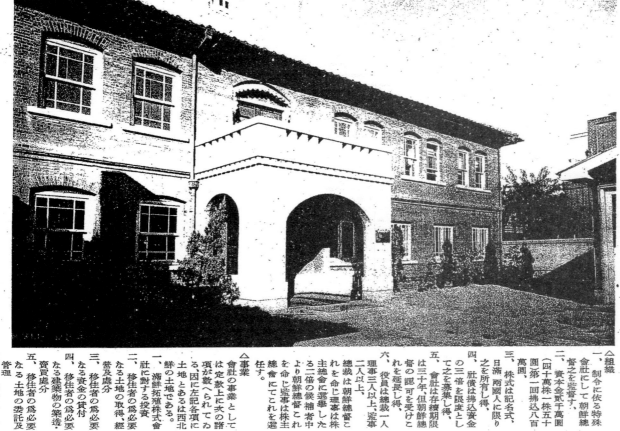

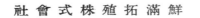

# 躍進を謳ふ滿鮮拓殖株式會社

**一、設立の趣旨**

滿鮮拓殖株式會社は滿洲國政府の勅令に基き昭和十一年九月十四日新京に設立せられたものであつて其設立の趣旨は現に百萬に垂んとする在滿朝鮮同胞を統制撫育して其生活を安定せしめ且新に滿洲國の將來に望みを囑して渡江し來る朝鮮人を指導援助せんとするにある、蓋本事業は獨り新興滿洲國の隆昌發展に資する許りでなく同時に朝鮮殊に南鮮の人口を緩和、更に一方內地渡航の朝鮮人勞働者問題の解決にも寄與する處尠からざるべく實に最重要國策の一つと云ふべきである。

**二、會社の組織**

滿鮮拓殖株式會社の組織は次の通りである。

1. 滿洲國政府の勅令に依る特殊法人とす。
2. 資本金壹千五百萬圓（三十萬株一株五十圓）第一回拂込七百五十萬圓。
3. 前項資本金は之を鮮滿拓殖株式會社より出資す。
4. 會社の存續期間は三十年、政府の認可を受け之を延長し得。
5. 役員は理事長一人、理事五人以內、監事三人以內、理事長は政府之を命じ理事及監事は株主總會にて選任し政府の認可を受くるものとす。

**三、定款上の事業**

定款に示された會社の事業は次の如くである。

1. 移住者の爲必要なる土地の取得、經營及處分
2. 移住者の爲必要なる施設經營
3. 移住者の爲必要なる資金の貸付
4. 前項に附帶する事業

株式會社 滿鮮日報社（新京）

木鐸の堂

在滿朝鮮同胞の指導啓蒙機關

満洲開拓の使者

希望に燃えて蜿蜒長蛇をなして入植地に向ふ開拓民

# 滿洲國ニ於ケル治外法權ノ撤廢及南滿洲鐵道附屬地行政權ノ移讓ニ關スル日本國滿洲國間條約及附屬協定

## 條約

朕經諮詢參議府裁可康德四年十一月五日在新京本國國務總理大臣與大日本帝國特命全權大使會同署命蓋印之關於在滿洲國治外法權之撤廢及南滿洲鐵道附屬地行政權之移讓之滿洲國與日本國間條約著即公布

御名御璽

康德四年十一月五日

國務總理大臣 張　景　惠
治安部大臣 于　芷　山
民生部大臣 孫　其　昌
司法部大臣 張　煥　相
產業部大臣 呂　榮　寰
經濟部大臣 韓　雲　階
交通部大臣 李　紹　庚

條約第二號

### 關於在滿洲國治外法權之撤廢及南滿洲鐵道附屬地行政權之移讓之滿洲國與日本國間條約

茲因大日本帝國政府決定依據康德三年六月十日卽昭和十一年六月十日蓋印之關於在滿洲國日本國臣民居住及滿洲國課稅等之滿洲國與日本國間條約前文趣旨且鑑於該條約實施之成績並滿洲國法令及諸制度之整備

狀況將日本國現在滿洲國所有之治外法權完全撤廢且將南滿洲鐵道附屬地行政權全般的移讓

又因滿洲帝國政府業已可得予以對應上開日本國政府之決定遵照其建國之本旨將在滿洲國日本國臣民之安住發展加層確保增進起見所要一切保障

兩國政府關於日本國現在滿洲國所有之治外法權之撤廢及南滿洲鐵道附屬地行政權之移讓爲規律兩國間關係起見協定如左

第一條

日本國政府應將日本國現在滿洲國所有之治外法權遵照本條約附屬協定所定撤廢

第二條

日本國政府應將南滿洲鐵道附屬地行政權遵照本條約附屬協定所定移讓於滿洲國政府

第三條

日本國臣民應在滿洲國領域內遵照本條約附屬協定所定服從該國法令

關於前項規定之適用日本國臣民應無論在何種情形之下不受較次於滿洲國人民之待遇

前二項規定對於法人應得適用之處適用於日本國法人

第四條

依照日本國法令成立之會社其他法人當本條約實施之時在滿洲國領域內所有本店或主事務所者應與本條約實施同時認爲依照滿洲國法令成立之同種會社其他法人或其最類似法人

滿洲國政府承認依照日本國法令成立之會社其他法人當本條約實施之時在滿洲國領域內所有支店或從事務所有者之成立

第五條

本條約規定不得影響于基於滿日兩國間特別約定之特定日本國臣民或其法人權利、特權、優例及豁免

第六條

本條約自康德四年十二月一日卽昭和十二年十二月一日起實施之

第七條

本條約以漢文及日本文爲正文漢文原文與日本文原文間遇有解釋不同之處以應日本文原文爲準

爲此記名各員各奉本國政府之正當委任將本條約署名蓋印以昭信守

康德四年十一月五日
昭和十二年十一月五日 於新京繕成本書兩份

滿洲帝國國務總理大臣 張景惠㊞

滿洲帝國駐箚大日本帝國特命全權大使 植田謙吉㊞

## 附屬協定(甲)

當本日署名關於在滿洲國治外法權之撤廢及南滿洲鐵道附屬地行政權之移讓之滿洲國與日本國間條約兩國全權委員協定如左

### 第一章 裁判管轄

第一條

在滿洲國爲日本國臣民所存之領事裁判制度應與條約實施同時終止爾後日本國臣民服從滿洲國裁判管轄權

第二條

滿洲國政府約定對於日本國臣民之身體及財產應保障適合乎國際法及法之一般原則之裁判上保護

第三條

關於當條約實施之時在日本國領事裁判所尚係未決之民事及刑事訴訟事

三

件並非訟事件應繼續依照向例處理之日本國裁判管轄權就此項目的持續

四

十分效力

關於依照前項規定應爲處理之事件滿洲國該管官憲應按照日本國該管官憲之請求對於該事件有關一切事項予以援助

第四條

關於條約未實施以前日本國臣民之行爲限於該行爲牴觸行爲當時之日本國刑罰法規而同時依照滿洲國刑罰法規亦爲犯罪者或牴觸日本國承認適用於日本國臣民之滿洲國刑罰法規者滿洲國裁判所得審理裁判關於此項之事件

滿洲國政府約定對於前項日本國臣民之犯罪行爲應不較於依照日本國法令者從重處斷

第五條

關於日本國臣民在滿洲國領域內條約未實施以前所犯之日本國刑法第七十三條乃至第七十九條、第八十一條乃至第八十九條及第百九十七條之罪並治安維持法違反之罪滿洲國政府應將犯人添附證據物移交於日本國政府

第六條

當條約實施之時由日本國領事官搜查中之刑事事件可得依照滿洲國法令處罰者應添附書類及證據物移送於滿洲國該管官憲

滿洲國政府應關於依照前項規定接受之事件對於其未接受以前依照日本國法令所爲之告訴、告發、自首及搜查手續認與依照滿洲國法令所爲者同一效力

第七條

滿洲國政府承認條約未實施以前依照日本國法令所作成債務名義之效力關於依照本協定第三條第一項規定處理之事件所作成者亦同

第八條

滿洲國政府應關於條約未實施以前日本國領事官依照日本國法令所爲登記認與滿洲國該管官憲依照滿洲國法令所爲者同一效力

第二章 南滿洲鐵道附屬地之行政

第九條

日本國政府應與條約實施同時將南滿洲鐵道附屬地課稅、警察、通信其他行政移讓於滿洲國政府

第十條

滿洲國政府約定於依照前條規定已移讓行政之後就執行南滿洲鐵道附屬地行政應妥講措置以免阻碍一般文化之向上及產業之進展等

第十一條

南滿洲鐵道附屬地行政之移讓之際屬於日本國政府課稅權之租稅應遵照由滿洲帝國國務總理大臣與滿洲帝國駐劄大日本帝國特命全權大使之間所協議決定由滿洲國政府賦課或徵收之

關聯於前項規定滿洲國政府應將滿洲帝國國務總理大臣與滿洲帝國駐劄大日本帝國特命全權大使之間所協議決定之金額交付於日本國政府

第三章 警察其他行政

第十二條

日本國政府應與條約實施同時在滿洲國領域內對於日本國臣民不執行警察其他行政爾後日本國臣民服從滿洲國警察其他行政

滿洲國政府約定對於日本國臣民所行警察其他行政關於日本國臣民身體及財產保護應予以一切保障

第十三條

當條約實施之時由日本國該管官憲處理中之警察其他事件應爲原則添附書類移送於滿洲國該管官憲

五

## 第四章 關於神社、教育及兵事之行政

第十四條

滿洲國政府應承認條約實施後在滿洲國領域內日本國或其臣民依照日本國法令設置神社並日本國政府執行關於該神社之行政

第十五條

滿洲國政府約定關於該政府對於日本國臣民可行教育行政重要事項應暫時遵照由滿洲帝國國務總理大臣與滿洲帝國駐劄大日本帝國特命全權大使之間所預先協議決定辦理

滿洲國政府應承認遵照由滿洲帝國國務總理大臣與滿洲帝國駐劄大日本帝國特命全權大使之間所協議決定條約實施後暫時在滿洲國領域內日本國或其臣民依照日本國法令開設、經營或管理學校其他教育施設並日本國政府執行關於日本國臣民教育之行政

日本國政府得爲令開設、經營或管理前項學校其他教育施設起見在滿洲國領域內依照日本國法令設立爲公法人之學校組合及學校組合聯合會滿洲國政府應承認該學校組合及學校組合聯合會之成立

第十六條

滿洲國政府應承認條約實施後日本國政府在滿洲國領域內所行關於對日本國臣民徵集、服役、召集等兵事之行政

第十七條

依照本章規定日本國法令之適用須經司法手續者由日本國司法官憲行之

第十八條

滿洲國政府約定對於依照本章規定日本國法令之適用予以援助而且爲此遵照由滿日兩國該管官憲之間所協議決定講必要措置

## 第五章 施設及職員之交收

第十九條

滿洲國政府應隨同治外法權之撤廢及南滿洲鐵道附屬地行政之移讓遵照由滿洲帝國國務總理大臣與滿洲帝國駐劄大日本帝國特命全權大使之間所協議決定爲原則於條約實施當時之狀態接收關係日本側之施設(包含土地、建物及附屬諸設備在內)及職員

第六章　雜　則

第二十條

滿洲國政府應對於條約未實施以前日本國該管官憲依照日本國法令所爲認可、許可、免許等之行政處分認與滿洲國該管官憲依照滿洲國法令所爲者同一效力

滿洲國政府應得關於前項行政處分滿洲國法令與日本國法令間遇有其條件不同之處設一定猶豫期間令受該項行政處分者依照滿洲國法令所定之條件

第二十一條

日本國政府應將本協定實施上所必要之關於司法、警察、課稅、通信其他之記錄、登記簿、圖面、證書其他物件移交於滿洲國政府

第二十二條

關於本協定實施之細目照其必要應由滿洲帝國國務總理大臣與滿洲帝國駐劄大日本帝國特命全權大使之間協議決定之

第二十三條

本協定當與條約同時實施之

爲此兩國全權委員將本協定署名蓋印以昭信守

康德四年十一月五日
昭和十二年十一月五日　訂於新京

滿洲帝國國務總理大臣　張　景　惠㊞

滿洲帝國駐劄大日本帝國特命全權大使　植　田　謙　吉㊞

七

## 關于關於在滿洲國治外法權之撤廢及南滿洲鐵道附屬地行政權之移讓之滿洲國與日本國間條約及附屬協定（甲）之滿日兩國全權委員間了解事項

八

第一 係附條約第三條及附屬協定第一條

一 就關於日本國臣民身分之事項滿洲國裁判所應準據日本國法令辦理

二 滿洲國政府應關於當條約實施之時日本國臣民依照日本國法令或慣行現享受之權利或利益之保護講必要措置

第二 係附條約第四條

一 滿洲國政府應關於依照本條規定認法人之成立免收何項手續費

二 滿洲國政府應關於依照本條規定已認法人之成立者保護其現享受輕減稅率之利益

第三 係附附屬協定第三條

一 依照本條第一項規定可處理之事件包含關聯條約未實施以前由日本國領事官所處理之事件及依照本條第一項規定由日本國領事官處理之事件而生之爾後手續

二 關聯依照本條第一項規定由日本國領事官可行司法手續而生之刑事事件應與本條第一項事件同樣處理

第四 係附附屬協定第八條

滿洲國政府應關於依照日本國法令所爲登記不動產上權利視爲於滿洲國法令之同種權利或其最類似權利又商號及支配人各視爲於滿洲國法令之商號及經理人

第五 係附附屬協定第九條

一 滿洲國政府應爲關於可直接影響于南滿洲鐵道附屬地居住民福祉及利益之地方行政滿洲國地方官憲得確徵該居住民意見起見在向有地方委員會設置之地土爲原則設置諮問機關

二　南滿洲鐵道株式會社現在南滿洲鐵道附屬地徵收之公費應與該附屬地行政之移讓同時廢止之

第六　係附附屬協定第十五條

一　本條第一項教育行政係爲原則關於初等教育之行政

二　滿洲國政府應將對於日本國臣民之初等教育盡力整備充實且對於該經營團體按照必要滿洲國政府交付相當補助金竝日本國政府予以財政的援助

三　滿洲國政府應遵照由滿洲帝國國務總理大臣與滿洲帝國駐劄大日本帝國特命全權大使之間所協議決定每年分擔在滿洲國領域內由日本國側所行對於日本國臣民之教育事業所要之經費

第七　係附附屬協定第十七條

本條日本國司法官憲暫時爲日本國領事官

第八　係附附屬協定第十九條

滿洲國政府應關於依照本條規定接收關係施設之組織、職員之配置等爲圖謀圓滑事務之處理起見講適切措置

第九　係附附屬協定第二十條

滿洲國政府應得令日本國臣民換領條約未實施以前由日本國該管官憲發給之認可證許可證免許證等但此時應免收手續費

康德四年十一月五日
昭和十二年十一月五日　訂於新京

滿洲帝國國務總理大臣　張　景　惠㊞

滿洲帝國駐劄大日本帝國特命全權大使　植　田　謙　吉㊞

## 附屬協定(乙)

當本日署名關於在滿洲國治外法權之撤廢及南滿洲鐵道附屬地行政權之移讓之滿洲國與日本國間條約兩國全權委員關於在滿洲國通信業務及其

九

附帶業務協定如左

第一條

南滿洲鐵道附屬地通信業務中與第三國有關係者迄至由滿洲帝國國務總理大臣與滿洲帝國駐劄大日本帝國特命全權大使之間協議決定之時爲日本國業務

第二條

日本國政府得將在其自己國內郵便制度辦理而在滿洲國國內郵便制度無類似辦理者其他特有必要事務之辦理委託於滿洲國政府應行委託之事務種類及範圍以滿日兩國主管廳間之業務協定定之

滿洲國政府應關於前項委託事務以善良管理者之注意爲日本國政府準據日本國法令爲處理之

第三條

日本國政府關於委託事務之處理支付手續費於滿洲國政府

使用於委託事務之貨幣爲滿洲國貨幣

滿日兩國貨幣之折合價率以滿日兩國主管廳間協議定之

第四條

關於本協定施行之事項以滿日兩國主管廳間之業務協定定之

第五條

康德二年十二月二十六日卽昭和十年十二月二十六日於新京署名之關於滿洲國與日本國間郵政業務之條約附屬之署名議定書應卽廢之

第六條

本協定當與條約同時實施之

爲此兩國全權委員將本協定署名蓋印以昭信守

康德四年十一月五日
昭和十二年十一月五日 訂於新京

滿洲帝國國務總理大臣 張景惠 ㊞
滿洲帝國駐劄大日本帝國特命全權大使 植田謙吉 ㊞

**關於在滿洲國通信業務及其附帶業務之滿日兩國全權委員間了解事項**

第一 滿洲國政府認迄至由滿日兩國主管廳之間協議決定之時日本國貨幣之使用

第二 滿洲國主管廳應就關於委託事務之制度及施設之整備及運用與日本國主管廳緊密連絡

第三 滿洲國政府應關於委託事務不賦課該當於現由日本國不賦課之公課及手續費者

康德四年十一月五日
昭和十二年十一月五日 訂於新京

滿洲帝國國務總理大臣 張景惠 ㊞
滿洲帝國駐劄大日本帝國特命全權大使 植田謙吉 ㊞

二、

二三

# 條約

朕参議府ノ諮詢ヲ經テ裁可シ康德四年十一月五日新京ニ於テ本國國務總理大臣ガ大日本帝國特命全權大使ト共ニ署名調印シタル滿洲國ニ於ケル治外法權ノ撤廢及南滿洲鐵道附屬地行政權ノ移讓ニ關スル日本國滿洲國間條約ヲ茲ニ公布セシム

御名御璽

康德四年十一月五日

國務總理大臣　張　景　惠
治安部大臣　于　芷　山
民政部大臣　孫　其　昌
司法部大臣　張　煥　相
產業部大臣　呂　榮　寰
經濟部大臣　韓　雲　階
交通部大臣　李　紹　庚

## 條約第二號

### 滿洲國ニ於ケル治外法權ノ撤廢及南滿洲鐵道附屬地行政權ノ移讓ニ關スル日本國滿洲國間條約

大日本帝國政府ハ昭和十一年六月十日即チ康德三年六月十日調印ノ滿洲國ニ於ケル日本國臣民ノ居住及滿洲國ノ課稅等ニ關スル日本國滿洲國間條約前文ノ趣旨ニ據リ且該條約實施ノ成績竝ニ滿洲國ノ法令及諸制度ノ整備ノ狀況ニ鑑ミ日本國ガ現ニ滿洲國ニ於テ有スル治外法權ヲ完全ニ撤廢シ且南滿洲鐵道附屬地行政權ヲ全般的ニ移讓スルコトニ決シタルニ因リ

滿洲帝國政府ハ右日本國政府ノ決定ニ對應シテ其ノ建國ノ本旨ニ從ヒ
滿洲國ニ於ケル日本國臣民ノ安住發展ヲ一層確保增進スル爲必要ナル
一切ノ保障ヲ與ヘ得ルコトト爲リタルニ因リ
兩國政府ハ日本國ガ現ニ滿洲國ニ於テ有スル治外法權ノ撤廢及南滿洲
鐵道附屬地行政權ノ移讓ニ關シ兩國間ノ關係ヲ規律センガ爲左ノ通リ
協定セリ

第一條

日本國政府ハ現ニ日本國ガ滿洲國ニ於テ有スル治外法權ヲ本條約附屬
協定ノ定ムル所ニ從ヒ撤廢スベシ

第二條

日本國政府ハ南滿洲鐵道附屬地行政權ヲ本條約附屬協定ノ定ムル所ニ
從ヒ滿洲國政府ニ移讓スベシ

第三條

日本國臣民ハ滿洲國ノ領域內ニ於テ本條約附屬協定ノ定ムル所ニ從ヒ
同國ノ法令ニ服スベシ
前項ノ規定ノ適用ニ關シ日本國臣民ハ如何ナル場合ニ於テモ滿洲國人
民ニ比シ不利益ナル待遇ヲ受クルコトナカルベシ
前二項ノ規定ハ之ヲ法人ニ適用シ得ル限リ日本國法人ニ適用スルモノ
トス

第四條

日本國法令ニ依リ成立シタル會社其ノ他ノ法人ニシテ本條約實施當時
滿洲國ノ領域內ニ本店又ハ主タル事務所ヲ有スルモノハ本條約ノ實施
ト同時ニ滿洲國法令ニ依リ成立スル同種ノ會社其ノ他ノ法人又ハ最之
ニ類似スル法人ト認メラルベシ
滿洲國政府ハ日本國法令ニ依リ成立シタル會社其ノ他ノ法人ニシテ本

一三

條約實施當時滿洲國ノ領域內ニ支店又ハ從タル事務所ヲ有スルモノノ成立ヲ承認ス

第五條

本條約ノ規定ハ日滿兩國間ノ特別ノ約定ニ基ク特定ノ日本國ノ臣民又ハ法人ノ權利、特權、特典及免除ニ影響ヲ及ボサザルモノトス

第六條

本條約ハ昭和十二年十二月一日即チ康德四年十二月一日ヨリ實施セラルベシ

第七條

本條約ノ正文ハ日本文及漢文トシ日本文本文ト漢文本文トノ間ニ解釋ヲ異ニスルトキハ日本文本文ニ依リ之ヲ決ス

右證據トシテ下名ハ各本國政府ヨリ正當ノ委任ヲ受ケ本條約ニ署名調印セリ

昭和十二年十一月五日即チ康德四年十一月五日新京ニ於テ本書二通ヲ作成ス

滿洲帝國駐箚大日本帝國特命全權大使　植田謙吉㊞

滿洲帝國國務總理大臣　張景惠㊞

## 附屬協定（甲）

本日滿洲國ニ於ケル治外法權ノ撤廢及南滿洲鐵道附屬地行政權ノ移讓ニ關スル日本國滿洲國間條約ニ署名スルニ當リ兩國全權委員ハ左ノ通協定セリ

第一章　裁判管轄

第一條

滿洲國ニ於テ日本國臣民ノ爲ニ存スル領事裁判制度ハ條約實施ト同時ニ終止スベク爾後日本國臣民ハ滿洲國ノ裁判管轄權ニ服スベシ

第二條

滿洲國政府ハ日本國臣民ノ身體及財產ニ對シ國際法及法ノ一般原則ニ適合スル裁判上ノ保護ヲ保障スベキコトヲ約ス

第三條

條約實施當時日本國領事裁判所ニ於テ未決ニ係ル民事及刑事ノ訴訟事件竝ニ非訟事件ニ關シテハ引續キ從前ノ例ニ依リ處理セラルベク日本國ノ裁判管轄權ハ此ノ目的ニ付テハ十分ノ效力ヲ持續スベシ

前項ノ規定ニ依リ處理セラルベキ事件ニ關シテハ滿洲國當該官憲ハ日本國當該官憲ノ請求ニ應ジ該事件ニ關スル一切ノ事項ニ付援助ヲ與フベシ

第四條

條約實施前ノ日本國臣民ノ行爲ニ付テハ右行爲ガ行爲當時ニ於ケル日本國刑罰法規ニ觸ルルト共ニ滿洲國刑罰法規ニ依ルモ亦犯罪トセラルルモノナルカ又ハ日本國ガ日本國臣民ニ適用スルコトヲ承認シタル滿洲國刑罰法規ニ觸ルルモノナル場合ニ限リ滿洲國裁判所ハ之ニ關スル事件ヲ審理裁判スルコトヲ得

滿洲國政府ハ前項ノ日本國臣民ノ犯罪行爲ニ付テハ日本國法令ニ依ル場合ヨリ重ク處斷セラルベキコトヲ約ス

第五條

日本國臣民ガ滿洲國領域內ニ於テ條約實施前犯シタル日本國刑法第七十三條乃至第七十九條、第八十一條乃至第八十九條及第百九十七條ノ罪竝ニ治安維持法違反ノ罪ニ付テハ滿洲國政府ハ犯人ヲ證據物ト共ニ日本國政府ニ引渡スベシ

第六條

條約實施當時日本國領事館ニ於テ捜査中ノ刑事事件ニシテ滿洲國法令

一五

ニ依リ處罰スルコトヲ得ベキモノハ之ヲ書類及證據物ト共ニ滿洲國當該官憲ニ引繼グベシ

前項ノ規定ニ依リ引繼ギタル事件ニ關シ滿洲國政府ハ其ノ引繼前日本國法令ニ依リ爲サレタル告訴、告發、自首及捜査手續ニ付滿洲國法令ニ依リ爲サレタルト同一ノ效力ヲ認ムベシ

第七條

滿洲國政府ハ條約實施前日本國法令ニ依リ作成セラレタル債務名義ノ效力ヲ承認ス本協定第三條第一項ノ規定ニ依リ處理セラルル事件ニ關シ作成セラレタルモノニ付亦同ジ

第八條

滿洲國政府ハ條約實施前日本國領事館ガ日本國法令ニ依リ爲シタル登記ニ付滿洲國當該官憲ガ滿洲國法令ニ依リ爲シタルト同一ノ効力ヲ認ムベシ

第二章　南滿洲鐵道附屬地ノ行政

第九條

日本國政府ハ條約實施ト同時ニ南滿洲鐵道附屬地ノ課税、警察、通信其ノ他ノ行政ヲ滿洲國政府ニ移讓スベシ

第十條

滿洲國政府ハ前條ノ規定ニ依リ行政ノ移讓アリタル後ニ於テハ南滿洲鐵道附屬地ノ行政ヲ行フニ付一般文化ノ向上及產業ノ進展等ヲ阻害セザル樣適當ナル措置ヲ講ズベキコトヲ約ス

第十一條

南滿洲鐵道附屬地ノ行政ノ移讓ノ際日本國政府ノ課税權ニ屬シタル租税ハ滿洲帝國駐箚大日本帝國特命全權大使ト滿洲帝國國務總理大臣トノ間ニ協議決定セラルル所ニ從ヒ滿洲國政府ニ於テ之ヲ賦課又ハ徴收

スベシ

前項ノ規定ニ關聯シ滿洲國政府ハ滿洲帝國駐劄大日本帝國特命全權大使ト滿洲國國務總理大臣トノ間ニ協議決定セラルル所ノ金額ヲ日本國政府ニ交付スベシ

第三章　警察其ノ他ノ行政

第十二條

日本國政府ハ條約實施ト同時ニ滿洲國領域內ニ於テ日本國臣民ニ對シ警察其ノ他ノ行政ヲ行ハザルベク爾後日本國臣民ハ滿洲國ノ警察其ノ他ノ行政ニ服スベシ

滿洲國政府ハ日本國臣民ニ對シ警察其ノ他ノ行政ヲ行フニ付日本國臣民ノ身體及財產ノ保護ニ關シ一切ノ保障ヲ與フベキコトヲ約ス

第十三條

條約實施當時日本國當該官憲ニ於テ處理中ノ警察其ノ他ノ事件ハ書類ト共ニ原則トシテ之ヲ滿洲國當該官憲ニ引繼グベシ

第四章　神社、教育及兵事ニ關スル行政

第十四條

滿洲國政府ノ條約實施後滿洲國領域內ニ於テ日本國又ハ其ノ臣民ガ日本國法令ニ依リ神社ヲ設置スルコト及日本國政府ガ其ノ神社ニ關スル行政ヲ行フコトヲ承認スベシ

第十五條

滿洲國政府ハ其ノ日本國臣民ニ對シ行フベキ教育行政ニ關シ重要ナル事項ニ付テハ當分ノ間豫メ滿洲國駐劄大日本帝國特命全權大使ト滿洲帝國國務總理大臣トノ間ニ協議決定セラルル所ニ從フベキコトヲ約ス

滿洲國政府ハ滿洲帝國駐劄大日本帝國特命全權大使ト滿洲帝國國務總理大臣トノ間ニ協議決定セラルル所ニ從ヒ條約實施後當分ノ間滿洲國

領域內ニ於テ日本國又ハ其ノ臣民ガ日本國法令ニ依リ學校其ノ他ノ教育施設ヲ開設、經營又ハ管理スルコト及日本國政府ガ日本國臣民ノ教育ニ關スル行政ヲ行フコトヲ承認スベシ

日本國政府ハ前項ノ學校其ノ他ノ教育施設ノ開設、經營又ハ管理ヲ爲サシムル爲滿洲國領域內ニ於テ日本國法令ニ依リ公法人タル學校組合及學校組合聯合會ヲ設クルコトヲ得滿洲國政府ハ右學校組合及學校組合聯合會ノ成立ヲ承認スベシ

第十六條

滿洲國政府ハ條約實施後日本國政府ガ滿洲國領域內ニ於テ日本國臣民ニ對スル徵集、服役、召集等兵事ニ關スル行政ヲ行フコトヲ承認スベシ

第十七條

本章ノ規定ニ依ル日本國法令ノ適用ニシテ司法手續ニ依ルベキモノハ日本國司法官憲ニ於テ之ヲ行フ

第十八條

滿洲國政府ハ本章ノ規定ニ依ル日本國法令ノ適用ヲ援助スベク且之ガ爲日滿兩國當該官憲間ニ於テ協議決定セラルル所ニ從ヒ必要ナル措置ヲ講ズベキコトヲ約ス

第五章　施設及職員ノ引繼

第十九條

滿洲國政府ハ治外法權ノ撤廢及南滿洲鐵道附屬地ノ行政ノ移讓ニ伴ヒ滿洲帝國駐劄大日本帝國特命全權大使ト滿洲帝國國務總理大臣トノ間ニ協議決定セラルル所ニ從ヒ關係日本側ノ施設(土地、建物及附屬諸設備ヲ含ム)及職員ヲ原則トシテ條約實施當時ノ狀態ニ於テ引繼グベシ

第六章　雜則

第二十條

滿洲國政府ハ條約實施前日本國當該官憲ガ日本國法令ニ依リ爲シタル認可、許可、免許等ノ行政處分ニ付滿洲國當該官憲ガ滿洲國法令ニ依リ爲シタルト同一ノ效力ヲ認ムベシ

滿洲國政府ハ前項ノ行政處分ニ付滿洲國法令ト日本國法令トノ間ニ其ノ條件ヲ異ニスル場合ニ於テハ一定ノ猶豫期間ヲ設ケ當該行政處分ヲ受ケタル者ヲシテ滿洲國法令ノ定ムル條件ニ依ラシムルコトヲ得ベシ

第二十一條

日本國政府ハ本協定ノ實施ニ必要ナル司法、警察、課稅、通信其ノ他ニ關スル記錄、登記簿、圖面、證書其ノ他ノ物件ヲ滿洲國政府ニ引渡スベシ

第二十二條

本協定ノ實施ニ關スル細目ハ必要ニ應ジ滿洲帝國駐箚大日本帝國特命全權大使ト滿洲帝國國務總理大臣トノ間ニ協議決定セラルベシ

第二十三條

本協定ハ條約ト同時ニ實施セラルベシ

右證據トシテ兩國全權委員ハ本協定ニ署名調印セリ

昭和十二年十一月五日卽チ康德四年十一月五日新京ニ於テ之ヲ作成ス

滿洲帝國駐箚大日本帝國特命全權大使 植田謙吉㊞

滿洲帝國國務總理大臣 張景惠㊞

**滿洲國ニ於ケル治外法權ノ撤廢及南滿洲鐵道附屬地行政權ノ移讓ニ關スル日本國滿洲國間條約及附屬協定(甲)ニ關スル日滿兩國全權委員間了解事項**

第一 條約第三條及附屬協定第一條ニ付

一　日本國臣民ノ身分ニ關スル事項ニ付テハ滿洲國裁判所ハ日本國法令ニ準據スベキモノトス

二　滿洲國政府ハ條約實施當時日本國臣民ガ日本國法令又ハ慣行ニ依リ現ニ享受スル權利又ハ利益ノ保護ニ付必要ナル措置ヲ講ズベシ

第二　條約第四條ニ付

一　滿洲國政府ハ本條ノ規定ニ依リ法人ノ成立ヲ認ムルニ付テハ何等ノ手數料ヲ徵セザルベシ

二　滿洲國政府ハ本條ノ規定ニ依リ法人ノ成立ヲ認メタルモノニ付テハ其ノ現ニ享受スル輕減稅率ノ利益ヲ保護スベシ

第三　附屬協定第三條ニ付

一　本條第一項ノ規定ニ依リ處理セラルベキ事件ハ條約實施前日本國領事官ニ於テ取扱ヒタル事件及本條第一項ノ規定ニ依リ日本國領事官ノ取扱フ事件ニ關聯シテ生ズル爾後ノ手續ヲ包含スルモノトス

二　本條第一項ノ規定ニ依リ日本國領事官ノ行フベキ司法手續ニ關聯シテ生ズル刑事事件ハ本條第一項ノ事件ト同樣ニ處理セラルベキモノトス

第四　附屬協定第八條ニ付

滿洲國政府ハ日本國法令ニ依リ爲サレタル登記ニ付不動產上ノ權利ハ滿洲國法令ニ於ケル同種ノ權利又ハ最之ニ類似スル權利ト又商號及支配人ハ夫々滿洲國法令ニ於ケル商號及經理人ト看做スベシ

第五　附屬協定第九條ニ付

一　滿洲國政府ハ南滿洲鐵道附屬地居住民ノ福祉及利益ニ直接ノ影響アルベキ地方行政ニ付滿洲國地方官憲ガ該居住民ノ意見ヲ確ム

ルコトヲ得ル爲從前地方委員會ノ存シタル地ニハ原則トシテ諮問機關ヲ設置スベキモノトス

二　南滿洲鐵道株式會社ガ南滿洲鐵道附屬地ニ於テ現ニ徵收スル公費ハ同附屬地ノ行政ノ移讓ト同時ニ廢止セラルベシ

第六　附屬協定第十五條ニ付

一　本條第一項ノ教育行政ハ原則トシテ初等教育ニ關スル行政トス

二　滿洲國政府ハ日本國臣民ニ對スル初等教育ヲ出來得ル限リ整備充實スベク且之ガ經營團體ニ對シ必要ニ應ジ滿洲國政府ヨリ相當ノ補助金ヲ交付シ又日本國政府ヨリ之ニ財政的援助ヲ爲スベシ

三　滿洲國政府ハ滿洲帝國駐劄大日本帝國特命全權大使ト滿洲帝國國務總理大臣トノ間ニ協議決定セラルル所ニ從ヒ滿洲國領域內ニ於テ日本國側ノ行フ日本國臣民ニ對スル教育事業ニ要スル費用ヲ毎年分擔スベシ

第七　附屬協定第十七條ニ付

本條ノ日本國司法官憲ハ當分ノ間日本國領事官トス

第八　附屬協定第十九條ニ付

滿洲國政府ハ本條ノ規定ニ依リ引繼ギタル關係施設ノ組織、職員ノ配置等ニ付事務ノ處理ヲ圓滑ナラシムル爲適切ナル措置ヲ講ズベシ

第九　附屬協定第二十條ニ付

滿洲國政府ハ日本國臣民ヲシテ條約實施前日本國當該官憲ヨリ發給ヲ受ケタル認可證、許可證、免許證等ノ書替ヲ受ケシムルコトヲ得ベシ但シ此ノ場合手數料ヲ徵セザルベシ

昭和十二年十一月五日即チ康德四年十一月五日新京ニ於テ之ヲ作成ス

滿洲帝國駐劄大日本帝國特命全權大使　植田謙吉㊞

滿洲帝國國務總理大臣　張景惠㊞

二

## 附屬協定（乙）

本日滿洲國ニ於ケル治外法權ノ撤廢及南滿洲鐵道附屬地行政權ノ移讓ニ關スル日本國滿洲國間條約ニ署名スルニ當リ兩國全權委員ハ滿洲國ニ於ケル通信業務及其ノ附帶業務ニ關シ左ノ通協定セリ

第一條

南滿洲鐵道附屬地通信業務中第三國ト關係アルモノハ滿洲帝國駐箚大日本帝國特命全權大使ト滿洲帝國國務總理大臣トノ間ニ協議決定セラルル時ニ至ル迄日本國業務トス

第二條

日本國政府ハ其ノ內國制度ニ於ケル取扱ニシテ滿洲國ノ內國制度ニ類似ノ取扱ナキモノ其ノ他特ニ必要アル事務ノ取扱ヲ滿洲國政府ニ委託スルコトヲ得委託セラルベキ事務ノ種類及範圍ハ日滿兩國主管廳間ノ業務協定ヲ以テ之ヲ定ム

滿洲國政府ハ前項ノ委託事務ニ付善良ナル管理者ノ注意ヲ以テ日本國政府ノ爲ニ日本國法令ニ準據シテ之ガ處理ヲ爲スベシ

日本國政府ハ委託事務ノ處理ニ付滿洲國政府ニ手數料ヲ支拂フモノトス

第三條

委託事務ニ使用セラルル通貨ハ滿洲國通貨トス

日滿兩國通貨ノ換算割合ハ日滿兩國主管廳間ノ協議ニ依リ之ヲ定ム

第四條

本協定ノ施行ニ關スル事項ハ日滿兩國主管廳間ノ業務協定ヲ以テ之ヲ定ム

第五條

昭和十年十二月二十六日卽チ康德二年十二月二十六日新京ニ於テ署名

セラレタル日本國滿洲國間郵便業務ニ關スル條約附屬ノ署名議定書ハ之ヲ廢止ス

第六條

本協定ハ條約ト同時ニ實施セラルベシ

右證據トシテ兩國全權委員ハ本協定ニ署名調印セリ

昭和十二年十一月五日卽チ康德四年十一月五日新京ニ於テ之ヲ作成ス

滿洲帝國駐箚大日本帝國特命全權大使　植田謙吉㊞

滿洲帝國國務總理大臣　張景惠㊞

**滿洲國ニ於ケル通信業務及其ノ附帶業務ニ關スル日滿兩國全權委員間了解事項**

第一　滿洲國政府ハ日滿兩國主管廳間ニ協議決定セラルル時ニ至ル迄日本國通貨ノ使用ヲ認ムルモノトス

第二　滿洲國主管廳ハ委託事務ニ關スル制度及施設ノ整備及運用ニ付日本國主管廳ト緊密ニ連絡スベシ

第三　滿洲國政府ハ委託事務ニ關シテハ現ニ日本國ニ於テ課セラレザル公課及手數料ニ該當スルモノヲ課セザルベシ

昭和十二年十一月五日卽チ康德四年十一月五日新京ニ於テ之ヲ作成ス

滿洲帝國駐箚大日本帝國特命全權大使　植田謙吉㊞

滿洲帝國國務總理大臣　張景惠㊞

二三

# 目次


一、朝鮮人の滿洲移住沿革の概要……一
二、戸口分布状況……四
イ、年次別戸口表
ロ、省別戸口表
三、職業及生活状況……七
四、本府施設の大要……九
イ、主なる施設
1. 教育施設
2. 醫療施設
3. 金融施設
4. 獸疫豫防施設
5. 産業指導及奬勵施設
6. 其他の主要諸施設
ロ、事變後に於ける特殊施設
1. 保護機關擴充
2. 特殊施設
(一) 安全農村
(二) 集團部落
(三) 自作農創定事業
五、本府派遣員の駐在と移讓(轉職)……四九
六、結語……五六
在滿派遣員の訣別に當りて
七、施設物寫眞……五九
(1) 朝鮮人民會

(2) 普通學校
(3) 書堂
(4) 囑託醫
(5) 金融會
(6) 自衛團
(7) 集團部落
(8) 農務稧と農務稧聯合會
(9) 農民の貯蓄奬勵と農閑期に於ける作業狀況
(10) 社會事業
(11) 産業狀況
(12) 安全農村
(13) 滿洲事變に因る避難同胞救護
(14) 法權撤廢に伴ふ在滿施設滿洲側の引繼

# 在滿朝鮮同胞に對する本府施設の大要

## 一、朝鮮人の滿洲移住沿革の概要

鴨綠江及豆滿江の一葦帶水を隔てゝ相連なる朝鮮と滿洲とは啻に地理的に密接なる關係があるのみでなく歷史的にも亦深い因緣を有し古來常に複雜なる民族的交涉を續けて來た。

朝鮮人の滿洲移住に關しては史上據るべきもの極めて少ないが西曆千六百二十八年清の太宗が鴨綠江下流模盤より鳳凰城を經て瑷陽邊門城廠門、旺清邊門に至る一線に於て防備を施した史實があるがこれ明かに十七世紀の頭初より朝鮮人が鴨綠江對岸地方に移住を圖つた事實を證するものであり、更に西曆千七百十二年清朝の康興帝が烏喇總管穆克登に命じて白頭山に定界碑を建て邊疆の防衛に努めた當時既に豆滿江對岸間島地方に於て農耕に從事する朝鮮人移住者の影を散見し得たとのことである。又朝鮮の李太王六年西鮮地方に凶歉があつた時飢饉に頻せる朝鮮人は先を爭ふて越境移住せるを以て、翌年此等移住者保護の必要を認め平安北道府吏は政府の命を待たずして鴨綠江對岸地方を二十八面に區劃し、これを江界、楚山、慈城、厚昌の四都に分屬せしめ、李太王十七年には朝鮮政府は經略便魚允仲をして對岸地方移住朝鮮人の狀況を視察せしめた史實がある。

間島地方は往時支那と朝鮮との國境が極めて不明瞭であつたのと、同地方が支那東北の一邊隅に位して人口稀薄なる上、地味肥沃で鮮內に比し生活も亦安易であつた關係上、自然國境地方住民にして恒常的に移住する者が多くなつたのである。就中明治三年所謂庚午の大歉に

一

際して北鮮地方咸北六鎭の罹災民が當時渡江の嚴禁を破り相踵いで移住し玆に大陸進出の顯著なる端を開いたが爾來漸を追ふて其數を增し間島各地、東寧穆稜方面より露領沿海州方面にまで進出する有樣であつた。

其後に於ても北鮮地方の住民は、李朝末期に於ける秕政を忌避し天然の不利なる事情から逃るべく對岸各地に渡江移住する者其の後を絶たなかつたが、明治四十年間島に在住の朝鮮人保護の爲統監府臨時派出所の設置せらるゝや鮮內各地よりの移住者は急速に增加し、同四十二年九月間島協約に依つて間島が完全に清國の領土と決定した後と雖其移住は依然として繼續された。斯くて昭和十二年六月末の調査に依れば八五、九四三戶、四八二、九七九人に達して間島總人口の約八割を占め、其總耕作面積の三分の二の一八九、九六九町步は朝鮮人の所有に屬し且つ滿人地主の所有に係る耕地と雖其の大部分が朝鮮人に依つて耕作せられたる狀況であつた。飜て表滿洲方面に於ける情況を視れば此の地方は古くより鴨綠江對岸に移住して農耕に從事した朝鮮人も少くなく漸次奧地に進みつゝあつたのであるが、日露戰役後安奉線の開通するに及んで平安南北道を主とし、其他南鮮方面の農民にして南滿洲鐵道を通じ其沿線及東淸鐵道沿線、吉林地方を目指して移り住む者日に多きを加ふるに至つたのであつた。

降て韓國併合後、大正二、三年頃に至り滿洲に於ける水稻作の有望性は愈々確實となつて來た爲に瘠薄たる半島の地を捨てゝ一望千里に連る滿洲の沃野に憧憬する者著しく增加し、一面鮮內に於ける政治經濟上の刺戟等其他各般の事情に因り急激なる移住者の增加を見るに至り、其勢は奉天省より北進して吉林省、濱江省より更に松花江流域に、或は西進して興安各省に迄伸展したのである。

併しながら當時は所謂舊東北軍閥政權時代であつて、多年弊政の結果常に治安紊亂し殊に朝鮮移住民に對しては苛斂誅求横暴壓迫を極むると共に、絕間なき共匪賊の破壞掠奪は彼等をして常に不安と恐怖の淵に立たしめ、此の混沌たる社會狀勢は在滿移住民に對し絕大なる障害となつたものである。

偶々昭和六年滿洲事變起りこれを契機として民族協和王道宣布に則る滿洲帝國成るや舊機構は改革せられ順天安民の庶政確立せられて吾が帝國の世界平和の大義に仗る絕大な支援の下に國防産業經濟社會文化の驚くべき發達と治安の肅正に伴ひ朝鮮民族の大陸移動は愈々急速なる進展を示し新規渡江者は年々平均五萬人を數ふるに至り、安んじて各自の生業に勤しみ舊來の思想分子等亦聖恩に感泣してその大部分が轉向し內鮮滿一如の精神を良く認識するに至つたのである。

朝鮮人は元來水田耕作に長じ滿洲に於ける米作は殆んど朝鮮農民の手に成り南滿地方より漸次北滿に迄進出し全滿を通ずる土地開墾と云はんよりは寧ろその經濟産業文化等の發達に貢獻したる功績は洵に甚大であつて、今後在滿朝鮮農民を益々指導奬勵し開拓民計畫を擴充するに於ては滿洲建國精神を顯現貫徹する上に於て期待さるゝ點大なるものがある。蓋し滿洲建國以前所謂舊東北軍閥の苛斂誅求共匪賊等の暴威壓迫に幾多の犧牲を拂ひ惡戰苦鬪しつゝも尙南北滿各地に於て土地の開墾に從事せし朝鮮人の過去を顧みるとき思ひ半に過ぐるものがあらう。

朝鮮と滿洲とは地理的に歷史的に其關係極めて緊密なるものがあつて朝鮮人が滿州に移住する觀念は他國に移住すると言ふが如きものと全く其趣を異にして居り、殆ど鮮內を移動すると同樣なる感を抱いて居つたのみならず滿洲は朝鮮に比して人口の密度遙かに疎であり、土

三

地亦極めて豐穰なるに加へ水田に好適なる平野到る處に散在してゐるにも不拘滿人は水田耕作に手を染めやうとする者無き爲その殆んど凡てが草生地、荒蕪地等として放置せられて居つたのである。偶々水田耕作に特殊の技能を有する朝鮮人は渡滿するに及んで其曠野を拓く爲孜々として日夜奮闘努力を續けたが、今や其勞苦は酬いられて全滿約十八萬町歩の水田は黃金の波を秋風に漂はせるに至り滿洲國の寶庫開拓に貢獻しつゝある次第である。

即ち朝鮮人の滿洲移住は恰も水の低きに付くが如く極めて自然の現象であつた、殊に朝鮮經濟が農本時代より農工併進時代の轉換期に當る現在、人口の八割に垂んとする農民は自力更正の意氣と力に燃え乍らも農耕地は狹少にして別段の資力もない爲其生命力を伸張する途としては滿洲を措いて他に求むるところはないのであるから、政府の國策滿洲開拓計畫と相俟つて今後益々急速度の移住增加が豫想せらるゝのである。

## 二、戶口分布狀況

滿洲に於ける朝鮮人の數は實に百萬と稱せられてゐる。移動の激しいのと、奧地居住者に對する調査が行屆き兼ねる爲其確實な數は之を詳細に知り得ぬが、昭和十二年六月末現在に於ける在滿各領事館の調査に依れば總戶口數一八五、七五〇戶、九五一、二二九人(關東州を含む)にして之を前年同期に於ける一六五、二一三戶八二八、二一三人に比較すれば戶數に於て二〇、五三七戶、人口に於て一二三、〇一六人が增加し之を大正九年度に於ける人口四五九、四二七人に比すれば實に二・一倍となり災匪其他の原因に依り時に幾多の消長があつたけれども每年平均二五、七九七人を增加してゐる。即ち滿洲事變前に於ては年平均一四、七六九人を増加しつゝあつた處事變後は一躍年平均四四、一七六人の増加を示すに至り今後益々躍進の趨勢にあることは移住沿革の概要で述べた通りである。

今戸口の分布狀況を地方別に見れば地理的關係上近世朝鮮民族滿洲進出の門戸を爲した間島省に最も多く在滿朝鮮人總數の約五割二分を占め、奉天省の一割四分牡丹江省の一割二分、吉林省の一割が之に次ぎ通化、濱江、安東、三江、龍江、興安南、錦州、熱河省の順位となり興安北省を最下位とする。此等各地に散在する朝鮮人の大多數は農耕に從事して居り、從來は南滿地方に集中してゐたが最近に至り北滿地方の治安整備に伴ひ漸次北方に移動するの傾向にあるが男女別人口は略同率で男一に對し女〇・九の割合である。

滿洲は地域廣大にして總面積百三十萬三千百四十三方粁に達し總人口は僅かに三千三百萬人を上下し一平方粁に對する人口密度は二十五人に過ぎぬ狀態で、此中朝鮮人は總數の五割以上を占むる間島省に於てすら一平方粁に付約十五人を算するにすぎず滿洲移住の前途尚洋々たるものあるを知り得る。

今在滿朝鮮人口の消長を年次別並省別に示せば次表の通りである。

イ、年次別人口表（自大正九年 至昭和十二年）

| 年次 | 人口 男 | 人口 女 | 人口 計 | 前年末ト比較ノ增減 | 增加率 |
|---|---|---|---|---|---|
| 大正九年 | 二六一、八七〇 | 一九七、五五七 | 四五九、四二七 | — | — |
| 大正十年 | 二七一、一五〇 | 二一七、五〇六 | 四八八、六五六 | 二九、二二九 | 〇・〇六 |
| 大正十一年 | 二八五、四九四 | 二三一、三七一 | 五一六、八六五 | 二八、二〇九 | 〇・〇六 |
| 大正十二年 | 二八九、七五〇 | 二三八、二七七 | 五二八、〇二七 | 一一、一六二 | 〇・〇二 |
| 大正十三年 | 二九二、七六九 | 二三九、〇八八 | 五三一、八五七 | 三、八三〇 | 〇・〇一 |
| 大正十四年 | 二八九、三八一 | 二四二、五九二 | 五三一、九七三 | 一一六 | — |

五

| | | | | | |
|---|---|---|---|---|---|
| 昭和元年 | 二九八、一一〇 | 二四四、〇七五 | 五四二、一八五 | 一〇、二二二 | 〇・〇二 |
| 昭和二年 | 三〇四、五八二 | 二五三、六九八 | 五五八、二八〇 | 一六、〇九五 | 〇・〇三 |
| 昭和三年 | 三一三、五九九 | 二六三、四五三 | 五七七、〇五二 | 一八、七七二 | 〇・〇三 |
| 昭和四年 | 三二二、六三一 | 二七五、〇四六 | 五九七、六七七 | 二〇、六二五 | 〇・〇四 |
| 昭和五年 | 三二五、七八一 | 二八一、三三八 | 六〇七、一一九 | 九、四四二 | 〇・〇二 |
| 昭和六年 | 三三八、四一〇 | 二九二、五七二 | 六三〇、九八二 | 二三、八六三 | 〇・〇四 |
| 昭和七年 | 三六〇、一七四 | 三一二、四七五 | 六七二、六四九 | 四一、六六七 | 〇・〇七 |
| 昭和八年 | 三五八、八七六 | 三一四、九一八 | 六七三、七九四 | 一、一四五 | — |
| 昭和九年 | 三八三、四三五 | 三三六、五五三 | 七一九、九八八 | 四六、一九四 | 〇・〇七 |
| 昭和十年 | 四三二、八八〇 | 三七四、六二六 | 八〇七、五〇六 | 八七、五一八 | 〇・一二 |
| 昭和十一年 | 四二〇、四九五 | 四〇七、八七四 | 八二八、三六九 | 二〇、八六三 | 〇・〇四 |
| 昭和十二年六月末 | 五一三、九九六<br>五一四、〇四八 | 四三七、一三五<br>四三七、一八一 | 九五一、二二九 | 一二二、八六〇 | |

## ロ、省別戸口表 (昭和十二年六月末現在)

| 省名 | 戸數 | 人口 男 | 人口 女 | 人口 計 | 前年 戸數 | 前年 人口 | 比較增減(△) 戸數 | 比較增減(△) 人口 |
|---|---|---|---|---|---|---|---|---|
| 間島 | 八五、九四三 | 二五三、八九九 | 二二九、〇八〇 | 四八二、九七九 | 八一、四〇五 | 四五八、二〇八 | 四、五三八 | 二四、七七一 |
| 奉天 | 二三、一六八 | 六四、一二二 | 五四、三四八 | 一一八、四七〇 | 二一、六一八 | 一一二、三三三 | 一、五五〇 | 六、一三七 |
| 牡丹江 | 一七、六八九 | 四一、九九〇 | 三一、三三九 | 七三、三二九 | 一三、三一九 | 五六、五一六 | 四、三七〇 | 一六、八一三 |
| 吉林 | 一六、七七九 | 四五、六五八 | 三五、一七七 | 八〇、八三五 | 一五、〇一〇 | 六七、五四六 | 一、七六九 | 一三、二八九 |
| 通化 | 一一、九三四 | 三七、一七三 | 二九、二一三 | 六六、三八六 | 四、八一七 | 二〇、五三二 | 七、一一七 | 四五、八五四 |
| 濱江 | 一〇、五九九 | 二二、四六五 | 一八、二九七 | 四〇、七六二 | 七、五三三 | 二九、六七八 | 三、〇六六 | 一一、〇八四 |
| 安東 | 八、一二五 | 二二、五一七 | 二〇、六五七 | 四三、一七四 | 八、一六二 | 四七、三七四 | (△) 三七 | (△) 四二〇 |
| 三江 | 六、三一九 | 一三、六六八 | 九、二一九 | 二二、八八七 | 五、二七二 | 二〇、三三八 | 一、〇四七 | 二、五四九 |
| 龍江 | 一、九二七 | 四、〇四八 | 三、二九三 | 七、三四一 | 一、五二二 | 六、〇三六 | 四〇五 | 一、三〇五 |
| 興安南 | 一、一三六 | 二、五八一 | 二、一一六 | 四、六九七 | 一、一〇四 | 四、五四一 | 三二 | 一五六 |
| 錦州 | 七七九 | 一、九四三 | 一、四三二 | 三、三七五 | 六八七 | 二、八四八 | 九二 | 五二七 |
| 黑河 | 三三一 | 五六三 | 四四三 | 一、〇〇六 | 二三二 | 八五七 | 九九 | 一四六 |
| 熱河 | 二八三 | 五六八 | 三五二 | 九二〇 | 二六一 | 八七八 | 二二 | 四二 |
| 興安東 | 一九九 | 三八八 | 一九八 | 五八六 | 九八 | 二六二 | 一〇一 | 三二四 |
| 興安西 | 一四〇 | 二三三 | 一七二 | 四〇五 | 八二 | 一六三 | 五八 | 二四二 |
| 興安北 | 八七 | 二四四 | 一〇七 | 三五一 | 九一 | 三五九 | (△) 四 | (△) 八 |
| 計 | 一八五、四三八 | 五一三、〇六〇 | 四三四、四四三 | 九四七、五〇三 | 一六〇、二一三 | 八二八、三六九 | 二五、三〇七 | 一二三、七六七 |
| 關東州 | 七一二 | 一、九八八 | 一、七三八 | 三、七二六 | — | — | — | — |
| 總計 | 一八六、一五〇 | 五一四、〇四八 | 四三七、一八一 | 九五一、二二九 | 一六〇、二一三 | 八二八、三六九 | 二五、三〇七 | 一二三、七六七 |

六

## 三、職業及生活狀況

在滿朝鮮人の生業中大部分を占むるものは農業で一三九、四一二戸となり全戸數の七割八分に當る。之を地方別に見るときは東滿(間島省)、南滿、北滿の順位である。

一般商業と目すべきものは四、三〇一戸で間島、哈爾濱、新京、奉天安東等の地に集中し大部分は小額資本を以てする小賣商である。

都市及其附近には農業に附隨して精米業を營む者多く內地人同業者を凌駕する業績を示して居り、其他同戸口に比し飲食店、料理店、旅人宿業を營む者も相當數に上り全滿各地に散在してゐる。

滿洲國成立後官公吏、銀行、會社員等に就職するもの逐年增加し、昭和十二年六月末現在に於て學校教員及醫師を加へ所謂知識階級と目すべきものは一三、一三三人に達する。

在留朝鮮人の生活狀態は一般に窮迫し營農者にあつては殆んど小作農の域を脫せず、殊に何等の資本をも有たずして生活の貧窮に追はれ漫然渡滿し各地を轉々するもの多く、春耕期に於ける高利農耕資金の負債は秋收期に於て辛じて之を償還し得るに過ぎない。殊に滿洲事變前に於ける舊東北官憲、地主等の橫暴壓迫、各種匪害及天災地變等の甚しさの爲其生活は悲慘を極め來つたので、建國以來の政府は常に之が救濟に留意し一方鮮農自體も副業奬勵生活改善の聲に促され自力更生策を講ずるに至り其生活狀態も逐次改善向上されつゝあるが、尙今後の努力に俟つ處が多い。今職業別に戸口を示せば次の通りである。

## 職業別戸口別一覽表 （昭和十二年六月末現在）

| 職業別 | 戸數 | 從業員及其他家族 男 | 從業員及其他家族 女 | 從業員及其他家族 計 |
|---|---|---|---|---|
| 農業 | 一三九、四一二 | 三五二、八四六 | 二九二、四四四 | 六四五、二九〇 |
| 商業 | 四、七六七 | 九、四七二 | 四、四五九 | 一三、九三一 |
| 精米業 | 五一九 | 一、五三四 | 一、〇九三 | 二、六二七 |
| 牧畜業 | 三〇 | 五二 | 二〇 | 七二 |
| 漁業 | 二六 | 四五 | 一七 | 六二 |
| 金融業 | 一九四 | 一八〇 | 九九 | 二七九 |
| 質屋業 | 一三三 | 二七一 | 一二九 | 四〇〇 |
| 工事請負業 | 二三一 | 四七九 | 二一〇 | 六八九 |
| 寫眞業 | 一六三 | 二九七 | 一一八 | 四一五 |
| 物品販賣業 | 三、四七九 | 六、五八二 | 三、五七〇 | 一〇、一五二 |
| 旅人宿業 | 一、二二八 | 二、三六六 | 一、九三四 | 四、三〇〇 |
| 賣藥業 | 四九三 | 七三一 | 三八六 | 一、一一七 |
| 飲食店業 | 一、五〇四 | 二、二五七 | 三、〇〇〇 | 五、二五七 |
| 料理店業 | 四一四 | 八九三 | 二、八一六 | 三、七〇九 |
| 理髮業 | 一八〇 | 三〇五 | 二三二 | 五三七 |
| 銀行會社員 | 二、〇二〇 | 二、九四一 | 八三四 | 三、七七五 |
| 官公吏 | 二、七六四 | 三、五五五 | 一、三四九 | 四、九〇四 |
| 教員 | 一、六一八 | 二、二二二 | 九七四 | 三、一九六 |
| 醫師 | 二九四 | 五一四 | 二六九 | 七八三 |
| 代書業 | 二八九 | 二四〇 | 四五 | 二八五 |
| 日傭人 | 一〇、八七一 | 二二、三五七 | 二、五七五 | 二四、九三二 |
| 運送業 | 二九 | 四四 | 四四 | 八八 |
| 其他職業 | 一一、三七三 | 一二、八一六 | 八、五〇九 | 二一、三二五 |
| 無職 | 三、七一八 | 五、五八〇 | 三、九八八 | 九、五六八 |
| 非從業員 | \| | 八五、五一四 | 一〇八、〇六七 | 一九三、五八一 |
| 合計 | 一八五、七四九 | 五一四、〇九三 | 四三七、一八一 | 九五一、二七四 |

# 大地を拓く

〽拓け同胞
滿洲天地に
草取除け水通し
國の爲、身の爲

昭和十一年七月
濱江省綏化安全農村にて
慶北參與官　李　聖　根

## 四、本府施設の大要

在滿朝鮮人に對する本府の保護施設の沿革は遠く統監府時代に在る。

即ち統監府は明治四十年八月間島に臨時派出所を設け該地方在住朝鮮人の保護取締に關する各種の施設に着手したのであるが、明治四十二年十一月帝國領事館の開設後は之を通して施設を繼續し、明治四十三年韓國併合の年即ち本府施政の當初より大正二年頃迄の間は新政匆々の際でもあり、且諸般の內政改革時代であつたので、在外方面の施政は積極的伸展の擧に出づることなく、唯統監府より引繼いだ間島地方に於ける教育、衞生施設の續行及臨時緊急を要すべき施設の處理並に間島、安東の各領事の本府事務官兼位等を見たるに止まり、寧ろ今日の飛躍に對する準備時代であつた。越えて大正三年の頃より漸く內政の整備稍々其緒に就いたので、漸次舊施設の擴充と新規施設の計畫實行とに着手するに至つたのである。

從來在外朝鮮人に對する施設の區域は、概ね統監府より引繼いだ關係上、間島方面に限られて居たのであつたが、大正三年に至り鴨綠江對岸にも意を注ぐことになり、同年二月安東に本府聯員及教員を派遣して在住朝鮮人の教育其他の施設事務に從事せしむること丶成つた。これは鴨綠江對岸に於ける本府施設の嚆矢を爲すものであつて、これより漸次奧地に保護施設を及ぼし遂に今日の態を成すに至つたのである。

又間島方面に於ては朝鮮人教育設備擴張の爲大正四年には普通學校附屬の簡易農學校を、又同年及翌五年度には普通學校分校を新設すると共に書堂に對する補助金を下附し醫療機關の充實を圖る爲大正五年度中に龍井村診療所を增築する等、兩江對岸に於ける保護撫育の施設は年と共に擴充の氣運に向つたのであつた。

斯くて大正六年以降大正九年迄の間は積極的漸進時代とも稱すべき時代であつて、此期の初頃より在滿日本帝國領事館は管內朝鮮人を統制するの必要に迫られ、その慫慂援助の下に各地に朝鮮人民會の設立を見るに至つたが、本府は其趣旨に贊同して年々維持費の補助をなし尙進んで同七、八年頃より敎育施設として間島に於ける普通學校の新設及鴨綠江對岸の書堂の開設に對する補助金の支出を爲し、衞生施設としては間島囑託醫の配置、種痘免許員の設置及痘苗の配布、國境慈惠醫院(今日の道立病院)の對岸巡回診療等に援助を與へ、其他凶歉補助及鮮內視察に對する補助、新聞紙の無料配付等各般に亙つて施設の擴張に努めた。

斯要之大正六年以降對在滿朝鮮人施設事務を漸次擴張して遂に保護撫育取締等の全般に亙るに至つたのであるが、其後渡滿朝鮮人の增加につれて保護撫育の必要性は愈々其度を加へたので、大正十年に至り我が在外朝鮮人に對する保護撫育施設事務は一大革新を齎すことゝなつたのである。

卽ち本府は駸々乎として伸展し行く在滿朝鮮人の情勢に鑑み、大正十年新に豫算「對在外鮮人施設費」を創設して益々之を助長することとし、先づ保護機關の擴充を計り多年の懸案であつた啓蒙施設、其他敎育、醫療機關を增設すると共に、滿洲に在住する朝鮮同胞は「外國に在る日本人」なので本來ならば外務省側に於てこれが保護並に監督に當るべき筋合であるが、內地人とは風俗習慣等を異にして居るのみならず、これが施設の可否は直ちに朝鮮內に反映し、延いては半島統治に重大なる影響を齎す關係に在り、寧ろ朝鮮統治に專念して居る朝鮮總督府が直接其任に當る方が萬事好都合の爲本府は同年七月外務省との間に協定を結び在滿朝鮮人保護撫育事務中主として保護助長に關する教育、衞生、牛疫豫防、金融、產業及救濟事務は本府が之を擔當することゝし、外務省に於ては主として保護取締に關する警察取締、朝鮮人民會の指導、監督及調査並に就籍に關する事務等を掌ることとし各自其事務の分擔を定めたのである。

次で大正十一年度に於ては一層事務の連絡を緊密ならしむる爲本府在滿派遣員は外務省兼任とし又醫療施設として間島病院の大增築及囑託醫の增設を行ひ、新規事業としては間島に於ける牛疫豫防施設、金融部に對する補助及琿春通信施設に對する補助等を開始したのである。

偶々奉天に東亞勸業株式會社の設立を見たが、同社の事業が在滿朝鮮人の扶植上に尠ず貢獻するところあるべきと各種保護撫育事業の代行機關として相當の活躍を期待し得ることを認めた本府は、之に補助金を下附し本府の指導監督下に右趣旨に基づく事業の遂行に當らしむることゝしたのである。

其後は年により豫算の增減に伴ひその施設に消長があつたが大體に於て進展の一路を辿り、昭和二年度に於ては南滿洲鐵道株式會社との協定に依り、從來專ら本府に於て補助し來つた滿鐵沿線の朝鮮人教育機關は同社に於て補助又は之が施設をすることゝして教育の擴充を圖り、東亞勸業株式會社に對しては特殊條件に依る補助金を交附し在滿朝鮮農民の渴仰措くなき農耕資金の融通をなさしむることゝしたのである。

斯の如くして本府は大正十年以來在滿朝鮮人保護撫育の爲年々對在外鮮人施設費八、九十萬圓の豫算を以て種々の施設を實行し來つたのであるが、昭和六年九月の滿洲事變勃發前に在りては、此等朝鮮農民は長期に亙る東北軍閥其他官憲の絕えざる壓迫と不當政治並にその間隙に乗ずる匪賊の跳梁と所謂不逞鮮人の跋扈とに其進路を著しく妨げられて努力酬いられず、その境遇は洵に同情に堪へぬ有様であつた。

然るに滿洲事變を經て滿洲國の成立を見るや滿洲の情勢は全く從來と其趣を異にするに至り、多年舊軍閥の苛斂誅求に喘ぎつゝあつた朝鮮同胞も滿洲國の國是たる民族協和てふ主義と我が國の援護の下に新しき生活への更生を期しつゝある一方鮮內一般民衆も亦此劃期的現狀を機として新天地に飛躍せんと志し、兩江を渡つて北進する者の數は日にその多きを加へる實狀となつた。

茲に於て本府は全力を擧げて先づ既移住者の生活安定方途を講じ、亞いで事變に由る避難民の直接救護及歸農計畫を樹つると共に、新規移住者に對しては別に移住政策を樹立する等在滿朝鮮同胞を安定せしむる爲周到なる事業計畫の樹立と其實行に巨歩を進め來たのである。

## イ、主なる施設

### 1. 教育施設

由來朝鮮人は文字を尙ぶ民族であつて、其日の生活に追はれ滿蒙の地に移住した程の者と雖尙十數戶集團するや先づ書堂を設けて子弟の教育に當てんとするの傾向を有するのであるが、此等農民の多くは各所に於て滿洲人の土地を小作し集團部落を構成することが比較的尠なかつた爲めに、自然子弟の教育は容易でなく、從つて本府又は滿鐵の補助を受けてゐる以外のものは何れも教育施設の維持困難であり、存廢亦常ならざる狀態であつた。

本府は此等在滿同胞の子弟教育の要望に對し、適當な限度に於て之を助成する必要を認め、これが普及を圖る爲學校經費補助をなし、又敎科書の無償配布等に努め來つたのであるが、間島地方に於ては其敎育機關として明治四十年統監府臨時派出所の設置と同時に龍井村間島普通學校が設けられ、次で韓國併合に際しては本府が之を承繼いで國費を以て咸鏡北道地方費に其經費を補助し道知事管理の下に經營すること、なつた。これが本府の對在外朝鮮人教育施設の嚆矢である。

其後各地に普通學校及書堂の開設を見るに至り現在間島に於て本府補助による普通學校數六校、書堂數六十三に達してゐる。其經營は本府が咸鏡北道道費を通じて其經費を補助し、咸鏡北道は會寧及慶源普通學校より訓導を派遣して敎鞭を執らしむると共に各書堂に對しては此等普通學校校長が指導監督の任に當つてゐたのであるが、渡滿者數の激增と向學熱の著しき勃興とは相俟つて兒童數の異常なる增加を來し昭和十一年六月末現在に於て兒童總數三萬一千百六十九名に達するの狀況である。此等普通學校は何れも朝鮮に於ける普通學校規程を準用して居り設備及敎育程度は鮮內のそれと比較するも何等遜色がない程度に達してゐたのである。

次に表滿洲地方に於ては滿鐵附屬地、接續市街及哈爾賓に於ける朝鮮人兒童敎育に關しては本府と滿鐵との取極に依つて昭和二年以降は同會社が本府敎育方針並に規程に準據して積極的に之をなすこと、なり、本府としては同年以降當分の間經營費の一部を安東、奉天、撫順、鐵嶺、哈爾賓等の各普通學校に補助した。而して此等滿鐵管理の普通學校數は十四校(安東外十三校)であつて昭和十二年六月末現在の兒童數は九千二十八名である。

鴨綠江對岸(安東下流附近)には五個所に書堂があつて兒童數は昭和十一年六月末現在四百二十二名あり、之が經營に付ては平安北道を經て經營費の補助をしてゐた。又表滿洲各地日本領事館管內(鴨綠江上流十二書堂を含む)の奧地朝鮮人民會經營に係る普通學校及書堂に對しても相當の補助金を下附し、所轄帝國領事監督の下に朝鮮の普通學校規程に準據した教育をなさしめてゐたのであるが、昭和十二年六月末現在に於ける此等關係學校數は六百三十八校である。

## 2. 醫療施設

在滿朝鮮同胞に對する醫療施設は、明治四十年統監府臨時間島派出所が設置せられた當時龍井村に間島慈惠醫院を施け、間島憲兵隊付軍醫を囑託して廣く內鮮支人の施療に從事せしめたのに始まる。

降つて明治四十二年十一月同派出所を閉鎖するに及んで此施設を間島日本總領事館に引繼ぐことゝし憲兵分隊付軍醫は之を其儘殘留せしめ日本總領事館附屬慈惠醫院として存續することゝなつたが、翌四十三年には此の組織を更に改めて醫師を囑託し、一定の月手當を支給し病院經營に要する一切の費用は之を囑託醫に於て負擔せしめることに定めると同時に、在住朝鮮人に對する施療に付ては其費用を韓國政府より支出することゝして治療を行はしめたのである。

韓國併合成るや本府は此施設を繼承し醫師に對しては月額手當支給のことに改め、之が監督を間島日本總領事に委囑して廣く間島在住朝鮮人一般に亙り治療を行はしめることゝしたのであるが、其後數年を經過する中四圍の狀勢は到底其儘の設備を以てしては需用を充し得ざるに立ち至つた爲大正五年度に至り醫院の大擴張を斷行し、經費六千五百餘圓を投じて新に診療所其他を增築し、名稱も慈惠醫院診療所と改め囑託醫に經營を委任する方法を執り、委託施療患者費年額五千六百餘圓を支給することになつた。

大正七年四月には更に一歩を進めて囑託醫の設備及身柄一切を本府

に引取り、醫院は本府直營となし名稱も咸鏡北道會寧慈惠醫院出張所と改め、所長は囑託醫を以て之に充て、他に醫員其他の職員を增置して内容の充實を圖ると共に、每年定期に地方主要部落の共同施療を行はしめて、漸次診療を都會地より奧地に至る迄普及せしむるに至つたので、再び醫院擴張の議起り遂に翌十一年度に入るや經費十一萬餘圓を投じて本館其他附屬物の增築を行ひ諸設備を充實した。これで略ぼ鮮内の病院と比肩し得るに至つたが、偶々大正十四年朝鮮慈惠醫院制度の改正せらるゝに及び本醫院の經營は咸鏡北道費に移管せらるゝことゝなり、今日に至る迄本府は其經營に對し咸鏡北道費を通じて每年三萬圓内外の補助金を交付し絶えず指導監督に當りつゝ其實效の擧揚を期したのである。

間島地方に於ける朝鮮人の數は年と共に增加するの傾向に在り、都市は不斷の發達をなし地方亦之に追從して、諸般の文化施設擴張の聲も漸次高まり、特に醫療施設に對する朝鮮人同胞の要望は頻りであつた。因つて本府は昭和六年六月局子街に會寧醫院の分院を開設して取敢へず四千餘圓を同地の朝鮮人民會に補助することゝなり、續いて昭和七、八年に於ては年に經常費不足額五千八百餘圓を補助して内容の改善を圖つたのであるが、同院の成績は目覺しきものがあつて累年患者數激增し、龍井醫院同樣狹隘を感ずるに至り、院舍を新築擴張せねばならぬ狀態となつたのである。

右の外間島地方並に表滿洲に於ては有資格の醫師及限地開業醫を各朝鮮人民會に囑託醫として配置し所要經費は之を民會に補助して處辨せしめ、貧困者の爲に適當なる施療をなさしめつゝあつたが、其數六十八箇所に上り一個年の施療患者數は約六萬人(延人員十六萬人)を算するに至つたのである。

偶々滿洲事變勃發するや在滿鮮人の流動著しく、一時鐵道沿線其他安全地帶に避難し來り更に其後處々に分散就農せるものありたるも多くは本府施設の集團部落に收容せられ或は稠密なる部落生活を爲すに至り、此等部落の各民會より囑託醫設置の要望頻りだつたので、昭和十年に於ては更に數箇所に增員配置をなし、醫療施設の普及に努めたが廣袤數萬方里に及ぶ全滿に亙りて分散居住する同胞の凡てに亙り此種醫療の恩惠に浴せしむることは、財政の關係上到底不可能なるを以て僻遠の地に在る者に對しては囑託醫及び別に委囑せる京城帝國大學醫學部施療班をして巡回診療せしむる外本府衞生試驗室の調劑に係る家庭藥品每年約七萬人分を無料配布し、此の外痘苗其他傳染病豫防液二十五、六萬人分を購入して各民會に送付したのであるが此等醫療費の補助總額は每年十一萬圓に達してゐた。

敍上施設の効果は年を追ふて著しく、在滿鮮人の歡喜は異常なもので本府は之に鑑み將來益々此等各般の施設を擴張整備し以て同胞の渴望に應へんとしたのであつた。

### 3. 金融施設

在滿朝鮮人の八割迄は農業に從事して居るが其大半は滿人地主の小作人であつて何れも高利の農耕資金を地主から前借するを例とするので粒々辛苦の結晶も大部が地主の掌中に假する有樣であつた爲に農民の生氣は喪はれ伸張の餘地殆どなく永久に滿人地主の搾取に委するの已むなき狀態に置かれて居つた。

玆に於て本府は此等貧農に對する金融施設の必要を認め金融機關を設けて其經濟生活の安定向上を圖ることに努むることゝしたのである。

此施設は明治四十四年五月間島龍井村の大火に際し在住朝鮮人の災禍

に遭遇せる者多數に上り其復興資金に窮したる折本府が救濟費として資金二萬五千圓を下附し、間島日本總領事管理の下に龍井村救濟會(後に間島救濟會と稱す)を設立したのに始まるのであつて此の金融機關は低利を以て罹災民に貸付を行ひ大に其機能を發揮したのであつた。

降て大正九年間島事件偶發し、其討伐の際在住朝鮮人同胞中相當の犧牲者を出したので、此等被害者を救濟する爲に陸軍省は十萬圓を下附することゝなつたので、本府は陸軍省及外務省と協議の結果、永遠且つ有效適切なる使途に之を充つることゝし、一般庶民殊に下層民の金融機關を創設せんとする議纏り龍井村、局子街、頭道溝及琿春の各朝鮮人民會に金融部を附設せしめ取敢へず此十萬圓を以て細民の農事資金に融通し、本府よりも別に運轉資金として一萬二千五百圓を補助し、此等業務の處理の爲內地人三名朝鮮人一名の理事を置き專ら之に當らしめ本金融部の圓滑なる運行を圖ることゝなつた。其後金融部の業務は漸次擴張し、それにつれて資金要望の聲が益〻高まつたので、昭和二年百草溝に局子街金融部の出張所を設け、同四年之を獨立せしめて金融部とし、同時に龍井村及局子街の各金融部の出張所を天寶山(後に老頭溝に移轉す)及嘎呀河に設置したのであるが、其後滿洲國の建國に伴ひ治安の回復と共に金融部增設の必要更に緊切なるものがあつたので、昭和七年度に於ては前述の二出張所を獨立せしめ尙黑頂子、昭月溝に金融部を新設せしめ夫々相當の基金及經費等を補助すると共に、有能なる理事を派遣して銳意金融機關の擴充運用を企圖したのである。

其結果間島一圓に亙る金融部の數は十箇所を算しこれに對する本府補助金は十萬六千餘圓に達し、何れも好成績を擧げ農民に對する昭和九年度中の貸付金總額は約九十五萬餘圓に上つたので本府は右の成績と地方の實情とに鑑み、昭和九年度中小三岔口に百草溝金融部の支所を新設すると共に、黑頂子金融部を琿春金融部の支所として活動せしめ一層本施設の充實を期したのである。

表滿洲地方に在つては大正十二年度に於て東支鐵道沿線、海林勸農會の創立せられんとするに當り、一千七百圓を補助してこれが成立を援助したのであるが、是れが表滿洲に於ける本府の在外鮮人に對する金融施設中最初のものであつて、其後既設の金融機關たる興京農務組合、撫順朝鮮人金融會、安東金融會及大正十二年以後に於て新設された通化農商組合、海柳農商務組合及鐵嶺金融組合等が支那の貨幣價値の變動、不逞徒輩の跋扈、天災其他當局者に其人を得ざる等の理由に因り農資貸付金は固定し事業は極めて不振に陷つたので此等に對しては夫々の事情に基き救濟の爲年々經費及資金の補助をなし、又昭和五年度には新京に同七年度には哈爾賓、吉林、營口に夫々金融會を設立せしめ間島と同樣基金其他必要なる經費を補助すると共に有能なる理事を嚴選派遣して業務處理に當らしめ、或は東亞勸業株式會社より運轉資金を融通せしむる等、極力これが發展を助成し朝鮮農民の多數居住する地方に次々此種金融會設置に努めてゐたのである。

斯くして本府が表滿洲に於て直接關係してゐた此種金融機關の數は昭和十二年六月末現在本支所を合はせて二十九箇であり此に對する補助金は昭和九年度十萬七千餘圓、同十一年度は三萬八千餘圓に減少したが前述の海林勸農會及興京の兩組合の如く舊東北政權時代に於て匪徒の迫害に因り消滅したるものを除くの外各金融機關は概ね成績良好であつて豫期以上の發展を遂げ何れも在滿朝鮮人の經濟生活の安定及び向上の爲貢獻する所大なるものがあつて昭和十一年度中に於ける此等機關の貸出總額は實に參百貳拾五萬餘圓に達した。

　又本府は叙上朝鮮人金融機關の外在滿鮮農の移住保護に當らしむる爲大正十一年以降在奉天東亞勸業株式會社に補助したる額昭和十年度迄總額百數十萬圓に達してゐたがこれに對し會社は年々此補助金と同額又はそれ以上の自己資金を加へて金融資金を構成し以て表滿洲に於ける朝鮮人金融機關に對する運轉資金の圓滑を圖り而して同社の此種貸出金は滿洲事變迄は年々四十萬圓前後であつたが事變後は舊東北軍閥の沒落に伴ふ不當壓迫が芟除せられ且兵匪奧地に逃走して滿洲國の治安も次第に靜平に皈するに及び鮮農は幾分安んじて就農し得る狀態に置かれたので從來鮮農に資金を貸付けたる地主が事變の爲不在となり又は經濟的打擊を受けて貸出を停止する狀態となつたので鮮農の借入要求額が頓に增加するに至り昭和八年度に於ては六十五萬五千餘圓昭和九年度には百十數萬圓、昭和十年度は百五十餘萬圓を貸出すに至つてゐた。

　尙間島地方の一般鮮農は表滿洲に於けると同樣其大部分は小作農であつて而も赤貧洗ふが如き裡に僅かに其日を送つてゐる者も尠くない狀態であつたが其最大原因は前述の如く高利の負債に苦しめらるゝと云ふ點に在るに鑑み本府は彼等に低利資金を貸付け漸次自作農たらしむる計畫を樹て種々細目に亙つて檢討の結果東洋拓殖株式會社と協定し之に對して昭和七年度以降向ふ五ケ年間に年々十萬圓を下附し會社をしてこれに三倍の自己資金を支出せしめ計四十萬圓を以て毎年自作農創定事業を行はしめたのである。

### 4. 獸疫豫防施設

　間島地方は古より獸疫殊に牛疫の淵叢地として有名であつて明治三十一年の如きは非常なる猖獗を極め同地方の畜牛は殆んど全滅に瀕し

たと傳へられてゐる爲政當局は夙にこれに對する關心を持し常に其對策に腐心して來たが明治四十年龍井村に統監督府間島臨時派出所が設置せられ亞て同四十二年末舊韓國政府は農商工部より日韓獸醫各一名を派遣して牛疫の系統を綿密に調査すると共に豫防治療等の方法を研究しこれを實行することゝなつたが、その結果は充分の事蹟を見るに至らずして終つた。然るに大正元年末突如として局子街附近に牛疫の發生を見、猛烈なる勢を以て漫延し同二年三月には頭道溝附近に迄傳播するに及び支那側に於ても漸次その恐るべきを感知してこれが防遏方法の考究に腐心するに至つた。斯くて大正三年當時の延吉道尹の陳情切なるものがあつたので本府は獸醫一名を該地に派遣し各縣より選拔せしめた巡警三十名に對し獸疫豫防講習會を開き牛疫豫防上の智識を授け同地方の對策に資すると共に鮮內に對する牛疫傳播の防止を圖つたのである。

其後大正十年に至り俄然牛疫の大流行を來し、全間島に蔓延するに及び產業貿易上に一大打擊を與ふることゝなつたので、本府は咸鏡北道及間島日本總領事館と協力し支那側を動かして協同防疫を行ひ交通遮斷、病獸の隔離、鎖錮、消毒藥の配布並に消毒法の勵行等極力豫防制遏に努むる所があつたが、當時に於ける斃死の頭數頗る多數に上りこれが爲農家の經濟は一大打擊を蒙つたのである。

本府はこの苦驗を經て間島に於ける獸疫豫防施設が在住鮮人保護撫育上最も緊急を要する事項たるを痛感し直に大正十一年度在外鮮人施設費豫算中に一萬五千圓を計上して、これを該地朝鮮人民會に補助する一方所轄領事館にこれが指導監督を委し咸鏡北道と連繫を保ちつゝ間島及國境地方に牛疫の豫防制遏施設を設くることゝし之が爲同年五月本府技師の配置竝に獸醫を間島に派遣し實地調査の上計畫を樹立せしめたがその大要は獸醫假免許員の養成及配置、藥品及機械器具の備付、牛疫發生申告の奬勵、防疫思想の宣傳、防疫團の組織等であつて此等は逐年十全の域に達し其効果も相當擧り、畜牛の頭數は其後遞增の狀態を呈し、間島及鴨綠江對岸地方に於ける鮮農所有の畜牛數は朝鮮側接壤地のみで約五萬頭に達し奧地の分を加ふるとき其頭數は詳ならざるも相當多數に上るものと想察せらるるに至つたのである。

前述の通り間島及鴨綠江對岸地方は牛疫の淵叢地であり常在地であつて、從て各方面より警戒せられてゐるので本府は此等畜牛を保護し又鮮內への傳播を防止する爲、豆滿江對岸に於ては幅員一里乃至二里を所謂免疫構成地帶と定め、大正十一年度以來此地域に所在する畜牛に對しては牛疫豫防液の注射を實施せしめ且間島內樞要地に獸醫六名(龍井二名、局子街一名、琿春一名、百草溝一名、頭道溝一名)獸醫假免許員二十名を配置して牛疫の早期發見及豫防上の應急對策を講ずる一方此等の獸醫假免許員に對しては隨時講習會を開催して防疫智識の普及を圖ると共に一般民衆に對しては獸疫及これが豫防に關連せる活動寫眞等を各地に於て觀覽せしめ以て防疫智識を授け牛疫の早期發見申告をなさしむる爲申告者には奬勵金を下附する等防疫思想の普及を圖つて來たのである。

又鴨綠江對岸地方は從來共匪賊の巢窟であり何等施設の見るべきものはなかつたのであつたが、治安狀態の好轉と共に移住者も漸次增加し其所有畜牛に對する豫防注射の必要が痛感せらるゝに至り、本府は昭和七年以來牛疫發生の時期に於て臨時に獸醫をしてこれが血清注射を行はしむることとし、尚不慮の際に備ふる爲め鮮內楚山慈惠醫院內に血清貯藏庫を建設して適量の血清を貯藏したのである。

又昭和八年度に於ては營口、鐵嶺及河東の各安全農村も其內容の充

二一

實に伴ひ耕牛五百餘頭を購入し夫々牛疫血清を配布して注射を行ひ、倘注射殘量は營口及安東の兩安全農村の貯藏庫に格納して不時に備へてあつた。

右に要する經費は昭和十年度に於て獸疫豫防費約二萬六千五百餘圓牛疫血清及豫防液購入費約四萬三千圓計約六萬九千餘圓を示してゐたのであつた。而して此等は在滿各地の朝鮮人民會に對する全額補助の形に依り牛疫豫防上の萬全を期して居たのである。

## 5. 產業の指導及獎勵施設

在滿朝鮮人の九割以上は農民であるのでこれが保護撫育の完備は一に懸りて農事に關する指導及獎勵の施設を擴充し以てその收入の增加を圖り疲弊せる鮮農をして生活の安全を得せしめたのである。

滿洲事變前迄は東北舊政權の鮮農に對する壓迫著しく爲に充分なる施設をなすことが出來なかつたのであつたが、滿洲建國と共に此等の暴壓排除せられ、鮮農は安んじて就耕し得る狀態となつたので、本府は農事の指導及獎勵を積極的に行ふ必要を認め表滿洲に於ける安全農村、間島地方に於ける集團部落及自作農部落等の設置を始めとして、農事の各般に亘る施設の擴充に努めたのであるが、更に各地の朝鮮人民會をして積極的に農事の指導及獎勵に當らしむる爲昭和七年度六萬八千餘圓、八年度六萬七千餘圓、九年度は七萬九千餘圓をこれに補助し必要なる各種施設をなさしめ着々事業を進めて來たのである。

今地方別に其の概況を述ぶれば

表滿洲に於ては昭和七年度より國費を以て技手一名を新京に派遣し農耕指導の總括及農耕適地の調査に當らしむる一方全滿朝鮮人民會聯合會に六名の農業技術員を置き各地本府派遣員と協同して農耕指導、

副業奬勵、水利工事の設計指導及其他農業に關する諸般の調査に當らしめてゐた。

尙一般朝鮮人民會には昭和十年より全滿朝鮮人民會聯合會を通じて補助金を下附し、其他各種産業團體に對しても出來得る限り必要なる補助を行ひ以て各種の發達助長に努めて來たのである。

副業に付ては在滿鮮農の大部分が水田耕作に從事してゐる實情に鑑み最も普遍性に富み且つ効果著しき繩、叺並に莚等の製造を主として奬勵し昭和十年度に於ては之が奬勵費として全滿朝鮮人民會聯合會に對し約五千餘圓を補助し養鷄、養豚、養蜂等に付ても力を注ぎ之が購入に付ても適當の補助を與へ其成績頗る良好であつた。

間島地方に於ては本府は大正十三年中在住朝鮮人に對する養蠶奬勵の爲若干の補助を與へ同十四年度更にこれを增額して斯業の發達を助長しつゝあつたのであるが、昭和七年諸般の狀勢に鑑み國費を以て技手一名を派遣すると同時に間琿朝鮮人民會に農業技術員九名を配置し尙獸醫六名をして畜生技術員を兼務せしめ、陣容を整へて夫々農耕指導並に畜産奬勵に當らしめて居た。

本施設の爲本府が間琿朝鮮人民會に對し昭和七年度以降下附したる補助金の累計約四萬餘圓であつて、今事業の主なるものを擧ぐれば凡そ次の通りである。

耕牛及種牛の購入

間島地方は表滿洲地方と其趣を異にし、畑作を主として居る關係上必然的に耕地面積の廣大なるを要し、從つて耕牛を必要とする程度は極めて大なるものであるが、舊東北軍閥時代に於ける官憲の强壓的或は國亂に乘じて起る匪賊等の横暴下に在つて窮迫に惱んだ鮮農等は何れも資力に乏しく已むなく滿人地主等に多額の耕牛賃借料を支拂つて居る狀態にあるのでこれを救濟する爲め多數の耕牛を購入してこれを預託し或は年賦償還の方法等に依り一般鮮農に讓渡し耕牛所持數の增加を圖ると共に優良なる種牛を購入して適當なる土地に夫々配置し其品質の向上をも圖つたのである。

畜産奬勵

此施設は前述の耕牛及種牛の購入と相呼應して實施されて居るのであつて一般民間に於ける在來牛の素質の向上、病牛の治療及其他畜牛の一般保健、飼料の改良充實、管理飼育方法の改善等に力を入れてゐたのであるが此等の爲には上述の獸醫六名と獸醫假免許員二十二名をして之に當らしめてゐたのである。

採種田の設置

間琿地方に於ける農作物の大宗を成すものは大豆であつてその總産額は實に百萬石を以て算せられ輸出六十萬石に上り、これが耕作の成否は直ちに間島在住鮮農の經濟を左右する實狀にあるので本府は夙に此點に鑑みこれが改良增産を圖ることに專心し、先づ本地方に於ける最優良品種たる四粒黃種の普及を實施する爲採種田を設置し、第一次計畫として大豆作付面積八萬町歩の約六割に當る五萬町歩を目標として昭和七年より七ヶ年繼續事業として着手したのである。

自給肥料の增産奬勵

元來間島地方は極めて地味肥沃であるのであるが、開墾以來無肥料を以て相當の年月を經過した爲に地力の消耗著しく今にしてこれが對策を講ずるに非ざれば土地荒廢し將來これが復舊の爲に多額の金肥其他の施用を餘儀なくされる狀態に至つたのでこれが對策として鮮農の自給肥料施用の慣習を助成せしむる爲本府は畜牛所有者に對し牛舍に接續し畜牛一頭當り約五坪の堆肥場を設けしめこれに對する經費として各戶に各々補助金を交付しこれが普及に努めつゝあつて、昭和九年度に於ける設置堆肥舍數は三百餘個所に及んでゐる又更にこれが獎勵徹底を圖るため主要農耕地模範堆肥場を設置して、その製造並に施肥の實地指導を行つてゐる外各種綠肥の試作をも行ひつゝあつたのである。

## 6. 其他の主要諸施設

### 巡回講話

滿洲地方に居住する朝鮮人の中には四圍の環境等に依り荒んだ生活をなしつゝあるものも相當多數に上るのであるが、此等の者は日常精神的に有益なる指導啓發を受ける機會にも惠まれて居らない實情に鑑み本府は彼等に慰安を與へ兼て母國の現狀を知らしめ、且つ朝鮮統治の實況をも理解せしむる目的を以て大正十年以降每年最近の朝鮮事情を撮影した「フイルム」及其他興味ある「フイルム」を購入して朝鮮人の多數集團してゐる地方を携行映寫しその機會に於て有益なる講話を爲さしめ、其善導に努めてゐたのである。

### 新聞及雜誌の無償配布

滿洲各地在住の朝鮮人中智識階級に屬し又は地方の指導的地位に在る主要人物に對しては大正七年度以降京城に於て發行せらるゝ每日申報(朝鮮文現每日新報の前身)の無料配布を行ひ大正十一年以降は更に本府發行の月刊雜誌「朝鮮」(朝鮮文)を加へ昭和二年以降はこれを民間發行雜誌「新民」に變更して每年配付續行し、此等の者をして朝鮮に於ける各般の事情を熟知せしむることに努め、以て附近在住一般鮮人に對し鮮內の現狀を周知せしむるの一資となさしめてゐたのであるる。

### 視察團

在満朝鮮人に對し朝鮮內地に於ける各種施設及民間經濟の進步發達の狀況、同胞朝鮮人の生活の實狀等を視察せしむることは彼等を指導啓發する上に於て極めて有意義なる事項なるに鑑み、本府は大正六年以降在満鮮人中渡満後相當の歲月を經たる者で比較的有識階級に屬する者の中地方の中心的人物(朝鮮人民會役職員、教員、實業家其他有力者)を以て每年約四、五十名乃至二、三百名より成る視察團を編成しこれに旅費の一部又は全部を補助して親しく鮮內各地の實狀を視察せしめ、歸満後附近在住朝鮮人の指導誘掖に當らしめ以て其向上發展を期したのである。

## ロ、事變後に於ける特殊施設

### 1. 保護機關擴充

満洲事變を契機として俄然國內に蜂起跳梁せる兵匪土匪等の爲に奧地居住同胞の難を免れんとして、鐵道沿線其他市街地に避難する者續出し一時間島及東満洲に各々三萬餘人の避難者を見るの狀況であつたので本府は此等の避難民の救護處理の爲各避難地中重要個所に臨時囑託派遣員十五名を配置し、尙新京に事務官を派遣する外本府內にも相當數の增員をなし、軍部大使館及領事館側と協力して萬遺憾なきを期したのであるが此等は何れも當時の事情に基く一時的救濟に過ぎなかつた爲引續き其後の永久的處置を講ずるの必要に基き諸般の施設を實行しゝあつたのである。

### 2. 特種施設

事變後の特殊施設たる安全農村、集團部落及自作農創定事業等の中一部は事變前より計畫したるものもあつたが、以下述ぶる所は主として事變に因る避難民及若干の鮮內よりの移住者を收容する爲行つた施設である。

## (一) 安全農村

表滿洲に於ては營口、河東、鐵嶺、三源浦及綏化の五ケ所に安全農村を建設したのであるが鐵嶺は昭和六年に、營口及河東は昭和八年に綏化は昭和九年度に、三源浦農村は同十年度に各々建設され、此等は何れも鮮農を自作農たらしむ計畫の下に建設されたのである。昭和七年度に於ては本府は東亞勸業會社に對し七萬餘圓を補助し同社は之に倍額の自己資金を加へ計二十一萬餘圓を以て滿鐵沿線亂石山驛附近に土地を買收して鐵嶺農村を建設し之に避難民の一部を收容した。次で本府は昭和八年度に五十六萬圓、昭和九年度に六萬圓を東亞勸業に補助し前同樣の條件を以て北滿に於ては濱江省、珠河延壽兩縣に跨る河東農村を、南滿に於ては奉天省營口縣田庄臺附近に營口農村を又昭和九年度に於ては本府の補助金十四萬餘圓、東亞勸業自己資金二十餘萬圓兩者を併せて北滿濱江省綏化に綏化農村を、昭和十年度には本府補助金三萬二千圓東亞勸業自己資金九萬六千を併せて通化省柳河縣三源浦農村を夫々建設し各々南滿及北滿一圓に亙る避難鮮農及其他貧困なる鮮農を收容したのである。今各農村の事情を概述すれば

鐵嶺農村は奉天省鐵嶺縣亂石山の西方約一里の地點に在つて地味肥沃稻作には好適地である。總面積七百五十町歩內水田六百五十町歩に及ぶが、これを商租し鮮農二百四十二戸約一千百六十八人を收容してゐる。

本農村に於ける先住者を除く新收容の避難鮮農の爲の家屋建築資金は農耕資金と共に鐵嶺金融會之が融通に當り、教育に付ては鮮農相互に學校組合を組織し本府の補助金を得て昭和八年五月亂石山普通學校を建設し、衛生に付ては本府補助に依る農村專屬の囑託醫これに當り治安維持の爲には外務省より領事館の警察官を特派せられ兵匪土匪の暴擧に備へて安全郷を完備せしめたのである。

河東農村は哈爾賓より濱綏線を東へ六時間烏吉密河驛の東北に位する集團地で面積二千五百町歩内千七百町歩を自然灌漑に依りて水田とし鮮農七百八十九戸三千三百七十二名を收容し、總建設費八十五萬圓を投じてゐる。

本農村の入村者は大部分が避難鮮農であり其殆んどが無資力であつた爲に特に金融方面に意を用ゐ此地に哈爾賓金融會の支所を設けて農資金其他の貸付をなさしめ、教育に付ては學齡兒童數約五百八十名に上る實情に鑑み差當り九個所の書堂を設けたが昭和十年に於てはこれを普通學校に昇格せしめた。

衛生に付ては本府補助に依る囑託醫一名を配置して住民の診療を擔當せしめ、警備に付ては昭和八年秋哈爾賓總領事館警察署の河東分署が本農村地區の中央部高地に新設され約四十六名の警察官が常駐して農村を護つたのである。營口農村は遼河の河口、營口と田庄臺との間遼河の右岸に展開する廣茫一萬五千町歩の草生地中適地三千町歩を商租して水田畑宅地等を適當に配分し、收容數一千三十六戸五千百二人を定住せしめて居るが總建設費九十萬圓である。昭和八年中は主として避難民を使役し土地改良工事を施し、昭和九年度に於て遼河から機械揚水によつて水田耕作を始めたのであるが、其收穫は異常なる成績を示し初年度なるにも拘らず反當り二石以上の豐穣を示した。農民一戸當の配當面積は水田二町四反歩、宅地其他一反歩計二町五反歩であつた。

農村內の施設に付ては中央部落に病院を設け囑託醫を駐在せしめて診療に當らしめ、更に書堂を設けて敎育の普及を圖つて來たが昭和九年度には新に校舍を新築したのである。金融は營口金融會の支所を農村內に設置し專ら農耕資金其他の貸付をなさしめ、警備は營口領事館警察官十數名が農村中央に常駐し治安上遺憾なきを期し、本農村亦氣候溫和土地豐饒にして昭和十年度は更に二千五百町歩を商租し千二百戸を收容したのである。

綏化農村は北滿綏化縣內に在り濱北線泰家驛より東北方約四里の地點に位する約一千三百町歩の既耕畑及未墾地を商租し自然灌漑に依つて之を水田化し、哈爾賓總領事館管內の避難民其他三百三十六戸千三百十七人を收容し更に昭和十年度は四百町歩を擴張二萬餘戸を收容したのである。

敎育、醫療、金融其他の施設に付ては他の農村と同樣の施設を爲し入村者をして全部自作農たらしむるを目的とせること亦他の農村と同樣である。

三源浦農村は通化省柳河縣に在り昭和十年度に建設し奧地より避難せる鮮農二百戸を收容し他農村と同樣の施設を行つたのである。

## (二) 集團部落

### 第一次集團部落

間島は思想的に極めて複雜な地方であつて滿洲事變前より不逞團の巢窟、共匪の根據地として知られて居る地方であり、從て此地在住の善良なる鮮農は絕えず其迫害を被り來たのであつたが、滿洲事變直後即ち昭和七年二月間島百草溝に於ける支那軍の營長王德林が名を救國に藉りて滿洲國に叛旗を翻し、此地に跳梁するに及びて擾亂其極に達し兵匪各地に跋扈し殺害、放火、掠奪、拉致等暴戾の限りを爲した爲奥地居住の鮮農は陸續として難を安全地帶に避くるの狀況に立至つたので本府に於ては此等避難民に對する應急策に付種々考案を廻らした未國庫補助金及朝鮮社會事業協會に於て募集した義捐金等を以てこれを救濟することゝし、間島總領事館等と協力して不取敢衣食住の必要を充し傷病者に對しては各地朝鮮人民會囑託醫をして救療を加へしめ、避難民中勞働に堪へ得る者には恰も當時敦圖線、圖寧線及朝陽開山屯間の鐵道が建設中であつたのを好機としこれに斡旋して工事に從事せしむる等專ら當面の生活安定を圖る一方更に收穫に付ては迫害防衛の爲に領事館警察官の保護を得て鮮農の共同收穫をなさしめ、又避難民中歸農せんとするもには農耕地を斜旋し農耕資金を融通して其復歸を容易ならしむる等極力保護を加へ來つたのであつたが、昭和八年三月に於ける間島各地の避難民の現況は避難戶數六千餘戶、三萬五千餘人の多きを算し此等は奥地の狀況不安の爲原住地に歸農すること到底不可能なる窮境に陷つた者その多數を占むる實情であつた。然れ共此等の者を全部救濟することは容易の業に非ず、又一時的姑息な救濟方法を講ずることは却て將來に弊害を貽す所以であることを認め本府は大體次に述ぶる要綱に依り避難民中適當なる者を選定して集團部落を建設し、其歸農を容易ならしむると共に其生活の安定を圖り將來に於ては各般の施設を集團部落に集中して模範農村たらしめんとしたのである。

(一) 集團部落經營の主體は朝鮮人民會として民會は本府及領事館指導監督の下に之が實施に當ること

(二) 間島の治安は遽に安定を期し難き狀況に在り當分共匪又は小部隊の匪賊の蠢動は免れ難きものと認めらるゝを以て集團部落建設地點は日本軍警又は滿洲國軍警の駐屯地又は其威力の及ぶ地方であり且附近に相當集團せる耕地面積を有する個所を選定すること

(三) 集團部落に收容する者は避難民であり且部落を構成するに足る素質及勞働力ある家族を有する者たるを要しこれに該當する者一千戶を選定し一個部落約百戶十個部落を建設すること

(四) 集團部落建設費は九萬六千圓とし內六萬圓は本府補助金殘りの三萬六千圓は東拓よりの借入金に依り支辨する

以上述べた要綱に依り本府派遣員朝鮮人民會技術員は領事館側と協力し部落建設地點の調査決定土地の借入、部落民の選定入村、自衛團の組織、部落周圍の土壁其他防禦物の構築、共同建物の建築、土幕の築造(家屋落成に至る迄の間の一時的假住居)農耕家屋建築と云ふ大體の順序を經て昭和八年九月北哈嘆塘、大陽村仲坪、春興村、細鱗河、長仁江、土山子、青山里、駱駝河子の九集團部落の建設を完成したが、あと一箇所は治安狀況の關係で中止の已なきに至つた。部落建設の途上に於ては共匪側は其勢力伸展上の一大障碍となるべき是等集團部落の建設を極力阻止し又これを破壞せんとして部落民を誘惑し、或は建設材料の蒐集、運搬等の防害を爲し又は建設中の部落襲擊を敢行する等凡有妨害を試み、或部落の如きは數十回に亙り襲擊を受けたのもあつたが、部落建設の監督者たる朝鮮人民會技術員は領事館警察官及自警團と協力し匪賊の擊退を圖ると共に一面種々の危險を冒して建設作業を進捗せしめ遂にこれを完成するに至らしめた堅忍不拔の勇氣は誠に敬服に値するものであつた。

集團部落の敷地は大體八十間平方六千四百坪內外の面積を有し部落

の外園に高さ八、九尺厚三尺の土壁を構築し四隅に砲塔を築き二個所乃至四個所に通用門を設け中央に部落內の壯丁を以て組織する自衞團の詰所を設け自衞團の保護の下に晝間墻を出でゝ農耕其他の作業に從事し、黃昏に至れば土壁內の自家に歸り夜間は門を閉ぢ步哨を立てゝ匪賊の襲擊に備ふることゝし、自ら衞り且耕すと云ふ一種特異なる農民部落を構成した。

この九個部落に收容したる鮮農戶數は八百九十一戶であり一戶當り耕作面積は三町五反步、主要作物は大豆、粟、馬鈴薯、米等でその地主は大部分滿洲國人であるが小作料は地主三分、小作人七分租稅公課は地主負擔と云ふ小作人に取つては極めて有利な條件となつてゐる。軈て此等の敷地及耕地は別に述ぶる處の自作農創定計畫により出來得る限り之を買收して部落民を自作農たらしむる樣仕向けてゐたのである。

### 第二次集團部落

昭和八年に於て本府補助金を以て間島各地に建設した第一次集團部落は前述の如く鮮農の生活安定並に地方治安維持上異常なる效果を擧げ、其成績顯著なるものありたるも奧地に於て皇軍の威力未だ及ばず且官憲の保護行屆かざる方面に在りては尙共匪の出沒常ならず匪害瀕出する狀態であり、從つて此地方に於ける農民は不斷に匪賊の脅威の下に在る爲難を避けて都會地を始め各安全地帶に蝟集する狀態を招來し、其數凡そ昭和九年一月に於て約三千戶一萬五千餘人を算して居たのである。而して其內約四割は避難地に落着き兎も角も生計を立てたるも殘餘の六割は極度に窮乏し、寒飢竝び至るの窮狀裡に辛ふじて越冬したのであるが、偶々間島地方の鐵道工事も終了に近づくに伴ひ、これに從事して生活を支へ來つた多數避難民は漸次失業の已なきに至るあり、事態は全く袖手傍觀を許さゞる狀態となつた爲本府は軍部及間島總領事館側と協議の結果此等關係當局の協力を得て再び集團部落建設の議を起し、和龍縣臥龍湖(二個部落)龍湖洞、牛心山、延吉縣金佛寺、倒木溝、上昭月溝、石門內、石頭河、大平溝、雪帶山、汪淸縣轉角樓、五站、小百草溝、牡丹川等に合計十五個所を選定しこれに第一次集團部落豫定中止の已むなきに至れる一個所を加へ此處に第二次集團部落を建設し以てこれに避難民を收容することに決定した。そこで本府補助金六萬八千圓、關東軍出捐五萬圓、間琿朝鮮人民會金融部借入金一萬五千圓計十三萬三千圓を其建設資金とし間島總領事の指導監督並に軍部滿洲國官憲援助の下に各地朝鮮人民會が夫々經營の主體となり民會職員は各々其實施及監督の任に當り間斷なく打寄する共兵匪賊の急襲を排擊しつゝ昭和九年三月より建設工作に着手したのである。

第二次集團部落の規模、部落民の選定入村、土地の借入、自衞團の組織建設工作の順序等は大體に於て第一集團部落と同樣であり、從來の實蹟に鑑み實施計畫を密にし萬違算なきを期したのであつたが、第二次集團部落建設の報が一般に知れ渡るや、兇暴なる共匪は集團部落增設が間島に於ける安全圈の擴大を意味し隨つて彼等の活動範圍が極度に縮小せられ、蠢動の餘地なからしむるに至るべきを恐れ必死の勢を以て集團部落建設作業に對し妨害を試ることゝなつたのである。即ち汪淸縣小百草溝、延吉縣金佛寺、和龍縣臥龍湖等の如きは武裝共匪に依つて數十回に亘り猛烈なる急襲を加へられ其他の部落に在つても日夜の別なく襲擊せられたのであつたが、軍部の應援滿洲國側の警備等を背景とし領事館警察官指揮の下に各自衞團員は常に悲壯なる覺悟を以て勇敢に應戰し悉くこれを擊退しつゝ建設工作を進め集團部落側の被害を少からしめ賊に對しては其都度尠なからざる損害を與へ以てこれを敗退せしめたのである。

斯て匪賊暴戻の前に立ちて時に烈風砂塵の裡に喘ぎ時に猛雨をも物ともせず資材の不足、食糧の缺乏、日夜の勞役に因る疲勞等凡有艱難有凡困苦缺乏を克服しつゝ民會職員激勵の下に各部落民は涙ぐましき奮闘を續け上下協力一致孜々として只管工作に邁進し以て早くも五月中に部落建設の大牛を竣成するに至つたのである。

斯て集團部落は全間島に亙り暴逆の限りを盡しつゝ執拗にして强靱なる匪賊の跳梁に對し其横行の要所々々を占據してこれに一大脅威を與へつゝその跳梁を制肘し以て全間島の治安上最も効果的なる一大役割を演じたのである。

第三次集團部落

上述の第一、二次集團部落の外滿洲國側に於ても我方集團部落建設の異大なる効果に鑑み昭和九、十年に本府關係集團部落同樣なるもの六十餘個所を建設したる爲間島に於ける避難民は大體落着くことゝなつたのであるが事變に依り鮮內に避難した者亦相當數に上つてゐた爲此等の內の生活に困難なるものを歸農せしむる一方間島內に殘存の避難民の一部をもこれに併せ入れて十年度更に五個所の集團部落を建設した。

以上の集團部落に對し昭和十年度に於て各部落毎に書堂を設置し五個部落一人宛の囑託醫其他農事指導員を配置し部落の內容を充實することゝしたが此等の經費及部落施設一覽次表の通りである。

集團部落建設經費一覽

| 年次別＼費目別 | 朝鮮總督府補助金 | 軍部交付金 | 自作農創定資金 | 金融部貸金 | 計 |
|---|---|---|---|---|---|
| 昭和八年第一次集團部落 | 六〇,000.00円 | —円 | 東拓借入 三六,000.00 | —円 | 九六,000.00円 |
| 昭和九年第二次集團部落 | 六八,000.00 | 五〇,000.00 | — | 一五,000.00 | 一三三,000.00 |
| 昭和十年第三次集團部落 | 三三,六五八.00 | — | 東拓借入 六二,〇九八.00 | — | 九五,七五六.00 |
| 計 | 一六一,六五八.00 | 五〇,000.00 | 九八,〇九八.00 | 一五,000.00 | 三二四,七五六.00 |

第一表

# 戸口調査表

昭和十二年六月末日現在

| 部落名 | 建設當時 戸數 | 建設當時 人口 | 増加 入村 戸數 | 入村 男 | 入村 女 | 出産 男 | 出産 女 | 増加計 戸數 | 計 男 | 計 女 | 減少 退村 戸數 | 退村 男 | 退村 女 | 死亡 男 | 死亡 女 | 減少計 戸數 | 計 男 | 計 女 | 現在 戸數 | 人口 男 | 人口 女 | 人口 計 |
|---|---|---|---|---|---|---|---|---|---|---|---|---|---|---|---|---|---|---|---|---|---|---|
| 北蛤蟆塘 | 一〇〇 | 五三三 | 一〇 | 三四 | 四五 | 六 | 六 | 一〇 | 四〇 | 五一 | — | — | — | 四 | — | — | 四 | — | 七三 | 二三六 | 一九七 | 四三三 |
| 太陽村 | 六八 | 三五八 | 七 | 二〇 | 一五 | 一四 | 一五 | 七 | 三四 | 三〇 | — | — | — | 五 | 三 | — | 五 | 三 | 六八 | 一八八 | 一八二 | 三七〇 |
| 仲坪 | 二七 | 一六二 | 八 | 二六 | 二五 | 一四 | 五 | 八 | 四〇 | 三〇 | — | — | — | 四 | 五 | — | 四 | 五 | 一〇七 | 二九八 | 二四〇 | 五三八 |
| 春興村 | 七三 | 四七三 | — | — | — | 六 | 六 | — | 六 | 八 | — | — | — | 一〇 | 二 | — | 二 | 二 | 一一〇 | 三五三 | 三五一 | 七〇四 |
| 細鱗河 | 一〇〇 | 六〇三 | 二 | 二〇 | 二〇 | 八 | 六 | 二 | 二八 | 二六 | — | — | — | 一 | 二 | — | 一 | 二 | 九〇 | 三〇五 | 二五六 | 五六一 |
| 長仁江 | 一〇〇 | 五二〇 | — | — | — | 八 | 六 | — | 八 | 六 | — | — | — | 二 | 一 | — | 二 | 一 | 一〇五 | 三四六 | 二八三 | 六二九 |
| 土山子 | 一五〇 | 八五二 | 三 | 一五 | 一五 | 六 | 六 | 三 | 二一 | 二一 | — | — | — | 二 | 二 | — | 二 | 二 | 一四一 | 四三一 | 三七一 | 八〇二 |
| 青山里 | 八八 | 四四五 | 七 | 二一 | 一八 | 五 | 七 | 七 | 二六 | 二五 | — | — | — | 一 | 六 | — | 一 | 六 | 一一四 | 三五〇 | 三三六 | 六八六 |
| 駱駝河子 | 九三 | 五一八 | — | — | — | 一五 | 四 | — | 一五 | 四 | 一四 | 三 | 二五 | — | 一七 | 一四 | 三 | 四二 | 七五 | 二五八 | 二〇一 | 四五九 |
| 轉角樓 | 七三 | 四〇三 | — | 九 | 一二 | 一〇 | 一一 | — | 一九 | 二三 | — | — | — | 二 | 三 | — | 二 | 三 | 八三 | 二九一 | 二三〇 | 五二一 |
| 五站 | 八三 | 四五五 | 一七 | 三三 | 一七 | 一二 | 三 | 一七 | 四五 | 二〇 | — | — | 一五 | 三 | 一二 | — | 三 | 二七 | 一〇六 | 三一〇 | 二七九 | 五八九 |
| 牡丹川 | 一〇〇 | 六四九 | — | — | — | 三 | 一 | — | 三 | 一 | — | — | 一五 | 三 | 一四 | — | 三 | 二九 | 一三五 | 四六八 | 三九二 | 八六〇 |
| 小百草溝 | 一〇〇 | 五九六 | 一六 | 四八 | 四五 | 一五 | 一二 | 一六 | 六三 | 五七 | — | — | — | 二 | 一 | — | 二 | 一 | 一四一 | 四二三 | 三七二 | 七九五 |
| 石門內 | 八六 | 四一七 | — | — | — | 四 | 一〇 | — | 四 | 一〇 | — | — | — | 三 | 二 | — | 三 | 二 | 一〇八 | 三一六 | 三三一 | 六四七 |
| 金佛寺 | 九七 | 五二一 | — | — | 一七 | 四 | 一六 | — | 四 | 三三 | — | — | — | 二 | 一 | — | 二 | 一 | 一一〇 | 三四九 | 三二四 | 六七三 |
| 上明月溝 | 八〇 | 四一二 | 一五 | 二四 | 二二 | 三 | 一 | 一五 | 二七 | 二三 | — | — | — | 三 | 一 | — | 三 | 一 | 九〇 | 二六二 | 二四三 | 五〇五 |
| 倒木溝 | 七九 | 二九九 | — | 三三 | 六〇 | 二〇 | 一五 | — | 五三 | 七五 | 一〇 | — | 一〇 | — | — | 一〇 | — | — | 九〇 | 三三五 | 三二四 | 六五九 |
| 臥龍湖 | 一九五 | 九五八 | 一二 | 三〇 | 三〇 | 八 | 五 | 一二 | 三八 | 三五 | — | — | — | 六 | 二 | — | 六 | 二 | 一六三 | 五二四 | 四五三 | 九七七 |
| 龍湖洞 | 一〇〇 | 五六五 | 九 | 三五 | 六一 | 一二 | 二〇 | 九 | 四七 | 八一 | — | — | — | 二 | — | 九 | 二 | — | 一一五 | 三五二 | 三四八 | 七〇〇 |
| 牛心山 | 一〇〇 | 五三六 | 五 | 一六 | 一五 | 一二 | 一〇 | 五 | 二八 | 二五 | — | — | — | 二 | 一 | — | 二 | 一 | 九二 | 二七五 | 二五〇 | 五二五 |
| 石頭河 | 一〇〇 | 六〇〇 | 五 | 一五 | 一五 | 二 | 一〇 | 五 | 一七 | 二五 | — | — | — | 二 | — | — | 二 | — | 一〇八 | 三八四 | 三四九 | 七三三 |
| 大平溝 | 七九 | 四五四 | 七 | 二八 | 一五 | 七 | 四 | 七 | 三五 | 一九 | — | — | — | 二 | 一 | — | 二 | 一 | 八七 | 三〇三 | 二七四 | 五七七 |
| 雪帶山 | 七五 | 四〇三 | — | — | — | 四 | 六 | — | 四 | 六 | 八 | 三〇 | 二一 | 四 | — | 八 | 三四 | 二一 | 八三 | 二七〇 | 二四九 | 五一九 |
| 塔子溝 | 六九 | 三六四 | — | — | — | 五 | 七 | — | 五 | 七 | 五 | 八 | 三〇 | 一 | 六 | 五 | 九 | 三六 | 七四 | 二四八 | 一九三 | 四四一 |
| 長興洞 | 九七 | 四六五 | 一四 | 一五 | 六五 | 一 | 二〇 | 一四 | 一六 | 八五 | — | — | — | 七 | — | — | 七 | — | 一一九 | 三八四 | 三〇四 | 六八八 |
| 鳳岩洞 | 一二六 | 六一九 | — | — | — | 二 | 三 | — | 二 | 三 | — | 二五 | 一八 | 三 | 一〇 | — | 二八 | 二八 | 一一九 | 三五七 | 三〇二 | 六五九 |
| 龍岩坪 | 一〇〇 | 五五六 | — | 五 | 一〇 | 一五 | 一三 | — | 二〇 | 一七 | — | — | — | 二 | 一 | — | 二 | 一 | 一〇〇 | 三四四 | 三七四 | 七一八 |
| 南蛤蟆塘 | 一九五 | 一、〇八三 | 二〇 | 三 | 一 | 三 | 二 | 二〇 | 六 | 三 | — | 八〇 | — | 八 | 一 | — | 八八 | 一 | 一七〇 | 四四二 | 四二二 | 八六四 |
| 計 | 二、七三四 | 一四、八五七 | 一五六 | 四二九 | 五三三 | 二二五 | 二三〇 | 一五六 | 六五四 | 七六三 | 三七 | 一六五 | 二一四 | 八六 | 一〇三 | 三七 | 二五一 | 三一七 | 二、九八三 | 九、四〇〇 | 八、四三〇 | 一七、八三〇 |

備考　本表中戸口ノ増減ハ昭和十二年一月ヨリ六月ニ至ル六ケ月間ノ移動數トス

第二表

# 自小作別耕地狀況表

昭和十二年六月末日現在

| 部落名 | 戶數 | 自小作別戶數 自作農 | 自小作別戶數 自作兼小作農 | 自小作別戶數 小作農 | 自小作別戶數 計 | 耕地 自作地 | 耕地 小作地 | 耕地 計 | 小作料 最高 | 小作料 最低 | 小作料 平均 |
|---|---|---|---|---|---|---|---|---|---|---|---|
| 北蛤蟆塘 | 七三戶 | 三四戶 | 六戶 | 三三戶 | 七三戶 | 八七五反 | 七九四反 | 一、六六九反 | 五・五 | 三・七 | 四・六 |
| 太陽村 | 六八 | 三〇 | 二四 | 一四 | 六八 | 一、六三〇 | 一、二三六 | 二、八六六 | 五・五 | 三・七 | 四・六 |
| 仲坪 | 一〇七 | 七四 | 一〇 | 二三 | 一〇七 | 二、〇一三 | 四七六 | 二、四八九 | 五・五 | 三・七 | 四・六 |
| 春興村 | 一三〇 | 八五 | 二二 | 二三 | 一三〇 | 二、八二一 | 一、六六一 | 四、四八二 | 五・五 | 四・六 | 五・五 |
| 細鱗河 | 九〇 | 四〇 | 八 | 四二 | 九〇 | 九六〇 | 一、五四〇 | 二、五〇〇 | 五・五 | 四・六 | 五・五 |
| 長仁江 | 一〇五 | 六五 | 一〇 | 三〇 | 一〇五 | 二、七四〇 | 三九〇 | 三、一三〇 | 五・五 | 三・七 | 四・六 |
| 土山子 | 一四一 | 七三 | 一一 | 五七 | 一四一 | 二、八六〇 | 八一七 | 三、六七七 | 五・五 | 三・七 | 四・六 |
| 青山里 | 一一四 | 五〇 | 七 | 五七 | 一一四 | 二、〇〇〇 | 一、三六四 | 三、三六四 | 五・五 | 二・八 | 三・五 六・五 |
| 駱駝河子 | 七五 | 五 | 一五 | 五〇 | 七五 | 一五〇 | 二、一七三 | 二、三二三 | 五・五 | 三・七 | 四・六 |
| 轉角樓 | 八二 | 八 | 一二 | 六二 | 八二 | 五一八 | 一、二八〇 | 一、七九八 | 四・六 | 二・八 | 三・七 |
| 五站 | 一〇六 | 三三 | 一九 | 五五 | 一〇六 | 九七六 | 二、三六三 | 三、三三九 | 五・五 | 三・七 | 四・六 |
| 牡丹川 | 一三五 | 七六 | 二四 | 三五 | 一三五 | 二、七九八 | 二、五三五 | 五、三三三 | 五・五 | 五・五 | 五・五 |
| 小百草溝 | 一四一 | 三八 | 二六 | 七七 | 一四一 | 一、五五六 | 二、五七三 | 四、一二九 | 五・五 | 三・七 | 四・六 |
| 石門內 | 一〇八 | 六〇 | 一八 | 三〇 | 一〇八 | 三、三〇〇 | 二、六七八 | 五、九七八 | 四・六 | 二・八 | 三・七 |
| 金佛寺 | 一一〇 | 七五 | 九 | 二六 | 一一〇 | 二、三八五 | 五一六 | 二、九〇一 | 五・五 | 三・七 | 四・六 |
| 上明月溝 | 九〇 | 三五 | 六 | 四九 | 九〇 | 一、一〇〇 | 一、九三〇 | 三、〇三〇 | 五・五 | 二・八 | 三・五 六・五 |
| 倒木溝 | 九〇 | 八 | 三 | 七九 | 九〇 | 一五〇 | 二、七八〇 | 二、九三〇 | 五・五 | 三・七 | 四・六 |
| 臥龍湖 | 一六二 | 一二七 | 五 | 三〇 | 一六二 | 四、〇六〇 | 八〇七 | 四、八六七 | 四・六 | 三・七 | 三・五 六・五 |
| 龍湖洞 | 一一五 | 四三 | 六 | 六六 | 一一五 | 二、五八七 | 八四五 | 三、四三二 | 五・五 | 三・七 | 四・六 |
| 牛心山 | 九一 | 一五 | 七 | 六九 | 九一 | 五〇〇 | 二、二九一 | 二、七九一 | 五・五 | 三・七 | 四・六 |
| 石頭河 | 一〇八 | 二二 | 一〇 | 七六 | 一〇八 | 八一三 | 三、一八〇 | 三、九九三 | 四・六 | 二・八 | 三・七 |
| 大平溝 | 八七 | 四〇 | 一七 | 三〇 | 八七 | 一、五三六 | 二、〇三二 | 三、五六八 | 四・六 | 三・七 | 四・六 |
| 雪帶山 | 八三 | 一二 | 七 | 六四 | 八三 | 三八〇 | 一、七三三 | 二、一一三 | 四・六 | 三・七 | 四・六 |
| 塔子溝 | 七四 | 六 | 五 | 六三 | 七四 | 二一六 | 一、五八〇 | 一、七九六 | 四・六 | 三・七 | 三・五 六・五 |
| 長興洞 | 一一九 | 六〇 | 九 | 五〇 | 一一九 | 一、一〇〇 | 二、四〇〇 | 三、五〇〇 | 五・五 | 三・七 | 四・六 |
| 鳳岩洞 | 一一九 | 六二 | 一〇 | 四七 | 一一九 | 二、五〇〇 | 一、七〇〇 | 四、二〇〇 | 五・五 | 三・七 | 四・六 |
| 龍岩坪 | 一〇〇 | 四九 | 九 | 四二 | 一〇〇 | 二、一八四 | 一、五七五 | 三、七五九 | 五・五 | 三・七 | 四・六 |
| 南蛤蟆塘 | 一七〇 | 四七 | 一六 | 一〇七 | 一七〇 | 一、六七三 | 三、八一〇 | 五、四八三 | 五・五 | 三・七 | 四・六 |
| 計 | 二、九八三 | 一、二七五 | 三二三 | 一、三八六 | 二、九八三 | 四六、三五九 | 四九、〇八〇 | 九五、四三九 | 五割 | 二割 | 四割 |

備考 本表中小作料ニ於テ五、五、又ハ三、七ト記シタルハ五、五ハ地主五割小作人五割即チ半分分ケニシテ三、七ハ地主三割小作人七割制トス

第三表ノ一

# 農作物作付面積表

（其一普通作物）

六月末日現在

| 部落名 | 大豆 | 小豆 | 綠豆 | 白豆 | 其他豆類 | 高粱 | 粟 | 玉蜀黍 | 大麥 | 小麥 | 燕麥 | 黍 | 稗 | 蕎麥 | 水稻 | 陸稻 | 馬鈴薯 | 其他 | 計 |
|---|---|---|---|---|---|---|---|---|---|---|---|---|---|---|---|---|---|---|---|
| 北蛤蟆塘 | 五〇八反 | 五反 | 二反 | —反 | 五反 | —反 | 二五反 | 一六三反 | 八九反 | —反 | —反 | —反 | 四三反 | —反 | 七〇〇反 | —反 | 一〇五反 | —反 | 一、六四五反 |
| 太陽村 | 八一三 | 一〇〇 | 五 | 一〇三 | 三 | — | 四五〇 | 一二八 | 二五七 | — | — | 二〇 | 七九 | 八三 | 六〇三 | — | 一五七 | 一四 | 二、八三二 |
| 仲坪 | 九三〇 | 一三 | 一〇 | 一八五 | 一五 | 二四 | 一五三 | 一五三 | 二九〇 | — | — | 二四 | — | 八 | 四七〇 | — | 一七〇 | 二〇 | 二、四六四 |
| 春興村 | 一、三五三 | 四八 | 一五 | 五〇 | 七九 | 三五 | 七三三 | 四〇九 | 六五八 | — | 一〇 | 一四三 | — | 三〇 | 八二四 | — | 一八四 | 七 | 四、四六六 |
| 細鱗河 | 六七〇 | 六七 | — | — | — | 三三 | 七三〇 | 二四〇 | 一七〇 | — | — | — | — | — | 三五〇 | — | 一七〇 | — | 二、四三〇 |
| 長仁江 | 七〇〇 | 四〇 | — | 五〇 | — | — | 九〇〇 | 六〇〇 | 五〇〇 | — | — | 六〇 | 一三〇 | — | — | — | 一一〇 | — | 三、一〇〇 |
| 土山子 | 八五〇 | 五〇 | 三〇 | 二〇 | 一五 | 五〇 | 五〇〇 | 四〇〇 | 四〇〇 | — | — | 一五 | 一〇 | — | 八七〇 | — | 三五〇 | 五〇 | 三、六一〇 |
| 青山里 | 一、〇〇〇 | 五〇 | 五 | 一〇 | 一〇 | — | 七〇〇 | 三五〇 | 七〇〇 | — | — | 二〇 | 一三〇 | — | 四 | — | 三六〇 | — | 三、三一九 |
| 駱駝河子 | 七三六 | 三六 | — | 五 | 一〇 | 一〇 | 一〇〇 | 二〇八 | 一三五 | — | — | 一〇 | 三五五 | 二〇 | 四五〇 | — | 八五 | 一〇〇 | 二、二七八 |
| 轉角樓 | 五一五 | 六二 | 八 | — | — | 一五 | 九三 | 三三九 | 二〇九 | — | — | 六二 | 二〇 | 七〇 | 三三三 | — | 一三一 | 二四 | 一、七五八 |
| 五站 | 一、四〇〇 | 三五 | — | — | — | 四三 | 一四〇 | 四四一 | 二五九 | — | — | 三五 | 七〇 | — | 七〇〇 | — | 一四〇 | — | 三、三六二 |
| 牡丹川 | 二、四四六 | 二二 | — | 三六 | — | 二二 | 一、一八五 | 四八一 | 三一五 | — | — | 九八 | 七 | 一四 | 四三八 | — | 二〇三 | — | 五、二八五 |
| 小百草溝 | 一、〇〇一 | 七七 | 一四 | 二二 | 一四 | 二二 | 五一八 | 三五〇 | 五三 | 七 | — | 三五 | — | 一四 | 一、五九四 | — | 五五三 | — | 四、〇二一 |
| 石門内 | 三、四四七 | 一〇〇 | 一 | 一五三 | 一八 | 一五 | 八八二 | 五九一 | 一、一七三 | — | 三 | 一四 | 一五 | 二〇 | 七〇 | — | 三五四 | 三五 | 五、九〇〇 |
| 金佛寺 | 一、〇四〇 | 三三 | — | 一三〇 | 五 | 一七 | 三三七 | 三三〇 | 二八二 | — | — | 一一〇 | — | 七〇 | 四五〇 | — | 一四〇 | — | 二、八六四 |
| 上明月溝 | 六六〇 | 五〇 | 二〇 | 四〇 | 二〇 | 二〇〇 | 三八〇 | 三三〇 | 四〇〇 | — | — | 四〇 | — | 二〇 | 七八〇 | — | 一一〇 | — | 二、九七〇 |
| 倒木溝 | 九〇〇 | 三〇 | 一〇 | 三〇 | — | 一〇 | 五〇〇 | 二〇〇 | 四五〇 | — | — | 二〇 | — | 五〇 | 五五〇 | — | 一〇〇 | — | 二、八五〇 |
| 臥龍湖 | 八六〇 | 八五 | — | 一三〇 | 一五 | 五〇 | 七八〇 | 三四八 | 五八九 | — | — | 一三五 | 四〇 | — | 一、三五〇 | — | 二八〇 | — | 四、六五三 |
| 龍湖洞 | 一、五〇〇 | 三〇 | 五 | 二〇 | 五 | 六 | 七三三 | 四七三 | 三六三 | — | 一五 | 三〇 | — | — | 一〇〇 | — | 一〇〇 | — | 三、三七〇 |
| 牛心山 | 八三〇 | 三五 | 一五 | 一三 | 一三 | — | 六〇〇 | 三一〇 | 六五〇 | — | — | 八 | — | — | — | — | 二八〇 | — | 二、七五二 |
| 石頭河 | 一、四〇〇 | 八〇 | 八〇 | 一五 | — | 一五〇 | 七〇〇 | 四〇〇 | 六五五 | — | 四〇 | 八〇 | 一三〇 | — | — | — | 一一〇 | — | 三、八三〇 |
| 大平溝 | 一、一三〇 | 一三〇 | 五 | 二六〇 | 一〇 | 四〇 | 四三〇 | 二五〇 | 三〇〇 | — | — | 八〇 | 五六〇 | 七〇 | 六〇 | — | 八五 | 四〇 | 三、四三〇 |
| 雪帶山 | 五七七 | 一四 | 二 | — | 五 | — | 四三 | 一七八 | 七九 | — | 六 | 一五 | 三一 | 一四 | 七八〇 | — | 一〇八 | 二〇 | 二、〇六四 |
| 塔子溝 | 七三六 | 一八 | 二 | — | 五 | 三 | 六三 | 二七九 | 二三 | 一六 | 一五 | 二五 | 三七〇 | 一三 | 九五 | — | 七九 | 一五 | 一、七四六 |
| 長興洞 | 一、〇四〇 | 五〇 | 二〇 | 四〇 | 一〇 | 一〇 | 五五〇 | 一八〇 | 五四〇 | — | — | 一〇 | — | 一〇 | 八四〇 | — | 一一〇 | — | 三、四五〇 |
| 鳳岩洞 | 一、二五〇 | 五〇 | 三〇 | 四〇 | 二〇 | 五〇 | 七〇〇 | 三三〇 | 六四〇 | — | — | 二〇 | — | 五〇 | 八五〇 | — | 一九〇 | — | 四、一二〇 |
| 龍岩坪 | 一、三六〇 | 七〇 | 一四 | 七〇 | 一二 | 三五 | 四九〇 | 五六〇 | 四二〇 | — | — | 一〇五 | 三五 | — | 四九七 | — | 一〇五 | — | 三、六八三 |
| 南蛤蟆塘 | 三、一二七 | 一八〇 | — | 七 | — | 二二 | 三〇七 | 六三三 | 四八七 | 七 | — | 六三 | — | 五六〇 | 七〇七 | — | 一六一 | — | 五、二五〇 |
| 計 | 三〇、六二八 | 一、五六八 | 二九三 | 一、五四六 | 三三五 | 八四七 | 一三、六〇〇 | 九、三三四 | 一二、〇八五 | 三〇 | 八九 | 一、二七六 | 二、一八五 | 六二一 | 一四、一三六 | — | 五、〇四八 | 三三五 | 九四、三二九 |

三七

第三表ノ二

# 農作物作付面積表

（其二特用作物）

六月末現在

| 部落名 | 煙草 | 大麻 | 荏 | 莔麻 | 胡麻 | 瓜子 | 果樹 | 蔬菜 | 其他 | 計 | 本年度作付總反別 | 前年度作付反別 | 前年作付反別トノ増減 | 一戸當平均作付反別 |
|---|---|---|---|---|---|---|---|---|---|---|---|---|---|---|
| 北蛤蟆塘 | 六反 | —反 | —反 | —反 | —反 | —反 | —反 | 一八反 | —反 | 二四反 | 一,六六九反 | 二,二三二反 | △五六三反 | 三八反 |
| 太陽村 | 五 | — | — | — | — | — | — | 四〇 | — | 四五 | 二,八六六 | 二,七三一 | 一三五 | 四二 |
| 仲坪 | 七 | — | — | — | — | 二 | — | 一五 | — | 二四 | 二,四八八 | 一,七三七 | 七五一 | 二三 |
| 春興村 | 五 | — | 二 | — | — | — | — | 一二 | — | 一九 | 四,四八一 | 四,二三六 | 二四五 | 三七三 |
| 細鱗河 | 六 | 五 | 八 | — | — | 五 | 三六 | 二〇 | — | 八〇 | 二,五〇〇 | 二,四七五 | 二五 | 二七七 |
| 長仁江 | 一〇 | — | — | — | — | — | — | 二〇 | — | 三〇 | 三,一三〇 | 二,二四五 | 八八五 | 二九八 |
| 土山子 | 一〇 | 二 | 三 | — | 二 | — | — | 五〇 | — | 六七 | 三,六六七 | 四,六一一 | △九四四 | 二六〇 |
| 青山里 | 八 | — | — | — | — | 二 | — | 二五 | — | 三五 | 三,三六四 | 二,八一五 | 五四九 | 二九五 |
| 駱駝河子 | 六 | — | — | — | 五 | — | — | 三五 | — | 四六 | 二,三三二 | 二,七四二 | △四一〇 | 三一〇 |
| 韓角樓 | 七 | — | — | — | — | — | — | 三三 | — | 四〇 | 一,七九八 | 一,六七三 | 一二五 | 二一九 |
| 五站 | 七 | — | — | — | — | — | — | 七〇 | — | 七七 | 三,三三九 | 二,六七九 | 六六〇 | 三一五 |
| 牡丹川 | 一四 | — | — | — | — | — | — | 二四 | — | 三八 | 五,三二三 | 五,〇九〇 | 二三三 | 三九四 |
| 小百草溝 | 二三 | — | — | — | — | — | — | 三五 | — | 五八 | 四,一二九 | 五,一〇三 | △九七四 | 二九三 |
| 石門內 | 一〇 | — | — | — | — | — | 三 | 六五 | — | 七八 | 五,九七八 | 五,八〇八 | 一七〇 | 五五三 |
| 金佛寺 | 五 | 二 | — | — | — | — | 一〇 | 二〇 | — | 三七 | 二,九〇一 | 二,三〇四 | 五九七 | 二六三 |
| 上明月溝 | 五 | 一〇 | 五 | — | 五 | 一〇 | — | 二五 | — | 六〇 | 三,〇三〇 | 二,一〇一 | 九二九 | 三三六 |
| 倒木溝 | 一〇 | 一〇 | 一〇 | — | 五 | 一五 | — | 三〇 | — | 八〇 | 二,九三〇 | 二,八八〇 | 五〇 | 三一五 |
| 臥龍湖 | 一五 | 二〇 | 七五 | — | 七五 | — | — | 三〇 | — | 二一五 | 四,八六七 | 五,六四三 | △七七六 | 三〇〇 |
| 龍湖洞 | 八 | — | 四 | — | 二〇 | 一〇 | — | 二〇 | — | 六二 | 三,四三二 | 三,二七三 | 五六九 | 二九八 |
| 牛心山 | 七 | — | 二 | — | — | 五 | — | 二五 | — | 三九 | 二,七九一 | 二,六七〇 | 一二一 | 三〇六 |
| 石頭河 | 四〇 | 五〇 | 三〇 | — | — | — | — | 四〇 | — | 一六〇 | 三,九九〇 | 二,四〇〇 | — | — |
| 大平溝 | 二五 | 二五 | 二〇 | — | 二五 | 五 | — | 五五 | — | 一五五 | 三,五八五 | 三,一六〇 | 四二五 | 四一三 |
| 雪帶山 | 五 | — | — | — | — | — | — | 四四 | — | 四九 | 二,一一三 | 一,六七九 | 四三四 | 二五四 |
| 塔子溝 | 三 | — | — | — | 二二 | — | — | 二五 | — | 五〇 | 一,七九六 | 一,四一〇 | 三八六 | 二四三 |
| 長興洞 | 一〇 | 五 | 一〇 | — | — | 五 | — | 二〇 | — | 五〇 | 三,五〇〇 | 三,九〇六 | △四〇六 | 二九四 |
| 鳳岩洞 | 四 | 二〇 | 五 | — | 三 | 二〇 | — | 二八 | — | 八〇 | 四,二〇〇 | 三,四九一 | 七〇九 | 三五三 |
| 龍岩坪 | 一四 | | 七 | — | — | — | — | 五六 | — | 七七 | 三,七五九 | 四,三一六 | △五五七 | 三七六 |
| 南蛤蟆塘 | 一三 | 七 | 五八 | 一〇 | 五〇 | 九 | — | 八五 | — | 二三二 | 五,四八二 | 四,一六三 | 一,三一九 | 三四三 |
| 計 | 二七八 | 一五六 | 二三九 | 一〇 | 二一二 | 八八 | 四九 | 九六五 | — | 一,九六七 | 九五,四三九 | 八九,五九四 | 五,八四五 | 三一九 |

三八

第四表

# 家畜及家禽數表

昭和十二年六月末日現在

| 部落名 | 耕牛 自有牛 | 耕牛 貸付牛 | 耕牛 借入牛 | 種牛 | 牛計 | 馬 | 騾 | 驢 | 豚 | 羊 | 鷄 | 一戶當耕牛數 |
| --- | --- | --- | --- | --- | --- | --- | --- | --- | --- | --- | --- | --- |
| 北蛤蟆塘 | 三一頭 | —頭 | 四八頭 | —頭 | 八〇頭 | 四頭 | 一頭 | 二頭 | 五三頭 | —頭 | 二九七羽 | 一・〇九 |
| 太陽村 | 二六 | 三六 | 一六 | 一 | 七九 | 一 | 一 | 一 | 四六 | — | 七〇 | 一・一五 |
| 仲坪 | 六五 | 二九 | 一六 | 一 | 一一一 | 二 | 二 | — | 八九 | — | 七〇 | 一・〇三 |
| 春興村 | 五五 | 四七 | 二五 | 一 | 一二八 | 四 | — | — | 九〇 | — | — | 一・〇六 |
| 細鱗河 | 五 | 一五 | 三三 | — | 五三 | 一 | — | 四 | 五四 | — | 二一七 | 〇・五七 |
| 長仁江 | 四〇 | 一八 | 三三 | 一 | 九二 | 一 | 二 | 二 | 五五 | — | 一〇五 | 〇・八七 |
| 土山子 | 三一 | — | 六五 | 一 | 九七 | 四 | — | 二 | 一五〇 | — | 三〇〇 | 〇・六八 |
| 青山里 | 五五 | — | 二五 | 一 | 八一 | 五 | 二 | 一 | 五五 | — | 二三〇 | 〇・七一 |
| 駱駝河子 | 五八 | 三六 | 三二 | 一 | 一二八 | 三 | — | 七 | 八二 | — | 一三七 | 一・七〇 |
| 轉角樓 | 三一 | 三 | 三 | 一 | 三八 | 一〇 | 一 | 六 | 七七 | — | 六〇 | 〇・六八 |
| 五站 | 七〇 | — | 二 | 一 | 七三 | 五 | — | 二 | 一三〇 | — | 二四三 | 〇・六八 |
| 牡丹川 | 四三 | 一七 | 二九 | 一 | 八九 | 六 | 四 | 五 | 一二八 | — | 一五七 | 〇・六五 |
| 小百草溝 | 五三 | 二九 | 四三 | 一 | 一二四 | 一二 | 一 | — | 九八 | — | 八四六 | 〇・八〇 |
| 石門內 | 八〇 | 二九 | 二〇 | 一 | 一三〇 | 五 | — | 三 | 一八 | 二四 | 九三 | 一・二〇 |
| 金佛寺 | 四一 | 二四 | 六四 | 一 | 一三〇 | 八 | 五 | 一 | 一三〇 | — | 四〇〇 | 一・一八 |
| 上明月溝 | 五五 | — | 八 | 一 | 六四 | 五 | 二 | — | 一〇五 | — | 九〇 | 〇・七二 |
| 倒木溝 | 一七 | — | 三三 | 一 | 五一 | 四 | — | — | 五〇 | — | 二五〇 | 〇・五六 |
| 臥龍湖 | 九〇 | — | 二八 | 一 | 一〇九 | 六 | — | — | 七五 | — | 一八八 | 一・二九 |
| 龍湖洞 | 三三 | — | 六四 | 一 | 八七 | 五 | 四 | — | 一三一 | — | 二五〇 | 〇・七五 |
| 牛心山 | 二八 | — | 六二 | — | 八九 | 二 | 二 | 二 | 五三 | — | 八〇 | 〇・九七 |
| 石頭河 | 六四 | — | 八三 | 一 | 一四八 | 一二 | 一〇 | — | 一八二 | 二四 | 四五八 | 一・三七 |
| 大平溝 | 七九 | 二三 | 一九 | 一 | 一二二 | 二五 | — | 二 | 一三四 | — | 八三三 | 一・二七 |
| 雪帶山 | 四四 | 四四 | 三 | 一 | 一二〇 | 五 | — | 三 | 七四 | — | 一〇五 | 一・四四 |
| 塔子溝 | 三一 | 二〇 | 二四 | 一 | 八六 | 二 | — | 三 | 八七 | — | 二四六 | 一・二六 |
| 長興洞 | 二六 | — | 九五 | 一 | 一二二 | 一〇 | 二 | — | 二九 | — | 五三 | 一・〇三 |
| 鳳岩洞 | 五一 | — | 一六 | 一 | 六八 | 三 | — | — | 一三〇 | — | 三一〇 | 〇・五七 |
| 龍岩坪 | 五五 | 四 | 四一 | 一 | 一〇一 | 四 | — | 一 | 一〇五 | — | 六三一 | 一・〇二 |
| 南蛤蟆塘 | 一〇五 | 三 | 三五 | 一 | 一五三 | 七 | — | 四 | 一三三 | — | 三五一 | 〇・九〇 |
| 計 | 一、三五〇 | 三八六 | 一、〇八八 | 二五 | 二、八四九 | 一六八 | 二九 | 五四 | 二、九一二 | 四八 | 六、九四九 | 〇・九五 |

備考 耕牛中貸付牛トハ民會ニ於テ年賦償還ノ方法ニ依リ部落民ニ貸付セルモノトス

第五表　副業　昭和十二年六月末日現在

| 部落名 | 木材伐採運搬 人員 | 木材伐採運搬 收入金額 | 製炭 人員 | 製炭 收入金額 | 薪採取販賣 人員 | 薪採取販賣 收入金額 | 採金 人員 | 採金 收入金額 | 運搬 人員 | 運搬 收入金額 | 雇傭 人員 | 雇傭 收入金額 | 計 人員 | 計 收入金額 |
|---|---|---|---|---|---|---|---|---|---|---|---|---|---|---|
| 北鉛鐵塘 | 一〇〇人 | 六〇〇圓 | 一〇人 | 一〇〇圓 | —人 | —圓 | —人 | —圓 | 四〇人 | 一五〇圓 | 六〇人 | 一二〇圓 | 二一〇人 | 九七〇圓 |
| 太陽村 | — | — | — | — | 七 | 一〇〇 | 二 | 三〇〇 | — | — | — | — | 九 | 四〇〇 |
| 仲坪 | — | — | — | — | 三〇 | 一七〇 | — | — | — | — | — | — | 三〇 | 一七〇 |
| 泰興村 | — | — | — | — | 四〇 | 三〇〇 | — | — | 一〇 | 一五〇 | — | — | 五〇 | 四五〇 |
| 細鱗河 | — | — | — | — | 四〇 | 四〇〇 | — | — | 四七 | 四七〇 | — | — | 八七 | 八七〇 |
| 長仁江 | — | — | — | — | 一五 | 一〇五 | — | — | — | — | 二五 | 一三〇 | 四〇 | 二三五 |
| 土山子 | 一五 | 四五〇 | — | — | — | — | 六五 | 五五〇 | 三〇 | 四五〇 | — | — | 一一〇 | 一、四五〇 |
| 青山里 | 一八 | 五四〇 | 一 | 三〇 | 四〇 | 六〇〇 | — | — | 二〇 | 二〇〇 | — | — | 七九 | 一、三七〇 |
| 駱駝河子 | — | — | 一 | 一〇〇 | 六一 | 三、五〇〇 | 四 | 六〇〇 | 二 | 二二〇 | 五 | 二〇〇 | 七三 | 一、五二〇 |
| 轉角樓 | 二〇 | 五〇〇 | 二五 | 一、〇〇〇 | — | — | — | — | — | — | — | — | 四五 | 一、五〇〇 |
| 五站 | 三〇 | 一、五〇〇 | — | — | — | — | — | — | — | — | — | — | 三〇 | 一、五〇〇 |
| 牡丹川 | — | — | — | — | — | — | — | — | 四〇 | 一、〇〇〇 | — | — | 四〇 | 一、〇〇〇 |
| 小百草溝 | — | — | 五 | 二五〇 | 一六〇 | 一、〇〇〇 | 二 | 二七五 | 五〇 | 三五八 | — | — | 二一七 | 一、八八三 |
| 石門內 | — | — | — | — | — | — | — | — | — | — | — | — | — | — |
| 金佛寺 | — | — | 一六 | 三〇〇 | 一〇〇 | 五〇〇 | — | — | — | — | — | — | 一一六 | 八〇〇 |
| 上明月溝 | 四六 | 一、五〇〇 | — | — | — | — | — | — | — | — | — | — | 四六 | 一、五〇〇 |
| 倒木溝 | — | — | 三 | 一五〇 | 三〇 | 五〇〇 | — | — | 一〇 | 三〇〇 | — | — | 四三 | 九五〇 |
| 臥龍湖 | 一八 | 四〇〇 | 二 | 一五〇 | 二五 | 四〇〇 | — | — | 一五 | 二〇〇 | 三 | 一五〇 | 七三 | 一、一五〇 |
| 龍湖洞 | 一七 | 六八〇 | — | — | 一〇 | 一〇〇 | 四〇 | 四〇〇 | 一五 | 一五〇 | 三 | 九〇 | 八五 | 一、四二〇 |
| 牛心山 | 一二 | 六〇〇 | — | — | 四〇 | 六〇〇 | — | — | 五 | 一五〇 | 四 | 一〇〇 | 六一 | 一、四五〇 |
| 石頭河 | — | — | 五 | 二六〇 | 五〇 | 一、五〇〇 | — | — | 四〇 | 一、〇〇〇 | — | — | 九五 | 二、八六〇 |
| 大平溝 | 六〇 | 四、一五〇 | — | — | — | — | — | — | — | — | 一 | 四〇 | 六一 | 四、一九〇 |
| 雪帶山 | — | — | 一六 | 四五〇 | — | — | 五 | 三〇〇 | — | — | 七 | 三二〇 | 二八 | 一、〇七〇 |
| 塔子溝 | — | — | — | — | — | — | 一四五 | 七、七七〇 | — | — | 六 | 二二五 | 一五一 | 七、九九五 |
| 長興洞 | 八〇 | 二、〇〇〇 | — | — | 一〇 | 一〇〇 | — | — | — | — | — | — | 九〇 | 二、一〇〇 |
| 鳳岩洞 | — | — | — | — | 三〇 | 一五〇 | — | — | 五〇 | 三〇〇 | — | — | 八〇 | 四五〇 |
| 龍岩坪 | — | — | — | — | 一五〇 | 一、二〇〇 | 二〇 | 二〇〇 | 六〇 | 五〇〇 | — | — | 二三〇 | 一、九〇〇 |
| 南鉛鐵塘 | 一〇 | 八〇〇 | — | — | — | — | — | — | 二〇 | 二四〇 | 二 | 四九〇 | 三二 | 一、五三〇 |
| 計 | 四三六 | 一三、七二〇 | 八四 | 二、八九〇 | 八四八 | 一一、二三五 | 二六八 | 一〇、三九五 | 四五四 | 五、七四一 | 一二六 | 一、八四五 | 二、一九〇 | 四五、八一六 |

備考　本表ハ昭和十二年一月ヨリ六月ニ至ル六ヶ月間ニ於ケル分ヲ記入シタルモノトス

四〇

第六表

# 食糧充實狀況

昭和十二年六月末日現在

| 部落名 | 食糧充實 戶數 | 食糧充實 人口 | 食糧不足 一ヶ月 戶數 | 一ヶ月 人口 | 二ヶ月 戶數 | 二ヶ月 人口 | 三ヶ月 戶數 | 三ヶ月 人口 | 四ヶ月 戶數 | 四ヶ月 人口 | 五ヶ月 戶數 | 五ヶ月 人口 | 六ヶ月 戶數 | 六ヶ月 人口 | 計 戶數 | 計 人口 |
|---|---|---|---|---|---|---|---|---|---|---|---|---|---|---|---|---|
| 北蛤蟆塘 | 三〇 | 一〇六 | — | — | 五 | 二七 | 三 | 一〇 | 一〇 | 五四 | 二〇 | 一二〇 | 五 | 二九 | 四三 | 二四〇 |
| 大陽村 | 二三 | 六七 | 二五 | 二二 | 九 | 四六 | 五 | 三三 | 二 | 一〇 | 三 | 一六 | 五 | 二〇 | 四九 | 一四七 |
| 仲坪 | 四六 | 二二八 | 二〇 | 九五 | 一四 | 六三 | 五 | 二二 | 三 | 一三 | 五 | 二六 | 六 | 三〇 | 五三 | 二四九 |
| 泰興村 | 一二〇 | 七三 | — | — | — | — | — | — | — | — | — | — | — | — | — | — |
| 細鱗河 | 八六 | 五〇〇 | — | — | — | — | — | — | — | — | — | — | — | — | — | — |
| 長仁江 | 一〇五 | 五一七 | — | — | — | — | — | — | — | — | — | — | — | — | — | — |
| 土山子 | 一九 | 九五 | 一九 | 六九 | — | — | — | — | — | — | — | — | — | — | 一九 | 六九 |
| 青山里 | 三〇 | 一二〇 | 八七 | 五二 | — | — | — | — | — | — | — | — | — | — | 八七 | 五二 |
| 路駝河子 | 七九 | 四六一 | 七 | 二二 | 三 | 一一 | — | — | — | — | — | — | — | — | 一〇 | 三三 |
| 轉角樓 | 二九 | 一四七 | — | — | 一〇 | 六七 | 六 | 二八 | 一〇 | 六三 | 一〇 | 五六 | 一七 | 二二 | 五三 | 二三五 |
| 五站 | 三六 | 二五〇 | — | — | 四 | 二四 | 一六 | 九一 | 一〇 | 五七 | 二〇 | 一一四 | 三 | 一八 | 五三 | 三〇四 |
| 佐丹川 | 八七 | 六一八 | 一五 | 八四 | 一〇 | 五七 | 四 | 二二 | 五 | 二七 | 九 | 五一 | 五 | 二九 | 四八 | 二七〇 |
| 小百草溝 | 六〇 | 三三四 | — | — | — | — | 二〇 | 一〇八 | 五 | 二九 | 二〇 | 一〇五 | 二〇 | 一一二 | 六五 | 三五四 |
| 石門內 | 一〇二 | 六〇五 | 三 | 一五 | 一 | 六 | 二 | 一二 | — | — | — | — | — | — | 六 | 三三 |
| 金佛寺 | 五〇 | 三一〇 | 一〇 | 六三 | 二三 | 一三〇 | 二五 | 一二四 | 二 | 一二 | — | — | — | — | 六〇 | 三二九 |
| 上明月溝 | 三〇 | 一八〇 | — | — | — | — | — | — | 二〇 | 一二〇 | 一〇 | 六三 | 一五 | 九六 | 四五 | 二七九 |
| 倒木溝 | 二〇 | 九五 | — | — | — | — | 五〇 | 二九九 | 三〇 | 一六〇 | — | — | — | — | 八〇 | 四五九 |
| 臥龍湖 | 一五 | 八六 | 九五 | 五六五 | 四一 | 二六一 | — | — | — | — | — | — | — | — | 一三六 | 八二六 |
| 龍湖洞 | 五 | 三〇 | 八〇 | 四八〇 | 二一 | 一〇〇 | — | — | — | — | — | — | — | — | 一〇一 | 五八〇 |
| 牛心山 | 四 | 一八 | 六〇 | 三三二 | 二二 | 一二五 | — | — | — | — | — | — | — | — | 八二 | 四五七 |
| 石頭河 | 六一 | 四一五 | 一〇 | 六五 | 二二 | 一四〇 | 一一 | 七三 | — | — | — | — | — | — | 四三 | 二七八 |
| 大平溝 | 七六 | 五二二 | 三 | 一一 | 一 | 三 | — | — | — | — | — | — | — | — | 四 | 一四 |
| 雪帶山 | 七四 | 四五三 | 一〇 | 四六 | 七 | 二七 | 四 | 二八 | — | — | — | — | — | — | 二一 | 一〇一 |
| 塔子溝 | 六一 | 三九六 | 一一 | 四七 | 七 | 三一 | — | — | — | — | — | — | — | — | 一八 | 七八 |
| 長興洞 | 二五 | 一二五 | — | — | — | — | — | — | 七〇 | 四一〇 | 一〇 | 五九 | — | — | 八〇 | 四六九 |
| 鳳岩洞 | 六〇 | 四一六 | — | — | — | — | 一六 | 七八 | 二八 | 一三八 | 一五 | 七八 | — | — | 五九 | 二九四 |
| 龍岩坪 | 六〇 | 三四八 | 五 | 二九 | 四 | 二四 | 五 | 二二 | 八 | 五四 | 一〇 | 五九 | 八 | 四四 | 四〇 | 二三二 |
| 南蛤蟆塘 | 三三 | 二一九 | 五 | 三九 | 一二 | 八九 | 一六 | 九六 | 一七 | 一〇三 | 一八 | 一二八 | 二九 | 一七五 | 九七 | 六三九 |
| 計 | 一、三九七 | 八、四五四 | 三六五 | 二、一九七 | 二二五 | 一、二三〇 | 一八八 | 一、〇三四 | 二三〇 | 一、三四九 | 一七〇 | 九七六 | 一一三 | 六八六 | 一、二九一 | 七、四七二 |

備考　本表ニ於ケル食糧不足狀況ハ一月ヨリ六月迄ニ至ル間ニ於ケル不足狀況トス

四一

第七表ノ一　教　育　昭和十二年六月末日現在

| 部落名 | 無學 男 | 無學 女 | 無學 計 | 諺文解 男 | 諺文解 女 | 諺文解 計 | 漢文解 男 | 漢文解 女 | 漢文解 計 | 國語解 男 | 國語解 女 | 國語解 計 |
|---|---|---|---|---|---|---|---|---|---|---|---|---|
| 北蛤蟆塘 | 九二 | 一七六 | 二六八 | 一三〇 | 二〇 | 一五〇 | 一五 | — | 一五 | 一〇 | 二 | 一二 |
| 太陽村 | 八三 | 一六二 | 二四五 | 五〇 | 二〇 | 七〇 | 一五 | — | 一五 | 三〇 | 二 | 三二 |
| 伊坪 | 八三 | 一九八 | 二八一 | 七七 | 三二 | 一〇九 | 四八 | — | 四八 | 八〇 | 一〇 | 九〇 |
| 秦興村 | 九四 | 二六八 | 三六二 | 一〇五 | 六二 | 一六七 | 七〇 | — | 七〇 | 九七 | 一五 | 一一二 |
| 細鱗河 | 一一四 | 二二九 | 三四三 | 七五 | 二五 | 一〇〇 | 四〇 | — | 四〇 | 四三 | — | 四三 |
| 長仁江 | 一九〇 | 二五〇 | 四四〇 | 七九 | 二〇 | 九九 | 一八 | — | 一八 | 五七 | 一〇 | 六七 |
| 土山子 | 一四八 | 三三〇 | 四七八 | 一八五 | 三一 | 二一六 | 二〇七 | — | 二〇七 | 八〇 | 五 | 八五 |
| 青山里 | 一四五 | 二八五 | 四三〇 | 一一〇 | 二三 | 一三三 | 七八 | — | 七八 | 三二 | — | 三二 |
| 駱駝河子 | 一六七 | 一九九 | 三六六 | 七五 | 二 | 七七 | 一四 | — | 一四 | 二 | — | 二 |
| 轉角樓 | 一九一 | 二〇九 | 四〇〇 | 五〇 | 一五 | 六五 | 八〇 | — | 八〇 | 六 | — | 六 |
| 五站 | 八〇 | 二二九 | 三〇九 | 二〇〇 | 五〇 | 二五〇 | 三〇 | — | 三〇 | 三 | — | 三 |
| 牡丹川 | 八三 | 三三三 | 四一六 | 二四二 | 三一 | 二七三 | 二五 | 一 | 二六 | 五〇 | 六 | 五六 |
| 小百草溝 | 三八 | 一八 | 五六 | 二〇〇 | 五〇 | 二五〇 | 四七 | 三 | 五〇 | 一五 | 五 | 二〇 |
| 石門內 | 八二 | 二九〇 | 三七二 | 一五一 | 二二 | 一七三 | 二二 | — | 二二 | 七〇 | 一六 | 八六 |
| 金佛寺 | 一八〇 | 一一〇 | 二九〇 | 一八〇 | 一〇〇 | 二八〇 | 二〇 | — | 二〇 | 四〇 | 五 | 四五 |
| 上明月溝 | 五一 | 一九四 | 二四五 | 六八 | 三〇 | 九八 | 三五 | 三 | 三八 | 九一 | 一四 | 一〇五 |
| 倜木溝 | 一一三 | 一九〇 | 三〇三 | 九〇 | 七〇 | 一六〇 | 六五 | 一 | 六六 | 八五 | 三〇 | 一一五 |
| 臥龍湖 | 二四一 | 三九五 | 六三六 | 一八三 | 二九 | 二一二 | 三〇 | 一 | 三一 | 二〇 | 一 | 二一 |
| 龍湖洞 | 一六五 | 三〇五 | 四七〇 | 一五八 | 二三 | 一八一 | 八〇 | — | 八〇 | 二七 | 一 | 二八 |
| 牛心山 | 一三〇 | 一八五 | 三一五 | 一〇八 | 三一 | 一三九 | 八三 | — | 八三 | 一二 | — | 一二 |
| 石頭河 | 二六四 | 三二九 | 五九三 | 二六〇 | 三〇 | 二九〇 | 二〇 | — | 二〇 | 五 | — | 五 |
| 大平溝 | 二二七 | 二四二 | 四六九 | 五六 | 二 | 五八 | 一七 | — | 一七 | 三 | — | 三 |
| 雲帶山 | 一七六 | 二四五 | 四二一 | 七五 | 四 | 七九 | 一一 | — | 一一 | 三 | — | 三 |
| 塔子溝 | 一〇七 | 一九一 | 二九八 | 一二五 | 二 | 一二七 | 一一 | — | 一一 | 二 | — | 二 |
| 長興洞 | 一〇五 | 一七六 | 二八一 | 一〇〇 | 五〇 | 一五〇 | 二五 | — | 二五 | 七七 | 二四 | 一〇一 |
| 鳳岩洞 | 六四 | 一九二 | 二五六 | 一四〇 | 九〇 | 二三〇 | 五六 | 二 | 五八 | 八八 | 一六 | 一〇四 |
| 龍岩坪 | 一〇五 | 二二五 | 三三〇 | 七七 | 一三 | 九〇 | 六五 | — | 六五 | 四 | 二 | 六 |
| 南蛤蟆塘 | 二三〇 | 三六九 | 五九九 | 一八一 | 五〇 | 二三一 | 三一 | 三 | 三四 | 六〇 | 一一 | 七一 |
| 計 | 三、七〇三 | 六、五〇五 | 一〇、二〇八 | 三、八一〇 | 九二八 | 四、七三八 | 一、二八七 | 一四 | 一、三〇一 | 一、〇九一 | 一八四 | 一、二七五 |

備考

第七表ノ二

# 教育

昭和十二年六月末日現在

| 部落名 | 學校 校舍數 | 學校 學級數 | 學校 授業料 | 一年 男 | 一年 女 | 一年 計 | 二年 男 | 二年 女 | 二年 計 | 三年 男 | 三年 女 | 三年 計 | 四年 男 | 四年 女 | 四年 計 | 計 男 | 計 女 | 計 計 |
|---|---|---|---|---|---|---|---|---|---|---|---|---|---|---|---|---|---|---|
| 北蛤蟆塘 | 五八坪 | 二 | 三〇錢 | 三一 | 四 | 三五 | 一八 | 三 | 二一 | 二六 | 六 | 三二 | 一八 | — | 一八 | 九三 | 一三 | 一〇六 |
| 太陽村 | 二〇 | 一 | 三〇 | 一五 | 八 | 二三 | 一四 | 六 | 二〇 | 一六 | — | 一六 | — | — | — | 四五 | 一四 | 五九 |
| 仲坪 | 二一 | 一 | 三〇 | 二〇 | 一五 | 三五 | 一八 | 八 | 二六 | 一七 | 七 | 二四 | — | — | — | 五五 | 三〇 | 八五 |
| 春興村 | 一二五 | 四 | 五〇 | 四二 | 一六 | 五八 | 四二 | 一二 | 五四 | 一七 | 三 | 二〇 | 一八 | 五 | 二三 | 一一九 | 三六 | 一五五 |
| 細鱗河 | 一二七 | 四 | 四〇 | 五六 | 六 | 六二 | 五一 | 六 | 五七 | 四一 | 一三 | 五四 | 七八 | 一 | 七九 | 二二六 | 二六 | 二五二 |
| 長仁江 | 六八 | 三 | 五〇 | 一八 | 九 | 二七 | 二四 | 一〇 | 三四 | 一八 | 七 | 二五 | 四六 | 八 | 五四 | 一〇六 | 三四 | 一四〇 |
| 土山子 | 九〇 | 四 | 三〇 | 四三 | 六 | 四九 | 三三 | 七 | 四〇 | 二七 | 五 | 三二 | 七四 | 四 | 七八 | 一七七 | 二二 | 一九九 |
| 青山里 | 六三 | 二 | 三〇 | 一八 | 一三 | 三一 | 二三 | — | 二三 | 一八 | — | 一八 | 一四 | — | 一四 | 七三 | 一三 | 八五 |
| 駱駝河子 | 五八 | 二 | 五〇 | 一一 | 一 | 一二 | 九 | 一 | 一〇 | 一一 | 一 | 一二 | 九 | 五 | 一四 | 四〇 | 八 | 四八 |
| 轉角樓 | 六〇 | 二 | 二〇 | 二五 | 四 | 二九 | 二一 | 二 | 二三 | 九 | — | 九 | 六 | — | 六 | 六一 | 六 | 六七 |
| 五站 | 二八 | 二 | 二〇 | 二三 | 一二 | 三五 | 一六 | 六 | 二二 | 一七 | 一 | 一八 | — | — | — | 五六 | 一九 | 七五 |
| 牡丹川 | 六三 | 二 | 三〇 | 一八 | 六 | 二四 | 二六 | 九 | 三五 | 二九 | 六 | 三五 | 一一 | — | 一一 | 八四 | 二一 | 一〇五 |
| 小百草溝 | 一三三 | 三〇 | 四〇 | 一三 | 五 | 一八 | 二二 | 五 | 二七 | 二一 | 三 | 二四 | 三三 | 四 | 三七 | 八九 | 一七 | 一〇六 |
| 石門內 | 五〇 | 二 | 三〇 | 二三 | 七 | 三〇 | 四七 | 一三 | 六〇 | 四三 | 四 | 四七 | 三一 | — | 三一 | 一四四 | 二四 | 一六八 |
| 金佛寺 | 九二 | 三 | 五〇 | 二六 | 六 | 三二 | 一九 | 四 | 二三 | 二五 | 二 | 二七 | 一八 | — | 一八 | 八八 | 一二 | 一〇〇 |
| 上明月溝 | 四五 | 二 | 三〇 | 二三 | 三 | 二六 | 一一 | 二 | 一三 | 二六 | 五 | 三一 | 一四 | 二 | 一六 | 七四 | 一二 | 八六 |
| 倒木溝 | 四五 | 三 | 三〇 | 三五 | 一四 | 四九 | 一七 | 二 | 一九 | 一四 | 六 | 二〇 | 一二 | 一 | 一三 | 七八 | 二三 | 一〇一 |
| 臥龍湖 | 七〇 | 三 | 四〇 | 三九 | 八 | 四七 | 一九 | 一〇 | 二九 | 二八 | 三 | 三一 | 二四 | — | 二四 | 一二〇 | 一二 | 一三二 |
| 龍湖洞 | 六三 | 二 | 四〇 | 二七 | 一〇 | 三七 | 二五 | 六 | 三一 | 二三 | 一 | 二四 | 一三 | — | 一三 | 八八 | 一七 | 一〇五 |
| 牛心山 | 六三 | 二 | 三〇 | 二八 | 一一 | 三九 | 一六 | 一 | 一七 | 一六 | 一 | 一七 | 一四 | 一 | 一五 | 八四 | 一九 | 一〇三 |
| 石頭河 | 三八 | 二 | 四〇 | 二三 | 七 | 三〇 | 一四 | 四 | 一八 | 一九 | 六 | 二五 | 一一 | — | 一一 | 六七 | 一七 | 八四 |
| 大平溝 | 四三 | 二 | 四〇 | 一四 | 五 | 一九 | 二三 | 一 | 二四 | 一四 | 八 | 二二 | 一一 | 一 | 一二 | 六三 | 一五 | 七七 |
| 雪帶山 | 二〇 | 一 | 四〇 | 一二 | 五 | 一七 | 一五 | 二 | 一七 | 二三 | 四 | 二七 | 七 | — | 七 | 五七 | 一一 | 六八 |
| 塔子溝 | 二五 | 二 | 五〇 | 二〇 | 六 | 二六 | 一二 | 三 | 一五 | 一七 | 二 | 一九 | 六 | — | 六 | 五五 | 一一 | 六六 |
| 長興洞 | 四五 | 二 | 三〇 | 二一 | 九 | 三〇 | 二〇 | 三 | 二三 | 一九 | 八 | 二七 | — | — | — | 六〇 | 二〇 | 八〇 |
| 鳳岩洞 | 四五 | 三 | 四〇 | 二八 | 六 | 三四 | 二一 | 五 | 二六 | 二三 | 二 | 二五 | 九 | 一 | 一〇 | 八一 | 一四 | 九五 |
| 龍岩坪 | 四〇 | 二 | 四〇 | 一七 | 五 | 二二 | 一九 | 二 | 二〇 | 二一 | 五 | 二六 | 一五 | 二 | 一七 | 七三 | 二〇 | 九三 |
| 南蛤蟆塘 | 五五 | 三 | 三〇 | 三一 | 二五 | 五六 | 四三 | 八 | 五〇 | 三六 | 八 | 四四 | 一三 | — | 一三 | 一二一 | 四二 | 一六三 |
| 計 | 一、四八〇 | 六三 | — | 七一〇 | 二三三 | 九四三 | 六四六 | 一五〇 | 七九六 | 六一八 | 一一七 | 七三五 | 五〇五 | 三一 | 五三六 | 二、四七九 | 五三〇 | 三、〇〇九 |

備考

四三

第八表

# 衛生

昭和十二年六月末日現在

| 部落名 | 患者 施療 男 | 患者 施療 女 | 患者 施療 計 | 患者 有料 男 | 患者 有料 女 | 患者 有料 計 | 患者 計 男 | 患者 計 女 | 患者 計 計 | 治療 全快 男 | 治療 全快 女 | 治療 全快 計 | 治療 死亡 男 | 治療 死亡 女 | 治療 死亡 計 | 治療 治療中 男 | 治療 治療中 女 | 治療 治療中 計 |
|---|---|---|---|---|---|---|---|---|---|---|---|---|---|---|---|---|---|---|
| 北蛤蟆塘 | 一七五 | 一五〇 | 三二五 | 一二 | 一〇 | 二二 | 一八七 | 一六〇 | 三四七 | 一七五 | 一五六 | 三三一 | 四 | 一 | 五 | 八 | 三 | 一一 |
| 太陽村 | 五 | 七 | 一二 | 二 | 三 | 五 | 七 | 一〇 | 一七 | 五 | 七 | 一二 | 一 | 一 | 二 | 一 | 二 | 三 |
| 仲坪 | 一一 | 一八 | 二九 | 七 | 二 | 九 | 一八 | 二〇 | 三八 | 一二 | 一一 | 二三 | 四 | 六 | 一〇 | 二 | 三 | 五 |
| 春興村 | 三三 | 一七 | 五〇 | 一〇 | 七 | 一七 | 四三 | 二四 | 六七 | 二八 | 一四 | 四二 | 一二 | 八 | 二〇 | 三 | 二 | 五 |
| 細鱗河 | 三〇 | 二〇 | 五〇 | — | — | — | 三〇 | 二〇 | 五〇 | 二九 | 一九 | 四八 | 一 | 一 | 二 | — | — | — |
| 長仁江 | 五〇 | 四〇 | 九〇 | — | — | — | 五〇 | 四〇 | 九〇 | 四七 | 三九 | 八六 | 三 | 一 | 四 | — | — | — |
| 土山子 | 八五 | 七五 | 一六〇 | 三〇 | 二〇 | 五〇 | 一一五 | 九五 | 二一〇 | 九七 | 七七 | 一七四 | 三 | 六 | 九 | 一五 | 一二 | 二七 |
| 青山里 | 五五 | 四〇 | 九五 | 一五 | 一〇 | 二五 | 七〇 | 五〇 | 一二〇 | 六二 | 四二 | 一〇四 | — | 三 | 三 | 八 | 五 | 一三 |
| 駱駝河子 | 三五 | 二九 | 六四 | — | — | — | 三五 | 二九 | 六四 | 三一 | 二三 | 五四 | 二 | 二 | 四 | 二 | 四 | 六 |
| 轉角樓 | 九八 | 一〇八 | 二〇六 | — | — | — | 九八 | 一〇八 | 二〇六 | 七八 | 八四 | 一六二 | — | 一 | 一 | 二〇 | 二三 | 四三 |
| 五站 | 二一二 | 二一三 | 四二五 | 九 | 六 | 一五 | 二二一 | 二一九 | 四四〇 | 二一九 | 二一七 | 四三六 | 二 | 二 | 四 | — | — | — |
| 牡丹川 | 一四一 | 一六八 | 三〇九 | — | — | — | 一四一 | 一六八 | 三〇九 | 九一 | 一二八 | 二一九 | 一〇 | 七 | 一七 | 四〇 | 三三 | 七三 |
| 小百草溝 | 九七 | 一一九 | 二一六 | — | — | — | 九七 | 一一九 | 二一六 | 七〇 | 八六 | 一五六 | 九 | 一一 | 二〇 | 一八 | 二二 | 四〇 |
| 石門內 | 一〇 | 七 | 一七 | 五 | 五 | 一〇 | 一五 | 一二 | 二七 | 一一 | 八 | 一九 | 二 | 三 | 五 | 二 | 一 | 三 |
| 金佛寺 | 四〇 | 五〇 | 九〇 | — | — | — | 四〇 | 五〇 | 九〇 | 三八 | 四三 | 八一 | 一 | 三 | 七 | 一 | 四 | 五 |
| 上明月溝 | 一一五 | 五六 | 一七一 | — | — | — | 一一五 | 五六 | 一七一 | 九八 | 四六 | 一四四 | 二 | 四 | 六 | 一五 | 六 | 二一 |
| 倒木溝 | 一二六 | 七二 | 一九八 | — | — | — | 一二六 | 七二 | 一九八 | 一〇〇 | 五八 | 一五八 | 五 | 四 | 九 | 二一 | 一〇 | 三一 |
| 臥龍湖 | 一六八 | 一四四 | 三一二 | 二四 | 一九 | 四三 | 一九二 | 一六三 | 三五五 | 一七三 | 一四八 | 三二一 | 七 | 六 | 一三 | 一二 | 九 | 二一 |
| 龍湖洞 | 七五 | 五五 | 一三〇 | 三〇 | 一五 | 四五 | 一〇五 | 七〇 | 一七五 | 九三 | 六一 | 一五四 | 四 | 四 | 八 | 八 | 五 | 一三 |
| 牛心山 | 七〇 | 五〇 | 一二〇 | 二〇 | 一二 | 三二 | 九〇 | 六二 | 一五二 | 八三 | 五五 | 一三八 | 二 | 三 | 五 | 五 | 四 | 九 |
| 石頭河 | 三〇〇 | 二〇〇 | 五〇〇 | 三 | 一 | 四 | 三〇三 | 二〇一 | 五〇四 | 三〇〇 | 一九九 | 四九九 | 三 | 二 | 五 | — | — | — |
| 大平溝 | 三一 | 三九 | 七〇 | 九 | 三 | 一二 | 四〇 | 四二 | 八二 | 三二 | 三七 | 六九 | 七 | 三 | 一〇 | 一 | 二 | 三 |
| 雪帶山 | 九七 | 七六 | 一七三 | 一 | — | 一 | 九八 | 七六 | 一七四 | 八四 | 六二 | 一四六 | 五 | 八 | 一三 | 七 | 六 | 一三 |
| 塔子溝 | 四一 | 三一 | 七二 | — | — | — | 四一 | 三一 | 七二 | 二四 | 二〇 | 四四 | 三 | 二 | 五 | 一四 | 九 | 二三 |
| 長興洞 | 三四五 | 二五五 | 六〇〇 | 二六 | 一五 | 四一 | 三七一 | 二七〇 | 六四一 | 三五〇 | 二六一 | 六一一 | 三 | 一 | 四 | 一八 | 八 | 二六 |
| 鳳岩洞 | 一二三 | 六一 | 一八四 | — | — | — | 一二三 | 六一 | 一八四 | 九五 | 四五 | 一四〇 | 三 | 二 | 五 | 二五 | 一四 | 三九 |
| 龍岩坪 | 九七 | 一〇三 | 二〇〇 | — | — | — | 九七 | 一〇三 | 二〇〇 | 八一 | 五三 | 一三四 | 六 | — | 一 | 一〇 | 五〇 | 六〇 |
| 南蛤蟆塘 | 四〇五 | 五二三 | 九二八 | 一二〇 | 一三五 | 二五五 | 五二五 | 六五八 | 一、一八三 | 五二二 | 六五四 | 一、一七六 | 三 | 四 | 七 | — | — | — |
| 計 | 三、〇七〇 | 二、七二六 | 五、七九六 | 三二三 | 二六三 | 五八六 | 三、三九三 | 二、九八九 | 六、三八二 | 三、〇二八 | 二、六六三 | 五、六九一 | 一〇七 | 二七 | 一三四 | 二五八 | 二〇九 | 四六七 |

四四

第九表

# 自衛團狀況表

昭和十二年六月末日現在

| 部落名 | 團員 |  |  |  |  | 銃器 |  |  | 彈丸 |  |  |
|---|---|---|---|---|---|---|---|---|---|---|---|
|  | 團長 | 副團長 | 班長 | 團員 | 計 | 長銃 | 拳銃 | 計 | 長銃 | 拳銃 | 計 |
| 北蛤蟆塘 | 一人 | 一人 | 一人 | 三七人 | 四〇人 | 二七挺 | —挺 | 二七挺 | 一、一五〇 | — | 一、一五〇 |
| 太陽村 | 一 | 一 | 二 | 六 | 一〇 | 六 | — | 六 | 三三 | — | 三三 |
| 仲坪 | 一 | 一 | — | 五 | 七 | 五 | — | 五 | 二五〇 | — | 二五〇 |
| 柰興村 | 一 | 一 | — | 五 | 七 | 五 | — | 五 | 一八五 | — | 一八五 |
| 細鱗河 | 一 | 一 | — | 五 | 七 | 一一 | — | 一一 | 四〇〇 | — | 四〇〇 |
| 長仁江 | 一 | 一 | 一 | 六 | 九 | 一〇 | — | 一〇 | 四〇四 | — | 四〇四 |
| 土山子 | — | — | — | — | — | — | — | — | — | — | — |
| 靑山里 | — | — | — | — | — | — | — | — | — | — | — |
| 駱駝河子 | 一 | — | — | 一〇 | 一一 | 一七 | — | 一七 | 七六九 | — | 七六九 |
| 轉角樓 | 一 | 一 | — | 二一 | 二三 | 二二 | — | 二二 | 一、五六九 | — | 一、五六九 |
| 五站 | 一 | 一 | — | 一〇 | 一二 | 一〇 | — | 一〇 | 六八三 | — | 六八三 |
| 杜丹川 | 一 | 一 | — | 二〇 | 二二 | 一八 | — | 一八 | 七四七 | — | 七四七 |
| 小石草溝 | 一 | 一 | 二 | 二八 | 三二 | 二三 | — | 二三 | 五五四 | — | 五五四 |
| 石門內 | 一 | 一 | 四 | 二〇 | 二六 | 一〇 | — | 一〇 | 三〇〇 | — | 三〇〇 |
| 金佛寺 | 一 | 一 | 二 | 二五 | 二九 | 一一 | — | 一一 | 三〇九 | — | 三〇九 |
| 上明月溝 | 一 | — | 一 | 八〇 | 八二 | 一六 | — | 一六 | 一、〇〇〇 | — | 一、〇〇〇 |
| 倒木溝 | 一 | — | 一 | 二〇 | 二二 | 七 | — | 七 | 九五〇 | — | 九五〇 |
| 臥龍湖 | 一 | 一 | 二 | 一六 | 二〇 | 一〇 | — | 一〇 | 四〇〇 | — | 四〇〇 |
| 龍湖洞 | 一 | 一 | 二 | 三〇 | 三四 | 三〇 | — | 三〇 | 一、九七〇 | — | 一、九七〇 |
| 牛心山 | 一 | — | 二 | 二〇 | 二三 | 二〇 | — | 二〇 | 一、六〇〇 | — | 一、六〇〇 |
| 石頭河 | 一 | 一 | 四 | 二〇 | 二六 | 二〇 | — | 二〇 | 一、一五六 | — | 一、一五六 |
| 大平溝 | 一 | 一 | — | 一二 | 一四 | 一九 | — | 一九 | 六四〇 | — | 六四〇 |
| 雪帶山 | 一 | 一 | 一 | 七五 | 七八 | 一二 | — | 一二 | 一、五〇〇 | — | 一、五〇〇 |
| 塔子溝 | 一 | 一 | — | 六二 | 六四 | 一五 | — | 一五 | 六九八 | — | 六九八 |
| 長興洞 | 一 | — | 一 | 二〇 | 二二 | 一二 | — | 一二 | 一、〇〇〇 | — | 一、〇〇〇 |
| 鳳岩洞 | 一 | — | 一 | 二〇 | 二二 | 一二 | — | 一二 | 一、一〇〇 | — | 一、一〇〇 |
| 龍岩坪 | 一 | 一 | 二 | 四〇 | 四四 | 二〇 | — | 二〇 | 八〇九 | — | 八〇九 |
| 南蛤蟆塘 | 一 | 一 | 一 | 一八 | 二一 | 二六 | — | 二六 | 一、四六六 | — | 一、四六六 |
| 計 | 二六 | 二〇 | 三〇 | 七三一 | 八〇七 | 四〇三 | — | 四〇三 | 二一、九七〇 | — | 二一、九七〇 |

四五

四六

第十表　負債狀況表　昭和十二年六月末日現在

| 部落名 | 部落建設費 東拓 | 部落建設費 金融會 | 部落建設費 民會 | 部落建設費 計 | 自作農創定資金 東拓 | 自作農創定資金 金融會 | 自作農創定資金 民會 | 自作農創定資金 計 | 營農資金 東拓 | 營農資金 金融會 | 營農資金 民會 | 營農資金 計 | 總計 | 1戶當負債額 |
|---|---|---|---|---|---|---|---|---|---|---|---|---|---|---|
| 北蛤蟆塘 | 圓 — | 圓 — | 圓 三、七〇〇 | 圓 三、七〇〇 | 圓 一四、六〇〇 | 圓 — | 圓 — | 圓 一四、六〇〇 | 圓 — | 圓 一、六四〇 | 圓 一、五〇〇 | 圓 三、一四〇 | 圓 二一、四四〇 | 圓 二九三・六九 |
| 太陽村 | — | — | 三、三七五 | 三、三七五 | — | 七、五〇〇 | — | 七、五〇〇 | — | 二〇〇 | 七〇〇 | 九〇〇 | 一一、七七五 | 一七三・一六 |
| 仲坪 | — | — | 四、一〇〇 | 四、一〇〇 | 六、一〇〇 | 五、二〇〇 | — | 一一、三〇〇 | 一、九三九 | 八一〇 | 二、〇六七 | 四、八一六 | 二〇、二一六 | 一八八・九三 |
| 泰興村 | — | — | 三、五三〇 | 三、五三〇 | 一八、六八二 | — | — | 一八、六八二 | 八、〇二四 | — | 一、二七〇 | 九、二九四 | 三一、五〇六 | 二六二・五五 |
| 新鱗河 | — | 二、四〇〇 | 二、八七五 | 五、二七五 | 二六、二四六 | — | — | 二六、二四六 | 一、九九五 | — | 八六〇 | 二、八五五 | 三四、三七六 | 二七〇・八四 |
| 長仁江 | — | 一、二〇〇 | 二、八七五 | 四、〇七五 | — | — | — | — | — | — | 六一〇 | 六一〇 | 四、六八五 | 四四・六一 |
| 土山子 | — | — | 六、〇〇〇 | 六、〇〇〇 | 二三、〇〇〇 | — | — | 二三、〇〇〇 | 一、〇〇〇 | 一、〇〇〇 | 八〇〇 | 二、八〇〇 | 三一、八〇〇 | 二二五・五三 |
| 青山里 | — | — | 三、五八〇 | 三、五八〇 | — | — | — | — | — | 五〇〇 | 八〇〇 | 一、三〇〇 | 四、八八〇 | 四一・四三 |
| 駱駝河子 | — | 一五五 | 三、〇〇〇 | 三、一五五 | — | — | — | — | — | 三、三六一 | 六、七〇五 | 一〇、〇六六 | 一三、二二一 | 一五〇・六六 |
| 韓角樓 | — | — | 九、九一四 | 九、九一四 | — | — | — | — | — | 二、四〇〇 | — | 二、四〇〇 | 一二、三一四 | 一五〇・一七 |
| 五站 | — | — | 五、一八〇 | 五、一八〇 | 九、八〇〇 | — | — | 九、八〇〇 | 三六六 | 三、〇六〇 | — | 三、四二六 | 一八、四〇六 | 一七二・七〇 |
| 杜丹川 | — | — | 五、七五〇 | 五、七五〇 | 二〇、七七〇 | — | — | 二〇、七七〇 | 五、七九〇 | 一、八七〇 | — | 七、六六〇 | 三四、一八〇 | 二五三・一八 |
| 小百草溝 | — | — | 五、七五〇 | 五、七五〇 | 一九、一一三 | — | — | 一九、一一三 | 四、五九〇 | 三、四六五 | 六九〇 | 八、七四五 | 三三、六〇八 | 二三八・三五 |
| 石門內 | — | — | 三、七八〇 | 三、七八〇 | 八、〇〇〇 | — | — | 八、〇〇〇 | — | — | 一、〇一一 | 一、〇一一 | 一二、七九一 | 一一八・四三 |
| 金佛寺 | — | — | 五、七五〇 | 五、七五〇 | 一二、〇〇〇 | — | — | 一二、〇〇〇 | — | 三、〇〇〇 | 一、二〇〇 | 四、二〇〇 | 二一、九五〇 | 一九九・五四 |
| 上明月溝 | 一、六六〇 | 五七四 | 一、〇〇二 | 三、二三六 | — | — | — | — | — | — | 一、二一三 | 一、二一三 | 四、四四九 | 四九・四三 |
| 倒木溝 | 二、三〇〇 | 七六三 | 一、五五〇 | 四、六一三 | — | — | — | — | — | — | 七七五 | 七七五 | 五、三八八 | 五九・八四 |
| 臥龍湖 | — | — | 一一、一八九 | 一一、一八九 | 二〇、六七七 | — | — | 二〇、六七七 | — | 三、九九一 | 二、四八〇 | 六、四七一 | 三八、三三七 | 二二六・六四 |
| 龍湖洞 | — | — | 五、七〇〇 | 五、七〇〇 | 一一、〇〇〇 | — | — | 一一、〇〇〇 | — | 五〇〇 | 六〇〇 | 一、一〇〇 | 一七、八〇〇 | 一五四・七八 |
| 牛心山 | — | — | 五、〇〇〇 | 五、〇〇〇 | — | — | — | — | — | 五〇〇 | 一、八〇〇 | 二、三〇〇 | 七、三〇〇 | 八〇・二二 |
| 石頭河 | — | — | 二、三〇〇 | 二、三〇〇 | — | 九、〇〇〇 | — | 九、〇〇〇 | — | — | 三、四五〇 | 三、四五〇 | 一四、七五〇 | 一三六・五七 |
| 大平溝 | — | 三六〇 | 一、九〇〇 | 二、二六〇 | — | — | — | — | — | 二、三八一 | 四、三五七 | 六、七三八 | 八、九九八 | 一〇三・四二 |
| 亭帶山 | — | 一、一〇〇 | 一、二六五 | 二、三六五 | — | — | — | — | — | 四、五六二 | 七、三八七 | 一一、九四九 | 一四、三一四 | 一七一・四五 |
| 塔子溝 | — | 一、二八四 | 八一二 | 二、〇九六 | — | — | — | — | — | 二、〇四一 | 八、一三一 | 一〇、一七二 | 一二、二六八 | 一六七・一三 |
| 長興洞 | 二、五〇〇 | 七、九三一 | 二、六一九 | 一三、〇五〇 | — | 四、四〇〇 | — | 四、四〇〇 | — | — | 一、二五〇 | 一、二五〇 | 一八、七〇〇 | 一五七・一四 |
| 鳳岩洞 | — | 二、四五〇 | 二、六六三 | 五、一一三 | — | 七、一〇〇 | — | 七、一〇〇 | — | 四、八二一 | 九五七 | 五、七七八 | 一七、九九一 | 一四一・一八 |
| 龍岩坪 | 五、七七五 | — | 二、六一八 | 八、三九三 | — | — | — | — | — | 四、一四五 | — | 四、一四五 | 一二、五三八 | 一二五・三八 |
| 南蛤蟆塘 | 二一、三〇〇 | — | 五、〇〇五 | 二六、三〇五 | 九、七三〇 | — | — | 九、七三〇 | — | 四、八六五 | 五、八八二 | 一〇、七四七 | 四六、七八二 | 二七五・一八 |
| 計 | 三三、五五五 | 一八、三一七 | 一一二、七七二 | 一六四、六四四 | 一九九、七一八 | 三三、二〇〇 | — | 二三二、九一八 | 二三、五九四 | 四九、一一二 | 五六、四八五 | 一二九、一九一 | 五二六、七五三 | 一七六・五七 |

第十一表

# 共有財産狀況表

昭和十二年六月末日現在

| 部落名 | 建物 | 土地 | | | | 穀類 | 畜産物 | | | 現金 |
|---|---|---|---|---|---|---|---|---|---|---|
| | | 畓 | 田 | 未耕地 | 計 | | 牛 | 豚 | 緬羊 | |
| 北蛤蟆塘 | 一三坪 | —坪 | 三六,〇〇〇坪 | —坪 | 三六,〇〇〇坪 | 一六斗 | —頭 | —頭 | —頭 | 九九圓 |
| 太陽村 | 二〇 | 六,〇〇〇 | 二九,〇〇〇 | 五,〇〇〇 | 四〇,〇〇〇 | — | — | — | — | — |
| 仲坪 | 二〇 | 二,〇〇〇 | 三一,〇〇〇 | 一〇,〇〇〇 | 四三,〇〇〇 | — | — | — | — | — |
| 春興村 | 四〇 | 四,〇〇〇 | 三六,〇〇〇 | 五,〇〇〇 | 四五,〇〇〇 | — | — | — | — | — |
| 細鱗河 | 二〇 | — | 二四,一六〇 | — | 二四,一六〇 | 八〇 | 八 | 四 | — | 八〇 |
| 長仁江 | 四八 | 一〇,〇〇〇 | 四〇,〇〇〇 | — | 五〇,〇〇〇 | — | — | — | — | 六〇 |
| 土山子 | 二〇 | — | 二八,〇〇〇 | 二六,〇〇〇 | 五四,〇〇〇 | — | — | — | — | 一,五〇〇 |
| 青山里 | 二〇 | — | 七五,〇〇〇 | — | 七五,〇〇〇 | — | 三 | — | — | 六五〇 |
| 駱駝河子 | 二四 | — | — | 二〇〇,〇〇〇 | 二〇〇,〇〇〇 | — | — | — | — | — |
| 轉角樓 | 三〇 | — | 三六,〇〇〇 | — | 三六,〇〇〇 | — | — | — | — | 八〇〇 |
| 五站 | 一〇 | — | 五一,〇〇〇 | 四〇,〇〇〇 | 九一,〇〇〇 | 六七 | — | — | — | 九七九 |
| 牡丹川 | 二九 | — | 二七,〇〇〇 | 九,〇〇〇 | 三六,〇〇〇 | — | — | — | — | 九七九 |
| 小百草溝 | 一六 | — | 六九,〇〇〇 | — | 六九,〇〇〇 | — | — | — | — | 六七九 |
| 石門内 | 五〇 | 二,五〇〇 | 一四,〇〇〇 | — | 一六,五〇〇 | 六四八 | — | — | 二四 | — |
| 金佛寺 | 七〇 | — | 三〇,〇〇〇 | 六〇,〇〇〇 | 九〇,〇〇〇 | 一二〇 | — | — | — | 四二 |
| 上明月溝 | 七五 | 二五,〇〇〇 | 七,五〇〇 | 一七,五〇〇 | 五〇,〇〇〇 | — | — | — | — | 三〇〇 |
| 倒木溝 | 二〇 | — | 四〇,〇〇〇 | — | 四〇,〇〇〇 | — | — | — | — | — |
| 臥龍湖 | 三〇 | — | 二〇,〇〇〇 | — | 二〇,〇〇〇 | 一三四 | — | — | — | 三,八六五 |
| 龍湖洞 | 四〇 | — | 二四,五〇〇 | — | 二四,五〇〇 | 二〇六 | 二〇 | — | — | — |
| 牛心山 | 二〇 | — | 三一,〇〇〇 | — | 三一,〇〇〇 | — | 一七 | — | — | 八〇〇 |
| 石頭河 | 二〇 | — | 三〇,〇〇 | — | 三〇,〇〇〇 | — | 九 | — | 二六 | — |
| 大平溝 | 二六 | — | 二,〇〇〇 | — | 二,〇〇〇 | — | — | — | — | — |
| 雪帶山 | 二〇 | — | 九〇,〇〇〇 | — | 九〇,〇〇〇 | — | — | — | — | — |
| 塔子溝 | 三一 | — | 四六,〇〇〇 | — | 四六,〇〇〇 | — | — | — | — | — |
| 長興洞 | 二五 | — | 一一,五〇〇 | — | 一一,五〇〇 | 一八九 | — | — | — | 一〇〇 |
| 鳳岩洞 | 二五 | 一一,四八七 | — | — | 一一,四八七 | — | — | — | — | — |
| 龍岩坪 | 二一 | 六,〇〇〇 | 六,〇〇〇 | — | 一二,〇〇〇 | — | 九 | — | — | 五〇〇 |
| 南蛤蟆塘 | 二五 | — | 二四,〇〇〇 | 一三〇,〇〇〇 | 一五四,〇〇〇 | 一三一 | 二二 | — | — | 一三六 |
| 計 | 八〇八 | 六六,九八七 | 八六一,四六〇 | 四九二,五〇〇 | 一,四三一,〇四七 | 一,五九一 | 八八 | 四 | 五〇 | 三,八〇八 |

備考
一、建物ハ自衛團舎及集會場ニシテ土地ハ部落ノ共同耕作地トス
二、穀類ハ備荒貯蓄トシテ部落共同ニテ貯蓄シタルモノニシテ現金ハ共同購買資金其他トス

四八

## （三）自作農創定事業

間島地方に居住する鮮農中其大多數は小作農であり又彼等の多くは滿洲國人地主又は金融業者等より極めて不當なる高利を忍びつゝ年々營農資金の融通を受けざるを得ない悲境に在つた爲、年と共に窮みゆく金利の極枯に喘ぎつゝも彼等搾取の手より逃るに術なく次第に廢頽への途を辿らんとしつゝある實狀にしてこれを放置するときは鮮農は永久に擡頭するを得ざることゝなり、從つて移住鮮人の發展上にも至大なる影響を及ぼす結果となるので本府は此等に低利資金を貸付け、先づ舊債を整理せしむることに努むると共に鮮農をして漸次自作農たらしめ以て目前の窮境より救ひ併せて將來に於ける安住の途を講ぜしめんが爲、事變前より其方策を考究し種々計畫を廻らして居つたのである。然るにこれが實施は偶然にも事變後になつた爲却つて事變に因る避難民を處理する上にも非常に役立つこととなつた譯である。本計畫は先づ間島在住の鮮農をして自作農たらしむることを主眼として本府は東洋拓殖株式會社に對し昭和七年度より向ふ五ヶ年間毎年十萬圓を補助し、會社は之に對し年々三倍の自己資金即ち三十萬圓を出資しこれを合せ毎年四十萬圓を以て土地の購入、住宅の建築、耕牛の購入、其他の營農資金の貸付等を行ひ、先づ五箇年間に二百萬圓を以て二千五百戸の自作農創定の基礎を創り鮮農をして全經費を年賦又は定期償還の方法に依り返濟せしめ、これが完濟を俟て完全なる自作農たらしむることを內容とするものであつた。

而して是等の耕地は東拓に於て購入し一ヶ年据置十五個年以內の年賦償還方法に依り土地の商租權を取得せしむることゝし、貸付金は家族の數に應じて多少の相違はあつたが大體に於て農家一戸當りの耕地面積は水田一天地分一五〇圓、畑五天地分五〇〇圓、小計六五〇圓、家屋建築費四〇圓、耕牛購入費五〇圓、營農費六〇圓、計一戸當八百圓の豫定で右の内家屋及び耕牛資金は五ケ年々賦、農耕資金は一個年限りで回收することゝし回收金の元本は順次資金に繰入れ年々更新して反覆貸付を行ひ自作農を漸増せしむることゝし、金利は何れも年八分二厘とすることに本府東拓間に協定が成立してゐる。

間島の當時の現狀に在りては集團部落以外の地に廣く自由に分散居住することは容易でなかつたので、主として前に述べたる集團部落に收容したる者の耕作してゐる土地を買收し其耕作を自作農たらしむることゝしてゐたが、昭和十一年八月末迄に創定した戸數は二千九百三十三戸、自作農地面積一萬一千六百餘町歩に及んでゐるのである。

## 五、本府職員の駐在と移讓

本府は大正元年官制(大正元年十一月勅令第四十八號を以て本府事務官の特別任用に關する件を發布)を設け間島、安東駐在帝國領事を本府事務官兼任とし、大正三年七月本府判任官一名を外務省囑託名義を以て安東領事館に駐派し、次で哈爾賓、吉林、長春、奉天等の總領事及領事をも亦本府事務官兼任となし以て本府外務省間の圓滿なる協調を保つことゝし、又大正十年七月更に官制を設けて國境方面に於ける朝鮮人保護撫育事務に從事せしむる爲專任事務官一、屬九を置き外務事務官又は屬官兼任とし專任事務官と屬二名は哈爾賓に、其他は安東、間島、吉林、奉天等の樞要地に配置し(專任事務官及屬一名は大正十四年一月哈爾賓を撤退同時に朝鮮人副領事特別任用の途を開き奉天及安東に之を配置したが法權撤廢當時に於ては奉天に一名駐在してゐたのである。

昭和六年突發した滿洲事變を一轉機として在滿朝鮮人保護撫育事務は俄然膨脹し、昭和六年度本府財政整理の結果として屬定員八名に減ぜられたのを昭和七年十月より二名を增派すると同時に新に事務官二名を增員し、又事變に依る避難民を措置する爲囑託十五名を新規採用すると共に在滿鮮人に對する農業方面の指導をなす爲間島及表滿洲に各一名技手を配置し、尙安全農村並集團部落創設の爲多數の技術員を本府囑託兼全滿朝鮮人民會聯合會技手として新京、間島並各安全農村に駐在せしめ以て在滿鮮人保護撫育の完璧を期すべく努めた。

斯くて在滿派遣員は東北軍閥時代に於てはその暴政下に幾多の辛酸を嘗め伸びんとして能はず、行かんとして進み得さる狀態に在り乍ら孤軍奮闘終始不動の態度を以て其任務を遂行し事變直後は治安定からならざるにも拘はらず凡有危險凡有苦難に遭遇し、時には匪禍にさへ曝され乍らも終始克く在滿朝鮮同胞の保護撫育に盡瘁して來たのである。今日に於ては滿洲國も建國五ヶ年を經、隆々として彌榮へ治安は安定の一路を辿り百萬の在滿朝鮮同胞も王道樂土を謳歌して所謂安居樂業に親みつゝある狀況であつて、この王道樂土建設の一部門を擔當してその任務を果せる在滿派遣員は一面又國策遂行の一役割を荷ふて滿洲國に移讓せられたのである。移讓前に於ける在滿派遣員の配置並移讓に伴ふ派遣員の滿側へ引繼狀況左の通りである。

イ、配　置

（昭和十二年十一月三十日現在）

| 官職 | 氏名 | 駐在地 | 派遣年月日 | 備考 |
|---|---|---|---|---|
| 事務官 | 高橋敏 | 新京 | 昭和十一年十月十六日 | 駐滿日本大使館朝鮮課長、外務事務官兼關東軍囑託 |
| 〃 | 阿部達一 | 〃 | 昭和十二年七月十五日 | 駐滿大使館勤務、外務事務官兼教務部事務官 |
| 屬 | 下條貞雄 | 〃 | 昭和九年十二月十五日 | 駐滿大使館勤務、外務屬兼任 |
| 技手 | 坂井榮次 | 〃 | 昭和七年十一月七日 | 駐滿日本帝國大使館勤務 |

| | | | | |
|---|---|---|---|---|
| 囑託 | 長尾仟 | 新京 | 昭和七年二月十九日 | 駐滿日本帝國大使館勤務 |
| 〃 | 松山一男 | 〃 | 昭和九年二月十二日 | 〃 |
| 〃 | 吉田謙三 | 〃 | 昭和八年四月 | 〃 |
| 〃 | 李鍾岱 | 〃 | 昭和七年二月二十七日 | 〃 |
| 〃 | 郭鳳洙 | 〃 | 昭和十二年三月 | 〃 |
| 雇員 | 內園三郎 | 〃 | 昭和十一年十二月二十四日 | 〃 |
| 〃 | 和田敬 | 〃 | 昭和七年三月一日 | 〃 |
| 計 | 一一 | | | |
| 囑託 | 鮫島嶺春 | 〃 | 昭和七年二月十四日 | 在新京日本帝國總領事館勤務 外務省囑託兼任 |
| 〃 | 曹陽煥 | 〃 | 昭和十二年一月二十日 | 在新京日本帝國總領事館勤務 |
| 計 | 二 | | | |
| 屬 | 杉野鹿三郎 | 間島 | 昭和七年十二月二十六日 | 在間島日本帝國總領事館勤務 外務屬兼任 |
| 囑託 | 原口盛之助 | 〃 | 昭和十一年二月三十日 | 在間島日本帝國總領事館勤務 |
| 雇員 | 永濱吉之助 | 〃 | 昭和七年九月十五日 | 〃 |
| 〃 | 李康稜 | 〃 | 昭和十一年三月三十一日 | 〃 |
| 〃 | 中川敏子 | 〃 | 昭和十一年七月八日 | 〃 |
| 計 | 五 | | | |
| 屬 | 淺川爲吉 | 哈爾賓 | 昭和六年十月一日 | 在哈爾賓日本帝國總領事館勤務 外務屬兼任 |
| 囑託 | 金山 | 〃 | 昭和七年二月二十三日 | 在哈爾賓日本帝國總領事館勤務 |
| 雇員 | 李庚得 | 〃 | 昭和十一年三月三十一日 | 〃 |
| 計 | 三 | | | |
| 屬 | 高橋高 | 安東 | 昭和九年三月一日 | 在安東日本帝國領事館勤務 外務屬兼任 |
| 囑託 | 金有漢 | 〃 | 昭和七年二月二十三日 | 在安東日本帝國領事館勤務 |
| 計 | 二 | | | |
| 囑託 | 安達武士 | 奉天 | 昭和六年十月二十二日 | 在奉天日本帝國總領事館勤務 外務省囑託兼任 |
| 〃 | 前田諒一 | 〃 | 昭和七年十二月十四日 | 在奉天日本帝國總領事館勤務 |
| 〃 | 山口喜一 | 〃 | 昭和十一年九月 | 〃 |
| 雇員 | 柳寅昌 | 〃 | 昭和十一年九月 | 〃 |
| 計 | 四 | | | |
| 屬 | 安益三 | 通化 | 昭和十一年九月 | 在奉天日本帝國總領事館通化分館勤務、外務屬兼任 |
| 計 | 一 | | | |

五一

| 職名 | 氏名 | 勤務地 | 採用年月日 | 備考 |
|---|---|---|---|---|
| 囑託 | 松島親造 | 吉林 | 昭和八年八月四日 | 在吉林日本帝國總領事館勤務外務省囑託兼任 |
| 〃 | 朴應豹 | 〃 | 昭和十年十月一日 | 在吉林日本帝國總領事館勤務 |
| 計 | 二 | | | |
| 囑託 | 市原曉 | 敦化 | 昭和九年二月二十三日 | 在吉林日本帝國總領事館敦化分館勤務、外務省囑託兼任 |
| 計 | 一 | | | |
| 囑託 | 菅咲太郎 | 齊々哈爾 | 昭和十二年六月 | 在齊々哈爾日本總領事館勤務外務省囑託兼任 |
| 計 | 一 | | | |
| 囑託 | 八木靜二郎 | 白城子 | 昭和十二年 | 在齊々哈爾日本帝國總領事館白城子分館勤務、外務省囑託兼任 |
| 計 | 一 | | | |
| 囑託 | 小田久一 | 山城鎭 | 昭和九年十一月三十日 | 在奉天日本總領事館山城鎭分館勤務、外務省囑託兼任 |
| 計 | 一 | | | |
| 囑託 | 谷哲次 | 牡丹江 | 昭和十二年四月 | 在哈爾賓日本總領事館牡丹江分館勤務、外務省囑託兼任 |
| 計 | 一 | | | |
| 囑託 | 高島正太郎 | 營口安全農村 | 昭和七年三月五日 | 在營口日本帝國領事館勤務外務省囑託兼任 |
| 雇員 | 濱田力造 | 〃 | 昭和十一年六月五日 | 在營口日本帝國領事館勤務 |
| 計 | 二 | | | |
| 囑託 | 新宮忠三郎 | 河東安全農村 | 昭和七年三月八日 | 珠河本府事務所 |
| 計 | 一 | | | |
| 囑託 | 黃義明 | 綏化安全農村 | 昭和十年十一月十二日 | 綏化本府事務所 |
| 計 | 一 | | | |
| 無給囑託技手 | 横井矩一 | 新京 | 昭和十年六月十四日 | 全滿朝鮮人民會聯合會勤務 |
| 〃 | 村上英雄 | 〃 | 〃 | 〃 |
| 〃 | 妹尾市郎 | 〃 | 〃 | 〃 |
| 〃 | 李基晙 | 〃 | 〃 | 〃 |
| 無給囑託獸醫 | 野添武一 | 間島 | 〃 | 間琿朝鮮人民會勤務 |
| 〃 | 齋藤實近 | 〃 | 〃 | 〃 |
| 〃 | 東野義轍 | 〃 | 〃 | 〃 |
| 〃 | 李允鐘 | 〃 | 〃 | 〃 |
| 〃 | 孔漢錫 | 〃 | 〃 | 〃 |
| 無給囑託技手 | 篠澤好一 | 〃 | 〃 | 〃 |
| 〃 | 伊東五八郎 | 〃 | 〃 | 〃 |

五二

| 官職 | 氏名 | 勤務地 | 日付 | 備考 |
|---|---|---|---|---|
| 無給囑託技手 | 森口誠 | 新京 | 昭和十年六月十四日 | 全滿朝鮮人民會聯合會勤務 |
| 〃 | 毛利巖 | 〃 | 〃 | 〃 |
| 〃 | 本堂豐郎 | 〃 | | 〃 |
| 雇員 | 崔墉國 | 〃 | | 〃 |
| 無給囑託技手 | 王守德 | 營口安全農村 | 昭和十年六月十四日 | 〃 |
| 〃 | 黃性燮 | 河東安全農村 | | 〃 |
| 〃 | 曺鼎鉉 | 鐵嶺安全農村 | | 〃 |
| 〃 | 成泰亨 | 間島 | | 間琿朝鮮人民會勤務 |
| 〃 | 鄭恒植 | 〃 | | 〃 |
| 〃 | 韓義燮 | 〃 | | 〃 |
| 〃 | 劉昌烈 | 〃 | | 〃 |
| 〃 | 柳義永 | 〃 | | 〃 |
| 〃 | 高錫煥 | 〃 | | 〃 |
| 〃 | 金榮培 | 〃 | | 〃 |
| 〃 | 江尻仁 | 〃 | | 〃 |
| 〃 | 申鉉九 | 〃 | | 〃 |
| 〃 | 洪淳巨 | 〃 | | 〃 |
| 書記 | 太祭龍 | 〃 | | 〃 |
| 保導所主事 | 洪在龍 | 〃 | | 〃 |
| 書記 | 金翼漢 | 〃 | | 〃 |
| 計 | 三一 | | | |
| 合計 | 七〇 | | | |

## ロ、移譲

| 移譲前 勤務地 | 移譲前 官職 | 氏名 | 移譲後 官職 | 移譲後 勤務地 | 備考 |
|---|---|---|---|---|---|
| 大使館 | 囑託 | 松山一男 | 屬官 | 興安局調査科 | |
| 〃 | 〃 | 吉田謙三 | 囑託 | 産業部拓政司 | |
| 〃 | 〃 | 郭鳳洙 | 〃 | 新京特別市行政科 | |
| 〃 | 雇員 | 內園三郎 | 雇員 | 〃 | |
| 新京總領事館 | 囑託 | 鮫島嶺春 | 囑託 | 〃 | |

| | | | | |
|---|---|---|---|---|
| 新京總領事館 | 囑託 | 曺陽煥 | 囑託 | 新京特別市行政科 |
| 間島總領事館 | 屬 | 杉野鹿三郎 | 事務官 | 間島省公署文教科 |
| 〃 | 囑託 | 原口盛之助 | 囑託 | 安東省公署 |
| 〃 | 雇員 | 永濱吉之助 | 雇員 | 間島省公署 |
| 〃 | 〃 | 李康稷 | 〃 | 〃 |
| 哈爾賓總領事館 | 屬 | 淺川爲吉 | 事務官 | 濱江省公署民生廳 |
| 〃 | 雇員 | 李庚得 | 雇員 | 濱江省公署行政科 |
| 奉天總領事館 | 囑託 | 安達武士 | 囑託 | 奉天省公署學務科 |
| 〃 | 〃 | 前田諒一 | 〃 | 〃 |
| 〃 | 〃 | 山田喜一 | 〃 | 奉天省公署拓政科 |
| 〃 | 雇員 | 柳寅昌 | 雇員 | 〃 |
| 通化領事分館 | 屬 | 安益三 | 屬官 | 通貨省公署 |
| 山城鎮領事分館 | 囑託 | 小田久一 | 囑託 | 奉天省海龍縣公署 |
| 齊々哈爾總領事館 | 〃 | 菅咲太郎 | 〃 | 龍江省公署拓政科 |
| 吉林總領事館 | 〃 | 朴應豹 | 〃 | 吉林省公署拓政科 |
| 河東安全農村 | 〃 | 新宮忠三郎 | 〃 | 牡丹江省公署拓政科 |
| 敦化領事分館 | 〃 | 市原曉 | 〃 | 吉林省公署拓政科 |
| 全滿朝鮮人民會聯合會 | 無給囑託技手 | 横井矩一 | 技士 | 間島省琿春琿興水利組合 |
| 〃 | 〃 | 村上英雄 | 〃 | 通化省公署農林科 |
| 〃 | 〃 | 妹尾市郎 | 囑託 | 産業部拓政司第二指導科 |
| 〃 | 〃 | 李基畯 | 事務員 | 滿鮮拓植公司 |
| 〃 | 〃 | 森口誠 | 囑託 | 産業部農務司農産科 |
| 營口安全農村 | 〃 | 王守德 | 〃 | 錦州省公署 |
| 全滿朝鮮人民會聯合會 | 〃 | 毛利晟 | 〃 | 吉林省公署實業廳 |
| 〃 | 〃 | 本堂豐郎 | 雇員 | 〃 |
| 河東安全農村 | 〃 | 黃性燮 | 囑託 | 濱江省公署 |
| 鐵嶺安全農村 | 〃 | 曺鼎鉉 | 〃 | 奉天省鐵嶺縣 |
| 全滿朝鮮人聯合會 | 雇員 | 崔墉國 | 雇員 | 安東省公署 |
| 間琿朝鮮人民會 | 無給囑託獸醫 | 野添武一 | 囑託 | 間島省公署 |
| 〃 | 〃 | 齋藤實近 | 〃 | 〃 |
| 〃 | 〃 | 東野義轍 | 〃 | 〃 |
| 〃 | 〃 | 李允鍾 | 〃 | 〃 |

| | | | | |
|---|---|---|---|---|
| 間琿朝鮮人民會 | 無給囑託獸醫 | 孔漢錫 | 囑託 | 間島省公署 |
| 〃 | 無給囑託技手 | 伊東五八郎 | 〃 | 〃 |
| 〃 | 〃 | 篠澤好一 | 〃 | 〃 |
| 〃 | 〃 | 咸泰亨 | 〃 | 〃 |
| 〃 | 〃 | 鄭恒植 | 〃 | 〃 |
| 〃 | 〃 | 韓義燮 | 〃 | 〃 |
| 〃 | 〃 | 劉昌烈 | 〃 | 〃 |
| 〃 | 〃 | 柳義永 | 〃 | 〃 |
| 〃 | 〃 | 高錫煥 | 〃 | 〃 |
| 〃 | 〃 | 金滎培 | 〃 | 〃 |
| 〃 | 〃 | 江戾仁 | 〃 | 〃 |
| 〃 | 〃 | 申鉉九 | 〃 | 〃 |
| 〃 | 〃 | 洪淳巨 | 〃 | 〃 |
| 〃 | 書記 | 太祭龍 | 〃 | 〃 |
| 〃 | 保導所主事 | 洪在龍 | 〃 | 〃 |
| 〃 | 書記 | 金翼漢 | 〃 | 〃 |

## 八、退職

| 退職前 勤務地 | 退職前 官職 | 氏名 | 退職後 | 備考 |
|---|---|---|---|---|
| 新京大使館 | 囑託 | 長尾仟 | 島根縣邇摩郡井田村村長 | |
| 綏化安全農村 | 〃 | 黃義明 | 哈爾賓ニ居住 | |
| 牡丹江領事分館 | 〃 | 谷哲次 | 東京拓務省勤務 | |
| 白城子領事分館 | 〃 | 八木靜二郎 | 本府警務局派遣員トシテ北京駐在 | |
| 營口領事館 | 雇員 | 濱田力造 | 營口ニ居住商業ニ從事 | |
| 吉林總領事館 | 囑託 | 松島親造 | 本府警務局囑託トシテ吉林ニ駐在 | |
| 新京大使館 | 雇員 | 和田敦 | 皈郷家事ニ從事 | |
| 間島總領事館 | 〃 | 中川敏子 | 家業ニ從事 | |

## 二、現在派遣員

| 官職 | 氏名 | 駐在地 | 備考 |
|---|---|---|---|
| 事務官課長 | 高橋敏 | 新京 | 駐滿日本帝國大使館朝鮮課長 |

| | | | |
|---|---|---|---|
| 事務官 | 阿部達一 | 新京 | 駐滿日本大使館勤務 |
| 屬 | 下條貞雄 | 〃 | 〃 |
| 技手 | 坂井榮次 | 〃 | 〃 |
| 囑託 | 金山 | 〃 | 〃 |
| 〃 | 李鍾岱 | 〃 | 〃 |
| 雇員 | 片倉景勝 | 〃 | 〃 |
| 〃 | 相澤イク | 〃 | 〃 |

ホ、歸廳及轉出

| 歸廳及轉出前 | | 氏名 | 歸廳及轉出後 |
|---|---|---|---|
| 勤務地 | 官職 | | |
| 安東領事館 | 屬 | 高橋高 | 本府殖産局鑛山課 |
| 〃 | 囑託 | 金有漢 | 本府外務部 |
| 營口妥全農村 | 〃 | 高島正太郎 | 本府派遣員トシテ天津ニ駐在 |

## 六、結語

以上は移讓前に於ける本府施設の概要であるが現在滿洲各地の治安狀態は日と共に確保せられつゝあり、且又滿洲國は建國以來日に撓みなき其國勢の昂揚と我日本帝國不斷の熱誠なる援助とに依りて全疆日を追て安穩の域に進み今や住民の大部分は春陽の下新興の氣に燃へつゝ皷腹撃壤安んじて鋤を執り得るに至つたのである。滿洲國は本府施設移讓後民族協和と鮮滿一如の精神に基き忠實に敍上本府の諸施設を繼續して之が充實に努力を傾倒しつゝあるのであつて、本府は又間接にこれを援助する一面鮮內居住の同胞にして奮進友邦の新天地に活躍を志し開拓を企つる者に對しては可及的便宜を圖りて直接これを援助し、滿洲國と步調を一にして在滿朝鮮同胞の完全なる安住發展を期しつゝある次第である。

(終)

五六

春陽和やか
長閑な農家の一情景

龍江省泰來縣にて

## 在滿派遣員の訣別に當りて

我日本帝國が多年亨有して來た滿洲國に於ける治外法權の撤廢せらるゝに當り在滿本府派遣員諸氏が滿洲國に移讓せらるゝ人、或は歸廳する人、又此機會に於て勇退する人等あり聽て四散することに思を致せば一抹の寂寥を感ぜざるを得ざる次第である。

派遣員同人が時の長短、場所の同異こそあれ互に朝鮮總督府の派遣員として滿洲に在勤し殊に事變直後の治安未だ定かならざる頃より凡有危險凡有苦難に遭遇し終始克く在滿朝鮮同胞の保護撫育に盡瘁して來つたことは、それに當面した方々が一番よく熟知せられてゐることは言を俟たぬ次第である。今や滿洲國も建國五ケ年を經、隆々として彌榮へ治安は安定の一路を辿り三千萬民衆は王道樂土を謳歌して所謂安居樂業に親しみつゝある秋に於て此の王道樂土建設の一部門を擔當したる在滿派遣員諸氏が互に袂を分つに當り、振り返つて過ぎ來し跡を追想するとき轉た感慨無量であらう。

傳へ聞く避難民救濟に際しては髯を剃り落し衣を替へて變裝し以てその使命を完ふしたと。

而してそれは今日過ぎ越し方の茶話に過ぎぬ。兎に角在滿本府派遣員諸氏が凡有一身の危險を顧ず我が行政權の及ばざる處に敢て之を及ぼしつゝその使命を完ふして今日に及びたる其辛苦は吾人派遣員同志のみが味ひ得る思ひ出である。

在滿百萬の朝鮮人同胞が滿洲建國の一分子として安居樂業に親しみつゝある今日の姿こそ、

五七

帝國の對滿政策並に朝鮮總督府の對在滿朝鮮人施設の處置其宜敷を得たると共に本府在滿各派遣員努力の結晶と申すも過言ではあるまいと信ずる。

努力の結晶をどこまでも育てゝ行かねばならぬ。假に今日形の上で分れてもそは生みの親が有つ氣持であり直接間接に蔭になり日なたになりて在滿朝鮮同胞の進展を祈願し榮え行く友邦滿洲國の隆盛が直ちに東亞の新秩序建設の一助たらんことを祈りて已まないのである。

昭和十二年十二月一日

於新京

派遣員同人

我部落を護る

牡丹江省寧安縣新安鎮
集團部落自警團

白衣の英靈荒野に眠る

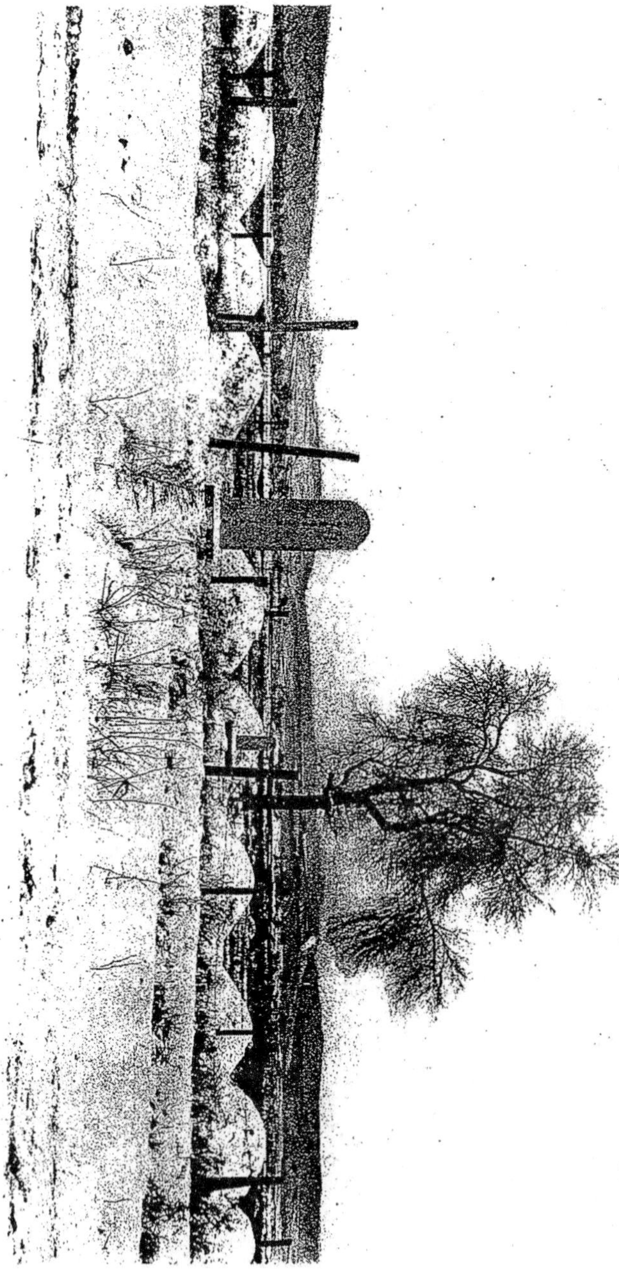

昭和十年七月十八日牡丹江省寧安縣南甸子に於て土匪の爲慘殺された白衣同胞の墓地（十九名）

# 滿洲開拓の使者

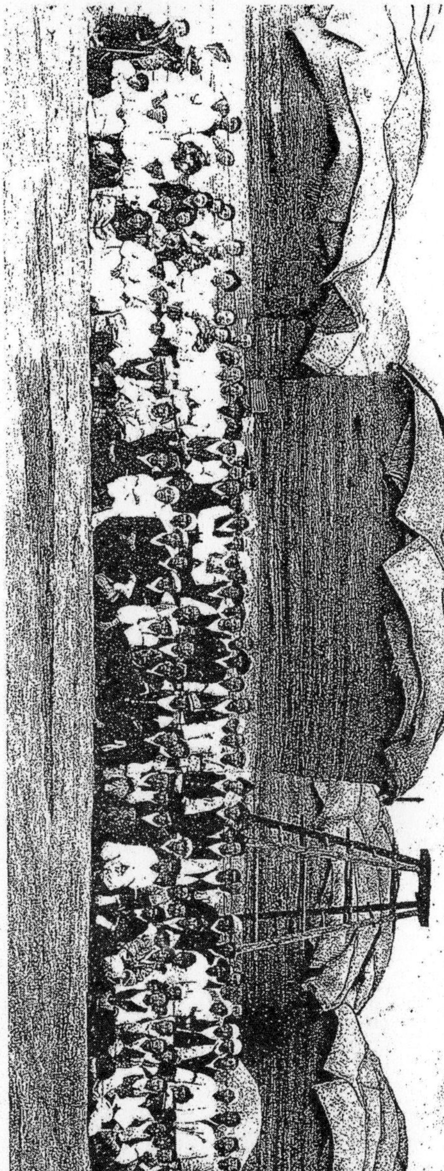

滿鮮拓殖會社德惠地に入植される移民の剛健なる姿

## (1) 朝鮮人民會

滿洲に於ける朝鮮人民會は大正二年十一月安東に設置せられたのを嚆矢とし、大正五、六年には間島總領事館管內龍井、頭道溝、琿春、局子街の各地にこれが設置を見たのであつたが表滿洲方面に於ては大正七年哈爾賓に同八年奉天、撫順、吉林及長春の各地に夫々開設せられ大正十年よりは政府の補助と指導とに依り次第に發展し事變前に於ける其數全滿を通じて三十四個に達した。

事變後時局の安定と且移住朝鮮人の增加に伴ひ恰かも雨後の筍の如く全滿各地に叢生し昭和十二年六月末日現在に於ける其數一二五個所會員一七六五〇二人にして政府の補助金總額三十四萬餘圓を算した。

此等民會は所轄領事館行政の補助機關たると同時に一面自治的團體として一般在滿朝鮮人の福利增進の爲教育、衛生、勸業其他社會公共事業に關する事務を掌理し且當局に對する書類經由進達、紛爭の調定、生活改善、良俗美風の助長等その指導誘掖に努め、而して此等各地民會間の連絡融合を計る爲め昭和六年十月奉天に全滿朝鮮人民會聯合會（後に新京に移る）組織せられ爾來會報の發刊、總會の開催等に依り會務を進行したのである。今民會を所在別に擧ぐれば左の通りである。

在滿朝鮮人民會一覽表　（移讓前）

| 名稱 | 所在地 | 設立認可年月 | 會員數 | 會長名 | 政府補助 | 摘要 |
|---|---|---|---|---|---|---|
| 全滿朝鮮人民會聯合會 | 新京 | 昭和六年十月 | 一六五 | 野口多門 | 二九、七五〇円 | 各民會相互間連絡統制、産業獎勵、機關雜誌發刊及 |
| 新京朝鮮人民會 | 〃 | 大正八年二月 | 七、一九一 | 李鐘元 | 一四、八一四 | 在留民ノ教育、衛生、産業、福利增進、其他 |
| 公主嶺朝鮮人民會 | 吉林省懷德縣城 | 昭和九年四月 | 一、五〇〇 | 田成實 | 二、〇五四 | 〃 |
| 四平街朝鮮人民會 | 奉天省梨樹縣 | 大正十四年五月 | 三五〇 | 金亨龍 | 四、八七五 | 〃 |

五九

| | | | | | | |
|---|---|---|---|---|---|---|
| 扶餘朝鮮人民會 | 吉林省扶餘縣城 | 昭和十一年三月 | 未詳 | 金洞植 | 二〇〇 | 産業、教育、衛生、其他在留民ノ福利増進 |
| 吉林朝鮮人民會 | 〃 | 大正八年三月 | 二、三六三 | 崔泰都 | 二、五〇〇 | 〃 |
| 吉林朝鮮人民會雙河鎮支部 | 吉林省永吉縣 | 昭和十一年三月 | 七四 | 都仁錫 | — | 〃 |
| 磐石朝鮮人民會 | 吉林省磐石縣城 | 昭和七年一月 | 一、六二九 | 權五建 | 一、〇〇〇 | 〃 |
| 磐石朝鮮人民會煙筒山支部 | 吉林省磐石縣 | 昭和九年三月 | 一、三二四 | 鄭學文 | 三〇〇 | 〃 |
| 樺甸朝鮮人民會 | 吉林省樺甸縣城 | 昭和八年四月 | 七二八 | 朴永浩 | 一、〇〇〇 | 〃 |
| 舒蘭朝鮮人民會 | 吉林省舒蘭縣 | 昭和九年三月 | 一、〇五八 | 崔基哲 | 一、〇〇〇 | 〃 |
| 敦化朝鮮人民會 | 吉林省敦化縣城 | 昭和七年四月 | 八九七 | 李基苻 | 五、八〇九 | 〃 |
| 新站朝鮮人民會 | 吉林省額穆縣新站 | 昭和七年五月 | 五二〇 | 禹鎭億 | 二、五〇〇 | 〃 |
| 蛟河朝鮮人民會 | 吉林省額穆縣蛟河 | 昭和七年十一月 | 一、四四七 | 金禹植 | 二、二〇七 | 〃 |
| 哈爾賓朝鮮人民會 | 濱江省哈爾賓市 | 大正七年八月 | 一、五九一 | 金汝伯 | 三、四一七 | 〃 |
| 阿城朝鮮人民會 | 濱江省阿城縣城 | 昭和八年九月 | 五一五 | 池永龍 | 六〇〇 | 〃 |
| 帽兒山朝鮮人民 | 濱江省雙城縣帽兒山 | 昭和六年十一月 | 三三 | 白雲鶴 | 六〇〇 | 〃 |
| 雙城朝鮮人民會 | 濱江省雙城縣城 | 昭和十一年八月 | 四八 | 洪禹燮 | 五〇〇 | 〃 |
| 聚源昶朝鮮人民 | 濱江省阿城縣聚源昶 | 昭和十一年五月 | 一三〇 | 李　英 | 五〇〇 | 〃 |
| 陶賴昭朝鮮人民 | 吉林省扶餘縣城陶賴昭 | 昭和七年十二月 | 七六六 | 金龍根 | 五〇〇 | 〃 |
| 五常朝鮮人民會 | 濱江省五常縣城 | 昭和九年二月 | 七八四 | 朴贇彬 | 五〇〇 | 〃 |
| 一面坡朝鮮人民會 | 濱江省珠河縣一面坡 | 大正九年十二月 | 三六五 | 金海龍 | 八、〇〇〇 | 〃 |
| 珠河朝鮮人民會 | 濱江省珠河縣城 | 昭和九年五月 | 一、四五八 | 田石奎 | 六〇〇 | 〃 |
| 延壽朝鮮人民會 | 濱江省延壽縣城 | 昭和九年三月 | 三三 | 朴世彬 | 五四〇 | 〃 |
| 綏化朝鮮人民會 | 濱江省綏化縣城 | 昭和八年八月 | 一三三 | 辛康薰 | 一、二〇〇 | 〃 |
| 慶城朝鮮人民會 | 濱江省慶城縣城 | 昭和十一年一月 | 一二〇 | 金夏永 | 三〇〇 | 〃 |
| 鐵驪朝鮮人民會 | 濱江省鐵驪縣城 | 昭和十一年六月 | 一二一 | 金永圭 | 三〇〇 | 〃 |
| 海倫朝鮮人民會 | 濱江省海倫縣城 | 昭和九年三月 | 一三五 | 安乘爀 | 七〇〇 | 〃 |
| 海北鎮朝鮮人民會 | 濱江省海倫縣海北鎮 | 昭和八年八月 | 三五八 | 鄭駿秀 | 七〇〇 | 〃 |
| 巴彥朝鮮人民會 | 濱江省巴彥縣城 | 昭和十一年十一月 | 二二五 | 李晟均 | 五〇〇 | 〃 |
| 青岡朝鮮人民會 | 濱江省青岡縣城 | 昭和十一年六月 | 二八〇 | 鄭乘植 | 五〇〇 | 〃 |
| 東興朝鮮人民會 | 濱江省東興縣城 | 昭和九年二月 | 二〇〇 | 尹友石 | 六〇〇 | 〃 |
| 賓縣朝鮮人民會 | 濱江省賓縣城 | 昭和九年一月 | 二三〇 | 梁在克 | 六〇〇 | 〃 |
| 木蘭朝鮮人民會 | 濱江省木蘭縣城 | 昭和九年二月 | 二〇〇 | 金華山 | 六〇〇 | 〃 |
| 寗安朝鮮人民會 | 牡丹江省寗安縣城 | 昭和八年二月 | 六五八 | 金有聲 | 四、〇〇〇 | 〃 |
| 新安鎮朝鮮人民會 | 牡丹江省寗安縣新安鎮 | 昭和八年八月 | 一、一五〇 | 姜昌孝 | 三、五六五 | 〃 |

六〇

| | | | | | | |
|---|---|---|---|---|---|---|
| 東京城朝鮮人民會 | 牡丹江省寧安縣東京城 | 昭和九年三月 | 七六〇 | 朴德仁 | 未詳 | 産業、教育、衛生、其他在留民ノ福利増進 |
| 海林朝鮮人民會 | 牡丹江省寧安縣海林 | 昭和八年八月 | 一、〇三四 | 金環桓 | 一、四三二 | 〃 |
| 牡丹江朝鮮人民會 | 牡丹江省牡丹江市 | 昭和八年九月 | 二、〇〇四 | 姜禮桓 | 二四、〇〇〇 | 〃 |
| 佳木斯朝鮮人民會 | 三江省佳木斯 | 昭和九年二月 | 二七七 | 明興植 | 一、〇〇〇 | 〃 |
| 倭肯朝鮮人民會 | 三江省勃利縣倭肯河 | 昭和十年十一月 | 一六七 | 金鳳山 | 四〇〇 | 〃 |
| 勃利朝鮮人民會 | 三江省勃利縣城 | 昭和十年九月 | 二八二 | 金益濤 | 七〇〇 | 〃 |
| 林口朝鮮人民會 | 三江省勃利縣林口 | 昭和十年二月 | 一、五三六 | 金永哲 | 五〇〇 | 〃 |
| 依蘭朝鮮人民會 | 三江省依蘭縣城 | 昭和八年八月 | 五〇〇 | 朴泰珠 | 八五〇 | 〃 |
| 湖南營朝鮮人民會 | 三江省依蘭縣湖南營 | 昭和十年十二月 | 一、〇〇〇 | 嚴昌燮 | 六〇〇 | 〃 |
| 方正朝鮮人民會 | 三江省方正縣城 | 昭和九年二月 | 一二八 | 吳得南 | 六〇〇 | 〃 |
| 通河朝鮮人民會 | 三江省通河縣城 | 昭和八年三月 | 二二五 | 金明奎 | 六〇〇 | 〃 |
| 湯原朝鮮人民會 | 三江省湯原縣城 | 昭和九年十月 | 一七五 | 權孟哲 | 五〇〇 | 〃 |
| 富錦朝鮮人民會 | 三江省富錦縣城 | 昭和七年十一月 | 一五〇 | 安昌俊 | 一、〇〇〇 | 〃 |
| 寶清朝鮮人民會 | 三江省寶清縣城 | 昭和九年三月 | 二一〇 | 金子默 | 六〇〇 | 〃 |
| 饒河朝鮮人民會 | 三江省饒河縣城 | 〃 | 七五〇 | 崔海峰 | 六〇〇 | 〃 |
| 東安鎮朝鮮人民會 | 三江省饒河縣東安鎮 | 〃 | 二五〇 | 金相豹 | 六〇〇 | 〃 |
| 小佳氣朝鮮人民會 | 三江省饒河縣小佳氣 | 〃 | 二六〇 | 沈相涉 | 六〇〇 | 〃 |
| 綏芬河朝鮮人民會 | 牡丹江省東寧縣綏芬河 | 大正十年六月 | 二七〇 | 沈春海 | 三、〇〇〇 | 〃 |
| 東寧朝鮮人民會 | 牡丹江省東寧縣城 | 昭和九年二月 | 一、〇三四 | 宋大用 | 一、四五〇 | 〃 |
| 老黑山朝鮮人民會 | 牡丹江省穆稜縣老黑山 | 昭和十年五月 | 二五七 | 高明雲 | 四五〇 | 〃 |
| 穆稜朝鮮人民會 | 牡丹江省穆稜縣城 | 昭和十一年四月 | 一、二〇〇 | 李青松 | 二、八〇〇 | 〃 |
| 密山朝鮮人民會 | 牡丹江省密山縣城 | 昭和八年九月 | 一、三〇〇 | 金兩東 | 五〇〇 | 〃 |
| 密山朝鮮人民會平陽鎮分會 | 牡丹江省密山縣平陽鎮 | 昭和十一年十月 | 一、四三六 | 尹秀善 | 三五〇 | 〃 |
| 虎林朝鮮人民會 | 牡丹江省虎林縣城 | 昭和九年三月 | 一九二 | 嚴一 | 四〇〇 | 〃 |
| 齊々哈爾朝鮮人民會 | 龍江省齊々哈爾市 | 昭和三年二月 | 三六〇 | 金聲鶴 | 二、三〇〇 | 〃 |
| 泰來朝鮮人民會 | 龍江省泰來縣城 | 昭和八年五月 | 一九〇 | 李海俊 | 七〇〇 | 〃 |
| 北安鎮朝鮮人民會 | 龍江省龍鎮縣北安鎮 | 昭和八年十二月 | 九〇 | 吳學洙 | 六〇〇 | 〃 |
| 通北朝鮮人民會 | 龍江省通北縣城 | 昭和九年十二月 | 六八 | 李善柱 | 六〇〇 | 〃 |
| 海星鎮朝鮮人民會 | 龍江省通北縣海星鎮 | 昭和九年二月 | 二一五 | 張振秀 | 四〇〇 | 〃 |
| 泰安鎮朝鮮人民會 | 龍江省克山縣 | 昭和九年九月 | 一〇八 | 余丙律 | 四〇〇 | 〃 |
| 訥河朝鮮人民會 | 龍江省訥河 | 昭和十一年五月 | 八九 | 金愚 | 四〇〇 | 〃 |
| 開魯朝鮮人民會 | 興安西省開魯縣城 | 昭和十一年十月 | 八二 | 尹兆容 | 四〇〇 | 〃 |

六一

| | | | | | | |
|---|---|---|---|---|---|---|
| 奉天朝鮮人民會 | 奉天省奉天市 | 未詳 | 三、〇〇〇 | 金炳泰 | 三、〇〇〇 | 產業、敎育、衛生、其他在留民ノ福利增進 |
| 撫順朝鮮人民會 | 奉天省撫順縣城 | 大正十一年一月 | 二、五〇〇 | 尹仁元 | 六、〇〇〇 | 〃 |
| 本溪湖朝鮮人民會 | 奉天省本溪湖縣 | 昭和八年三月 | 三三〇 | 金泰旭 | 二、四九〇 | 〃 |
| 遼陽朝鮮人民會 | 奉天省遼陽縣 | 昭和八年七月 | 二四四 | 金興烈 | 一、三五〇 | 〃 |
| 鞍山朝鮮人民會 | 奉天省海城 | 昭和八年八月 | 三四一 | 趙寬錫 | 二、〇五五 | 〃 |
| 鐵嶺朝鮮人民會 | 奉天省鐵嶺縣城 | 大正十一年四月 | 一、二八四 | 李白煥 | 四、八〇〇 | 〃 |
| 滿洲里朝鮮人民會 | 興安北省滿洲 | 昭和九年五月 | 三七 | 金福萬 | 八〇〇 | 〃 |
| 海拉爾朝鮮人民會 | 興安東省海拉爾市 | 昭和九年三月 | 七〇 | 李　雄 | 八〇〇 | 〃 |
| 黑河朝鮮人民會 | 黑河省黑河市 | 昭和八年十二月 | 一三〇 | 文武錫 | 五〇〇 | 〃 |
| 烏雲朝鮮人民會 | 黑河省烏雲縣城 | 昭和八年十一月 | 六〇 | 李海東 | 四〇〇 | 〃 |
| 洮南朝鮮人民會 | 興安南省洮南縣城 | 昭和九年七月 | 三〇七 | 田基俊 | 一、〇〇〇 | 〃 |
| 白城子朝鮮人民會 | 興安南省洮安縣城 | 昭和十年七月 | 一九七 | 李鳳喆 | 一、〇〇〇 | 〃 |
| 王爺廟朝鮮人民會 | 興安南省西料前旗 | 昭和十年七月 | 三七五 | 鄭雲洛 | 一、〇〇〇 | 〃 |
| 開原朝鮮人民會 | 興安南省開原縣 | 昭和八年九月 | 一、八七八 | 洪淳亨 | 三、二四〇 | 〃 |
| 西豐朝鮮人民會 | 興安南省西豐縣城 | 大正九年五月 | 五二七 | 尹起昊 | 三、三五八 | 〃 |
| 山城鎮朝鮮人民會 | 興安南省海龍縣山城鎮 | 大正十四年四月 | 五、一一〇 | 李相英 | 三、六七四 | 〃 |
| 通化朝鮮人民會 | 通化省通化省城 | 大正十三年三月 | 一、五三六 | 朴尙俊 | 五、三九〇 | 〃 |
| 興京朝鮮人民會 | 奈天省興京縣城 | 昭和八年十月 | 二、四三七 | 李仁俊 | 三、四七五 | 〃 |
| 桓仁朝鮮人民會 | 安東省桓仁縣城 | 〃 | 一、三三四 | 朴道學 | 一、五三八 | 〃 |
| 安東朝鮮人民會 | 安東省安東市 | 大正十二年十一月 | 六二九 | 金虎贇 | 一九、九七〇 | 〃 |
| 寬甸朝鮮人民會 | 安東省寬甸縣城 | 昭和十一年四月 | 三九三 | 金成寶 | 八、三〇〇 | 〃 |
| 輯安朝鮮人民會 | 安東省輯安縣外岔溝 | 〃 | 一、四五一 | 韓裕政 | 九、一七〇 | 〃 |
| 臨江朝鮮人民會 | 安東省臨江縣帽兒山 | 〃 | 一〇六 | 金炳鎰 | 七、〇〇〇 | 〃 |
| 長白朝鮮人民會 | 安東省長白縣城 | 〃 | 一、〇〇〇 | 金應淳 | 一〇、〇〇〇 | 〃 |
| 營口朝鮮人民會 | 奉天省營口縣 | 昭和九年三月 | 一、五八一 | 劉龍起 | 六、〇〇〇 | 〃 |
| 盤山朝鮮人民會 | 錦州省盤山縣城 | 昭和八年五月 | — | 白學珍 | — | 〃 |
| 大石橋朝鮮人民會 | 奉天省海城縣 | 昭和七年六月 | 三七 | 鄭在龍 | 六〇〇 | 〃 |
| 瓦房店朝鮮人民會 | 奉天省復縣 | 昭和九年三月 | 四五 | 許仲彬 | — | 〃 |
| 鄭家屯朝鮮人民會 | 奉天省遼源縣 | 大正十一年八月 | 三五一 | 朴鳳漢 | 一、〇〇〇 | 〃 |
| 通遼朝鮮人民會 | 奉天省通遼縣 | 昭和九年七月 | 五〇二 | 元逸和 | 一、〇〇〇 | 〃 |
| 龍井村朝鮮人民會 | 間島省龍井街 | 大正六年八月 | 一八、〇〇〇 | 李庚在 | 五、六〇〇 | 〃 |
| 朝陽川朝鮮人民會 | 間島省延吉縣朝陽川 | 昭和八年六月 | 一、八八八 | 李東基 | 三、〇〇〇 | 〃 |

六二

| | | | | | | |
|---|---|---|---|---|---|---|
| 銅佛寺朝鮮人民會 | 間島省延吉縣銅佛寺 | 大正十年一月 | 二、七〇六 | 姜鐵求 | 一、二〇〇 | 產業、敎育、衛生、其他在留民ノ福利增進 |
| 老頭溝朝鮮人民會 | 間島省延吉縣老頭溝 | 〃 | 一、九〇〇 | 徐賢楚 | 九〇〇 | 〃 |
| 明月溝朝鮮人民會 | 間島省延吉縣明月溝 | 昭和七年四月 | 二、七〇〇 | 金政夏 | 二、五〇〇 | 〃 |
| 大拉子朝鮮人民會 | 間島省和龍縣城 | 大正十年四月 | 三、二一八 | 金東赫 | 四〇〇 | 〃 |
| 南陽坪朝鮮人民會 | 間島省和龍縣南陽坪 | 大正十年三月 | 四、三五九 | 金楨勤 | 四〇〇 | 〃 |
| 琿春朝鮮人民會 | 間島省琿春縣城 | 大正五年十二月 | 五、四五八 | 姜周興 | 三、〇〇〇 | 〃 |
| 哈達門朝鮮人民會 | 間島省琿春縣哈達門 | 大正十年十月 | 九六九 | 崔泰衡 | 七五〇 | 〃 |
| 馬滴達朝鮮人民會 | 間島省琿春縣馬滴達 | 昭和十年十月 | 八二三 | 申榮勳 | 七五〇 | 〃 |
| 東興鎭朝鮮人民會 | 間島省琿春縣東興鎭 | 昭和十一年六月 | 一、一九三 | 黃珍植 | 三〇〇 | 〃 |
| 黑頂子朝鮮人民會 | 間島省琿春縣黑頂子 | 大正十一年三月 | 一、五三八 | 鄭奎煥 | 三五〇 | 〃 |
| 百草溝朝鮮人民會 | 間島省汪清縣百草溝 | 大正九年十月 | 三、五〇〇 | 朴根植 | 二、七五〇 | 〃 |
| 大肚川朝鮮人民會 | 間島省汪清縣大肚川 | 昭和九年四月 | 一、九〇九 | 蔡華益 | 一、八〇〇 | 〃 |
| 小三岔口朝鮮人民會 | 間島省延吉縣小三岔口 | 〃 | 七六一 | 金池逢 | 二、五〇〇 | 〃 |
| 延吉朝鮮人民會 | 間島省延吉 | 大正七年十一月 | 五、三二七 | 孫定龍 | 七〇〇 | 〃 |
| 八道溝朝鮮人民會 | 間島省延吉縣八道溝 | 大正八年一月 | 二、八六〇 | 權五均 | 一、五〇〇 | 〃 |
| 依蘭溝朝鮮人民會 | 間島省延吉縣依蘭溝 | 大正十年二月 | 一、一五八 | 崔英鶴 | 一、一五八 | 〃 |
| 葦子溝朝鮮人民會 | 間島省延吉縣葦子溝 | 昭和八年六月 | 三八〇 | 南敏植 | 三、〇〇〇 | 〃 |
| 頭道溝朝鮮人民會 | 間島省延吉縣頭道溝 | 大正六年十月 | 三、九九四 | 黃淵琦 | 六〇〇 | 〃 |
| 二道溝朝鮮人民會 | 間島省延吉縣二道溝 | 大正十年二月 | 三、四九四 | 申鉉默 | 一、〇〇〇 | 〃 |
| 三道溝朝鮮人民會 | 間島省和龍縣三道溝 | 昭和七年一月 | 二、六五〇 | 高貞均 | 一、五〇〇 | 〃 |
| 南坪朝鮮人民會 | 間島省和龍縣南坪 | 大正十年四月 | 四、三〇〇 | 姜淳郁 | 八〇〇 | 〃 |
| 圖們朝鮮人民會 | 間島省圖們街 | 昭和七年十一月 | 二、六三六 | 金尙鎭 | 二、四〇〇 | 〃 |
| 石峴朝鮮人民會 | 間島省汪清縣石峴 | 大正十年二月 | 一、一二一 | 金昊均 | 一、〇〇〇 | 〃 |
| 涼水泉子朝鮮人民會 | 間島省汪清縣春芳郷 | 大正十年二月 | 九七八 | 蔡泯錫 | 五〇〇 | 〃 |
| 石建坪朝鮮人民會 | 間島省和龍縣月晴社 | 大正十年三月 | 二、〇八三 | 朴昌崙 | 一、〇〇〇 | 〃 |
| 計 一二五 | | | 一七六、五〇二 | | | |

### (2) 普通學校

在滿朝鮮人の敎育に對する關心は鮮內と異るところなく移住者の增加に伴ひ逐年益々旺盛に趣き日常の生活に追はれながらも都鄙を通じ

六三

て全滿到る處普通學校の設立ありその大部分は朝鮮人民會の經營であつた。經費の一部は本府よりの補助に仰ぎ教科書も本府編纂のものを用ひ其內容の如きも漸次改善され都會地の學校は鮮內に比し殆ど遜色なかつたのである。

法權撤廢と共に此等普通學校は滿洲國に移讓され其校名を一律に國民學校として滿洲國の構成分子たる點より滿洲國建國の大精神並に日滿不可分乃至一德一心の理念を涵養し、各授業課目は大體に於て本府の編纂に係る教科書を採用し居るも將來は幾分之に修正を加へたる滿洲國教科書を採用することになつてゐる。

尚移讓時に於ける是等の學校數全滿を通じて五百三十八校の多數に上つたが各省別學校數等は次表の通りである。

省別初等學校表

（昭和十二年六月末現在）

| 省別 | 校數 | 學級數 | 職員數 | 兒童數 | 備考 |
|---|---|---|---|---|---|
| 吉林 | 六六 | 一九三 | 一八二 | 六、六七三 | |
| 奉天 | 六六 | 二三三 | 二三二 | 九、四四八 | |
| 安東 | 三五 | 一一二 | 九五 | 五、二七一 | |
| 錦州 | 一 | 一三 | 九 | 八七三 | |
| 通化 | 二九 | 一〇七 | 一〇六 | 三、七五四 | |
| 濱江 | 四二 | 一三八 | 一三二 | 四、五二一 | |
| 牡丹江 | 六〇 | 一六八 | 一五六 | 六、三五二 | |
| 三江 | 三二 | 八五 | 六七 | 二、六三〇 | |
| 間島 | 一八六 | 六八五 | 六三八 | 三四、八〇七 | |
| 龍江 | 一四 | 二九 | 二六 | 七三二 | |
| 興安南 | 五 | 一三 | 九 | 四二一 | |
| 興安西 | 一 | 一 | 一 | 一三 | |
| 興安北 | 一 | 一 | 一 | 五 | |
| 計 | 五三八 | 一、七八七 | 一、六五四 | 七五、四八〇 | |

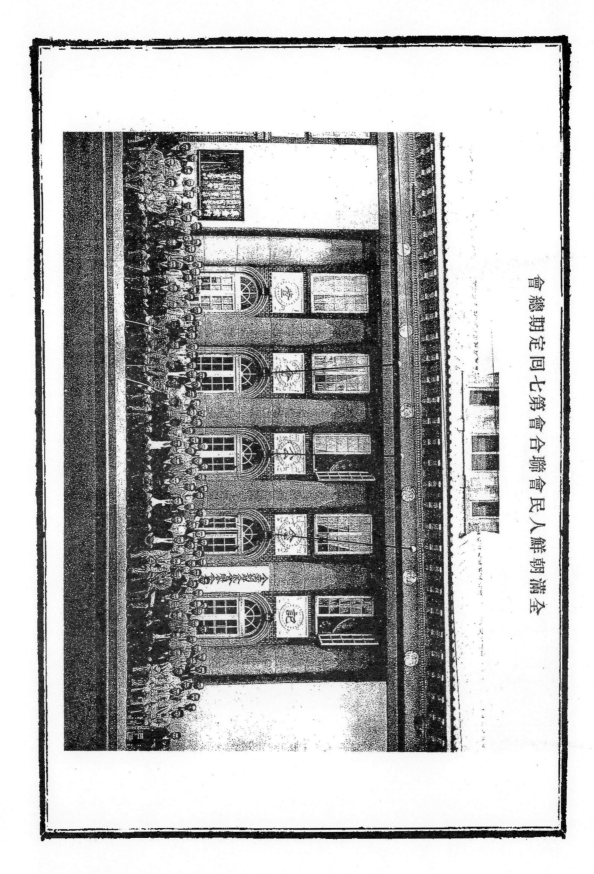

全滿朝鮮人民會聯合會第七回定期總會

# 新京朝鮮人民會

(新京日本總領事館管內)

本廳舍は昭和十年十月の竣工にして總工事費二萬餘圓は政府の補助に依る

新京朝鮮人民會事務室

新京朝鮮人民會會議室

全滿朝鮮人民會聯合會事務室の一部

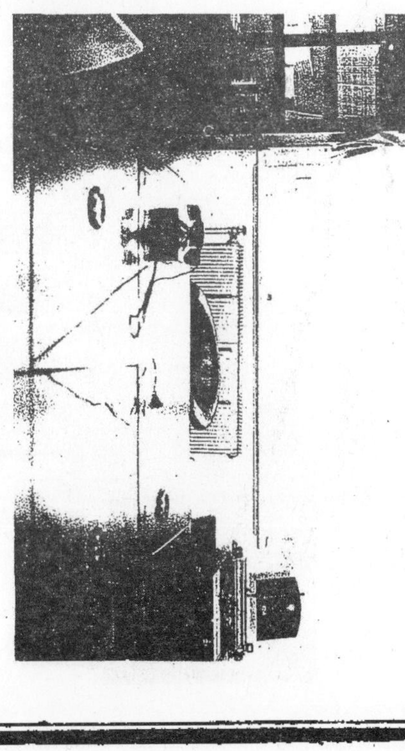

新京朝鮮人民會會長室

# 哈爾賓朝鮮人民會事務所と民會幹部

(哈爾賓日本總領事館管內)

管內戶口
戶數 二、二一六戶
男 四、六四八人
女 三、八九〇人
計 八、五三八人

民會事務所を目前に控へ最終評議會に出席の民會幹部と監督官の記念撮影（前列右より六人目會長七人目本府淺川元派遣員）

本廳舍は昭和十一年の竣工にして總工費二萬圓（一般在留民の寄附に依るものなり）

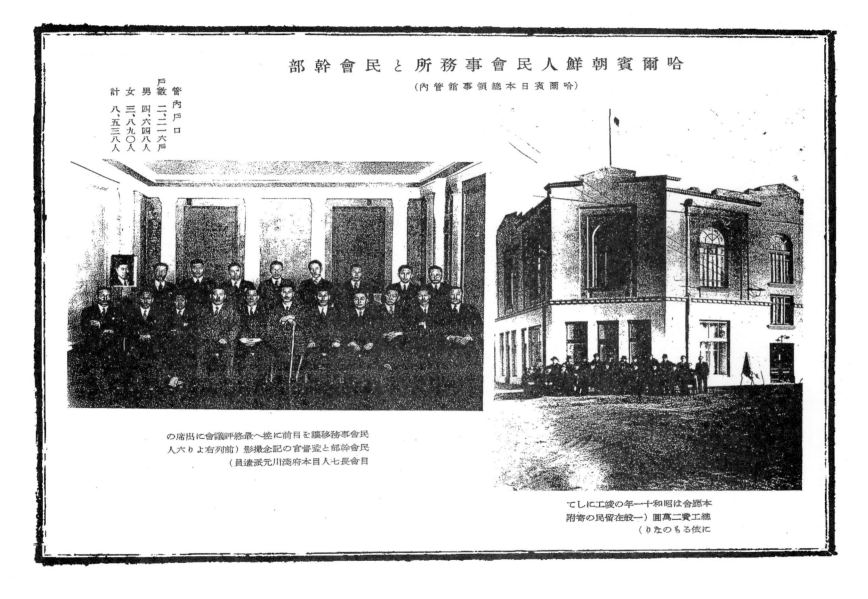

巴彥朝鮮人民會

（哈爾賓總領事館管內）

所在地　濱江省巴彥縣城

管內戶口

戶數　一二八戶

男　三八〇人

女　二六二人

計　六四二人

東興朝鮮人民會

（哈爾賓總領事館管內）

所在地　濱江省東興縣城

管內戶口

戶數　二四二戶

男　六六〇人

女　六一五人

計　一,二七五人

# 陶賴昭朝鮮人民會

(哈爾賓日本總領事館管內)

民會管內戶口

| | |
|---|---|
| 戶數 | 五四〇戶 |
| 男 | 一、一二四人 |
| 女 | 八四六人 |
| 計 | 一、九七〇人 |

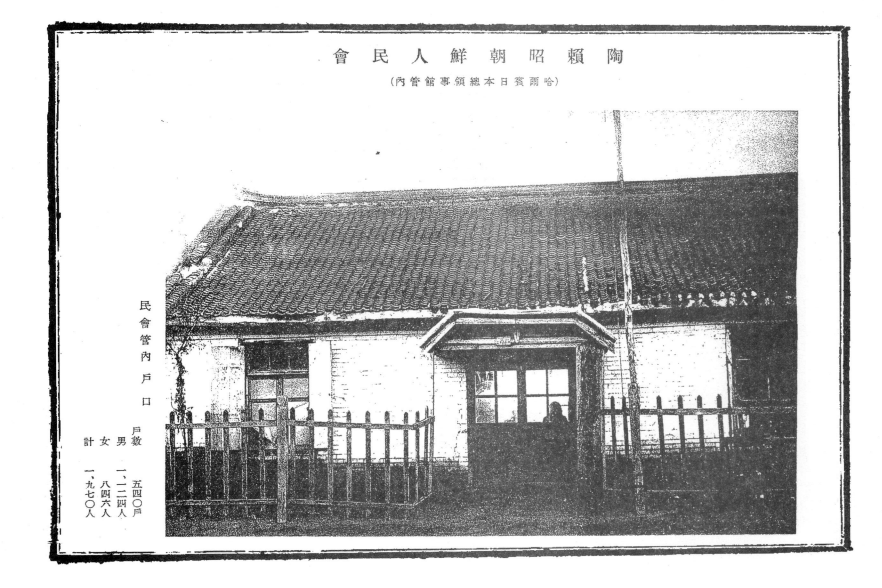

五常朝鮮人民會
（哈爾賓總領事館管內）

所在地　濱江省五常縣城

管內戶口

| | |
|---|---|
| 戶數 | 一〇、九六二戶 |
| 男 | 二三、二二七人 |
| 女 | 一八、八一一人 |
| 計 | 四二、〇三八人 |

帽兒山朝鮮人民會
（哈爾賓總領事館管內）

所在地　濱江省雙城縣帽兒山

管內戶口

| | |
|---|---|
| 戶數 | 三六三戶 |
| 男 | 六六一人 |
| 女 | 四三九人 |
| 計 | 一、一〇〇人 |

海倫朝鮮人民會
（哈爾賓總領事館）

所在地　濱江省海倫縣城

管內戶口

戶數　一〇一戶
男　二三六人
女　一三三人
計　三六九人

海北鎮朝鮮人民會
（哈爾賓總領事館管內）

所在地　濱江省海倫縣海北鎮

管內戶口

戶數　三八九戶
男　九七五人
女　八五七人
計　一、八三二人

阿城朝鮮人民會
(哈爾賓總領事館管內)
所在地　濱江省河城縣城
管內戶口
戶數　六七八戶
男　一、五九六人
女　一、二六六人
計　二、八六二人

聚源昶朝鮮人民會
(哈爾賓總領事館管內)
所在地　濱江省阿城縣聚源昶
管內戶口
戶數　一二三戶
男　三七五人
女　二七九人
計　六五四人

延壽朝鮮人民會
（哈爾賓總領事館管內）
所在地　濱江省延壽縣城
管內戶口
戶數　七七九戶
男　一、四七九人
女　一、一〇七人
計　二、五八六人

一面坡朝鮮人民會
（哈爾賓總領事館管內）
所在地　濱江省珠河縣一面坡
管內戶口
戶數　二六二戶
男　四七三人
女　三一〇人
計　七八三人

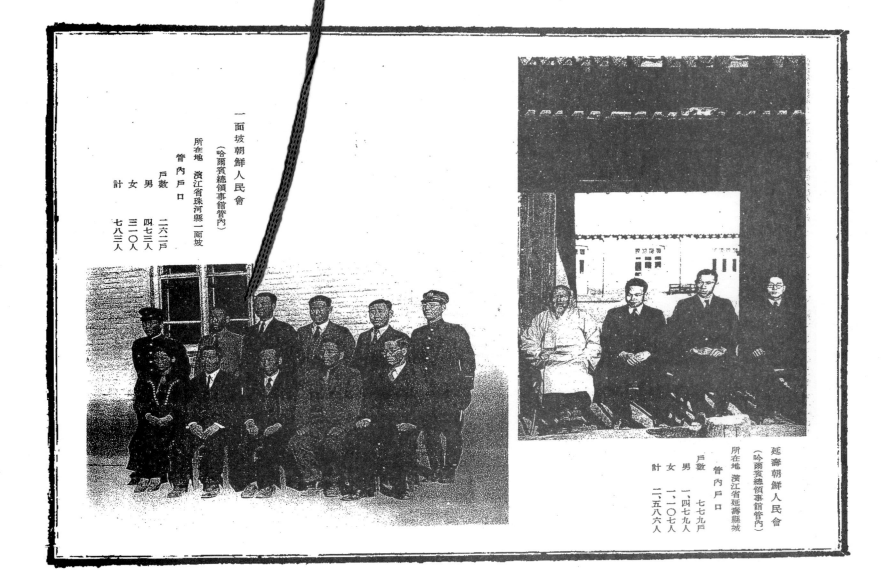

# 青岡朝鮮人民會

(哈爾賓總領事館管內)

所在地　濱江省青岡縣城

管內戶口

| | |
|---|---|
| 戶數 | 三六九戶 |
| 男 | 七五五人 |
| 女 | 五七五人 |
| 計 | 一,三三〇人 |

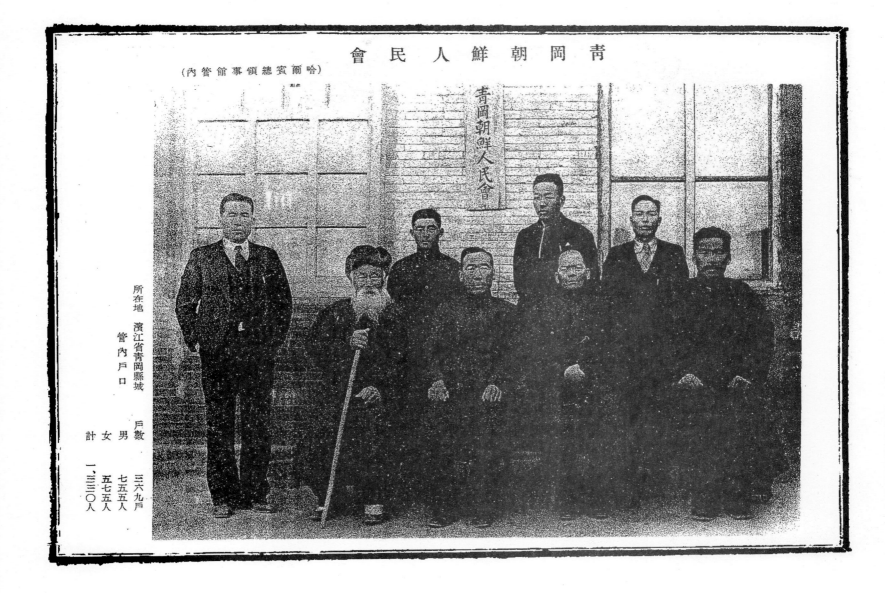

# 牡丹江朝鮮人民會

（哈爾賓總領事館牡丹江分館管內）

所在地　牡丹江省　牡丹江市　管內戶口

| | |
|---|---|
| 戶數 | 五、五四四戶 |
| 男 | 一一、六三五人 |
| 女 | 八、一四六人 |
| 計 | 一九、七八一人 |

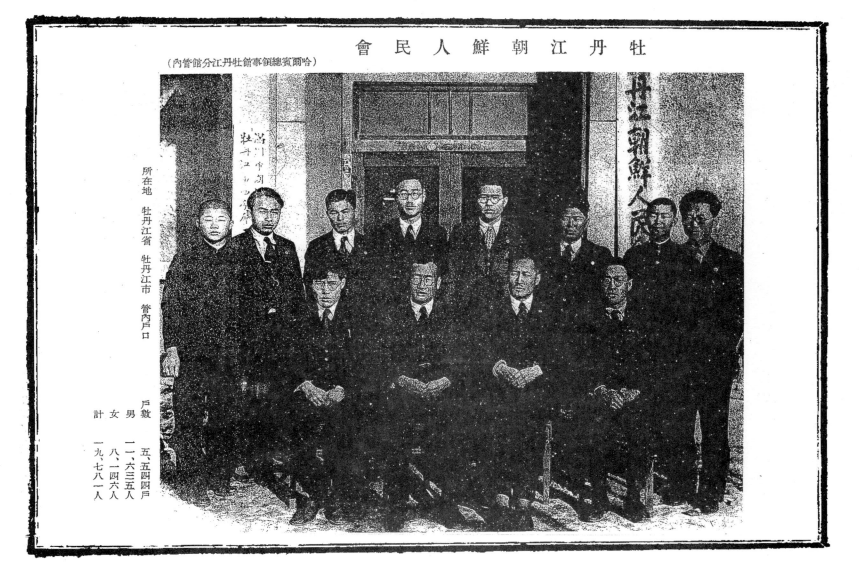

新安鎮朝鮮人民會

（哈爾賓總領事館牡丹江分館管內）

所在地　牡丹江省寧安縣新安鎮

管內戶口

戶數　一、二二四戶

人口　五、一二七人

海林朝鮮人民會

（哈爾賓總領事館牡丹江分館管內）

所在地　牡丹江省寧安縣海林

管內戶口

戶數　一、二六九戶

男　三、〇三七人

女　二、三〇七人

計　五、三三四人

寧安朝鮮人民會
（哈爾賓總領事館牡丹江分館管內）
所在地　牡丹江省寧安縣城
管內戶口
戶數　九八八戶
男　三、〇二七人
女　二、四二九人
計　五、四五六人

東京城朝鮮人民會
（哈爾賓總領事館牡丹江分館管內）
所在地　牡丹江省寧安縣城東京城
管內戶口
戶數　九二六戶
人口　五、二二二人

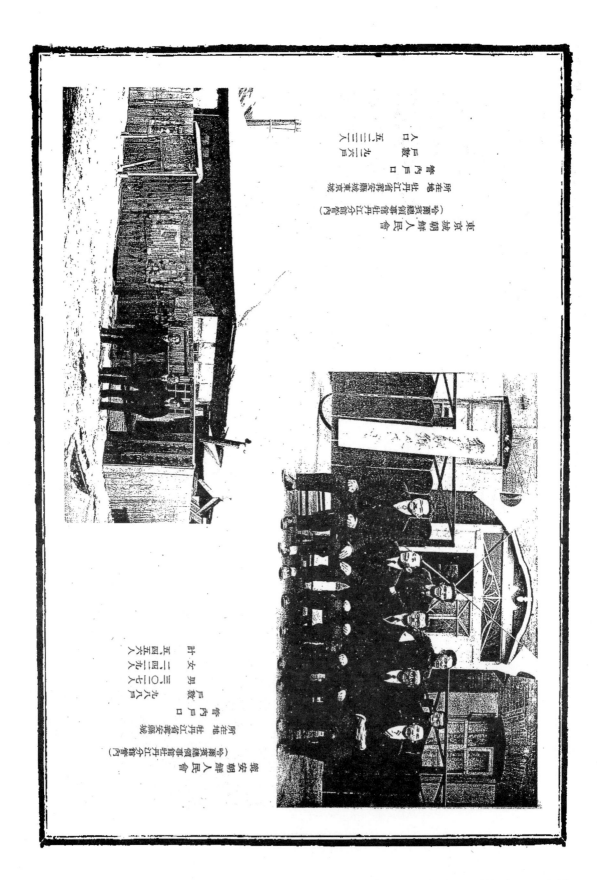

## 佳木斯朝鮮人民會

(哈爾賓總領事館佳木斯分館管內)

所在地 三江省樺川縣佳木斯 管內戶口

戶數 四九五戶

男 六九四人

女 四八二人

計 一、一七六人

林口朝鮮人民會

（哈爾濱總領事館佳木斯分館管內）

所在地　三江省勃利縣林口

管內戶口

戶數　三八二戶

人口　一、六三〇人

方正朝鮮人民會

（哈爾濱總領事館佳木斯分館管內）

所在地　三江省方正縣城

管內戶口

戶數　九五戶

男　一九七人

女　一五九人

計　三五六人

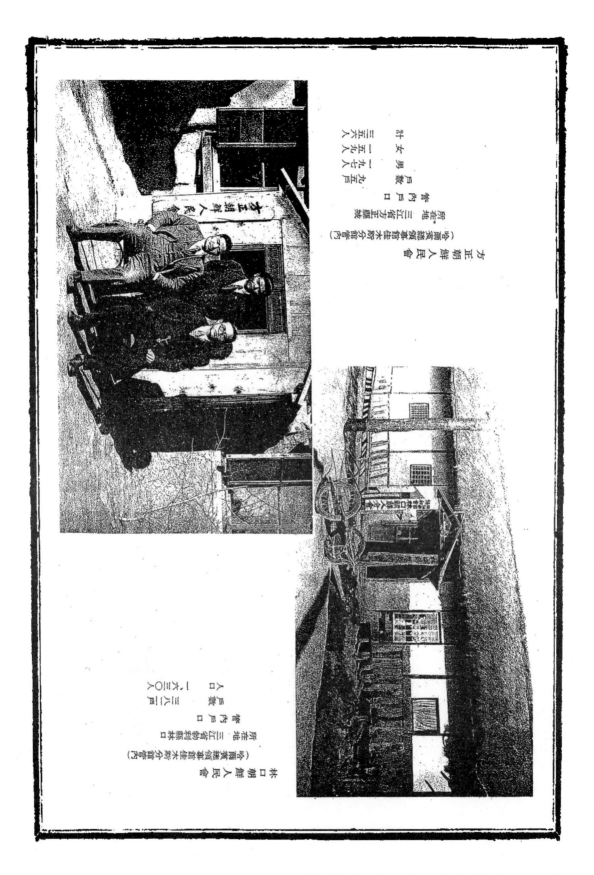

# 安東朝鮮人民會

(安東領事館管內)

所在地　安東省安東

管內戶口

戶數　四、三九七戶

人口　一三、一〇九人

輯安朝鮮人民會（安東領事館管內）

所在地　安東省輯安縣　管內戶口
戶數　三、一三二戶
人口　一六、五〇一人

寬甸朝鮮人民會（安東領事館管內）

所在地　安東省寬甸縣　管內戶口
戶數　一、四八一戶
人口　三、九〇一人

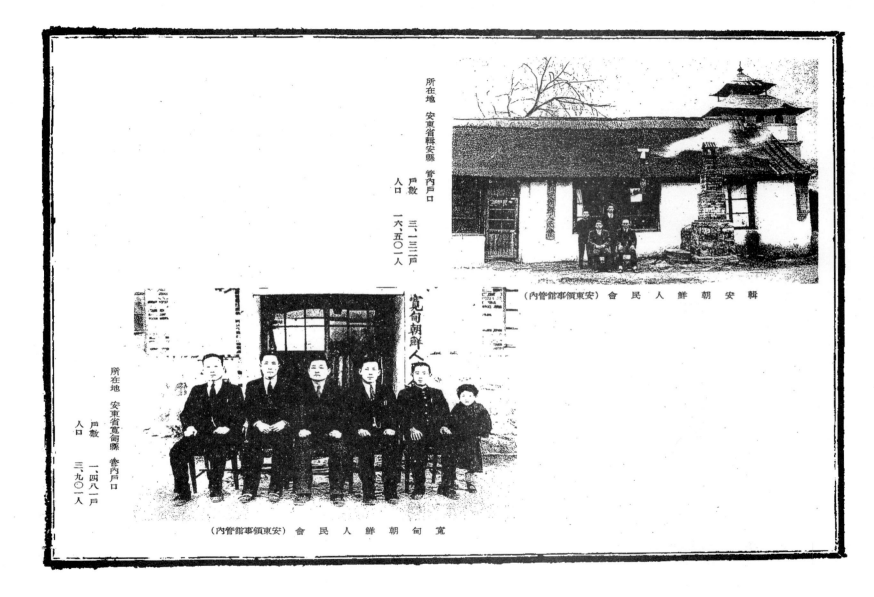

臨江朝鮮人民會（安東領事館管內）

所在地　通化省臨江縣

管內戶口　戶數　七五〇戶

人口　三、二一一人

長白朝鮮人民會（安東領事館管內）

所在地　通化省長白縣

管內戶口　戶數　三、二九二戶

人口　二一、三四〇人

通化朝鮮人民會

（奉天總領事館通化分館管內）

所在地通化省通化省城

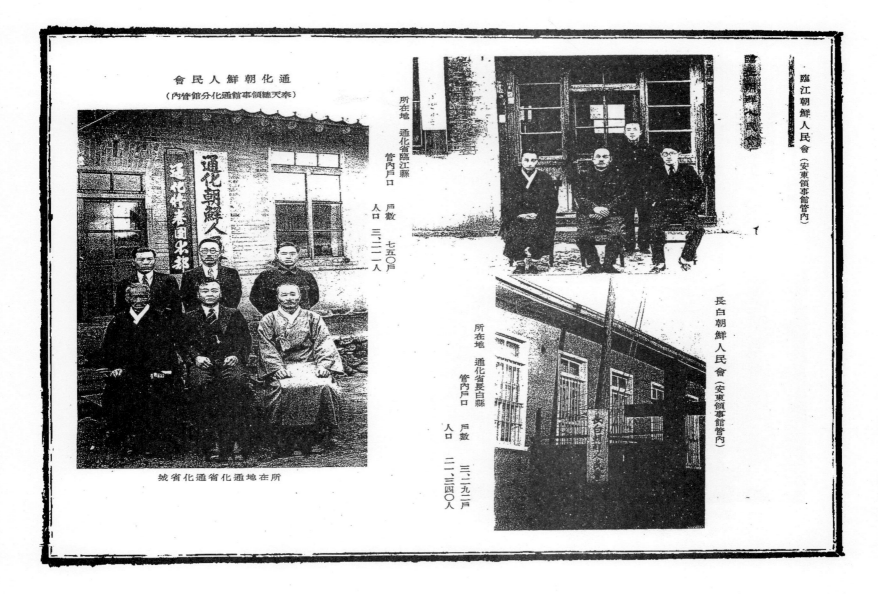

額穆朝鮮人民會
(吉林總領事館管內)

所在地 吉林省額穆縣
管內戶口
戶數 二、一〇八戶
人口 一〇、八六五人

敦化朝鮮人民會
(吉林總領事館敦化分館管內)

所在地吉林省敦化縣城
管內戶口 戶數 一・〇九二戶
人口 五・六二一人

蛟河朝鮮人民會
(吉林總領事館管內)
所在地 吉林省額穆縣蛟河
管內戶口
戶數 一、五六八戶
人口 八、一〇五人

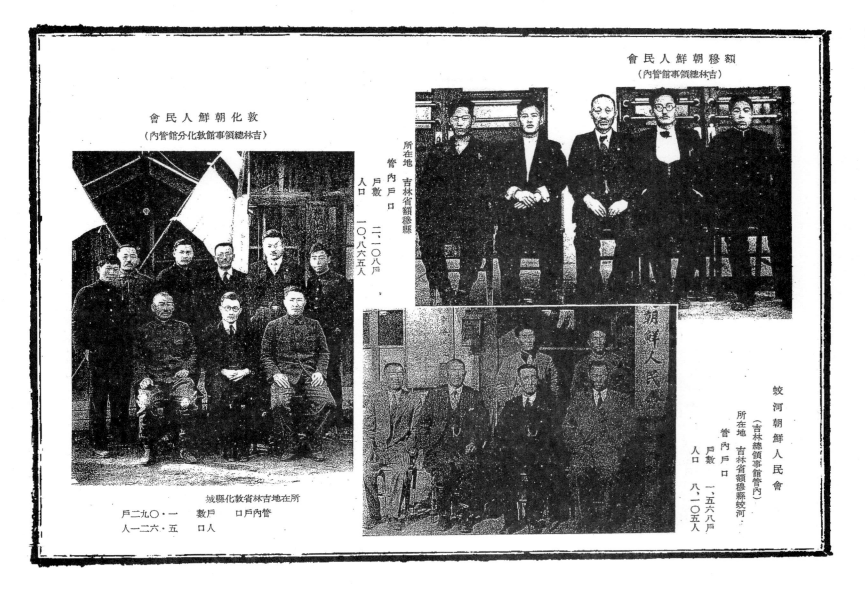

遼陽朝鮮人民會
（奉天總領事管內）
所在地　奉天省遼陽縣
管內戶口
戶數　一九六戶
人口　五八五人

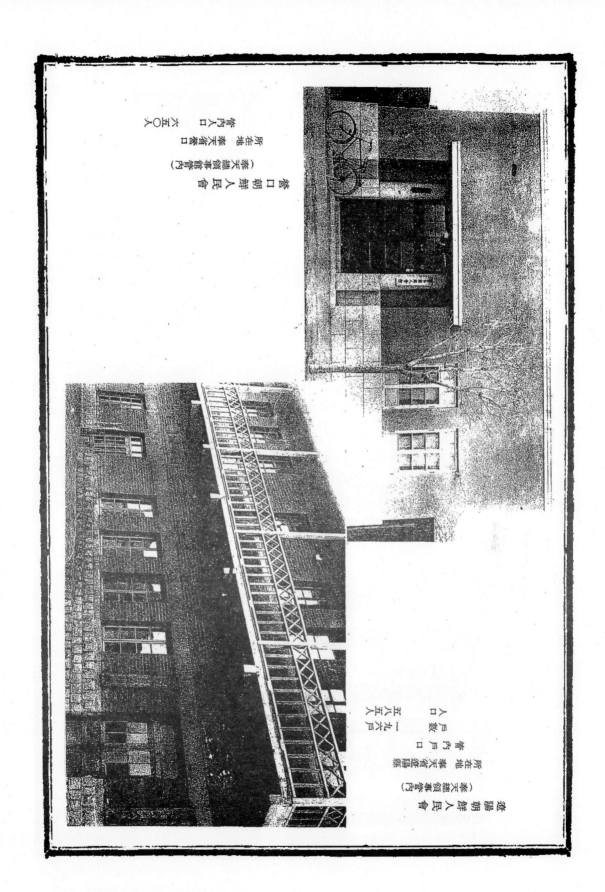

營口朝鮮人民會
（奉天總領事館管內）
所在地　奉天省營口
管內人口　六五〇人

公主嶺朝鮮人民會
(新京總領事館管內)

四平街朝鮮人民會 (新京領事館管內)

四平街民會事務執行狀況

## 孤楡樹普通學校と秦家屯普通學校

(本府新京派遣員受持管內)

**孤楡樹普通學校**

位置　吉林省伊通縣孤楡樹
經營　新京朝鮮人民會
設立　昭和八年九月
補助　五〇〇圓
授業料　一,〇〇〇圓
敎員　五人
兒童　二四〇名

**秦家屯普通學校**

位置　吉林省懷德縣秦家屯
經營　公主嶺朝鮮人民會
設立　昭和十二年四月
經費　一,四〇〇圓
補助　ナシ
授業料　三六〇圓
敎員　二人
兒童　六一名

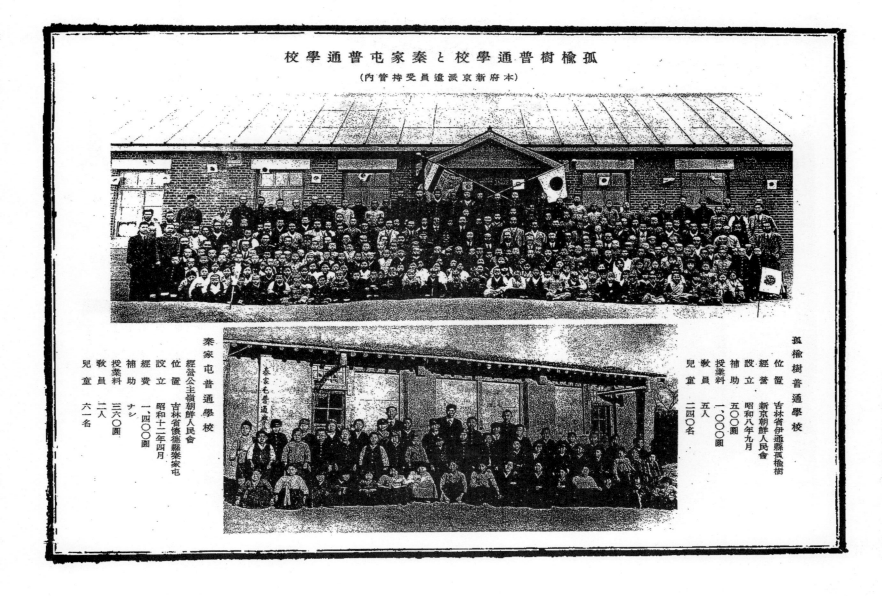

## 牡丹江普通學校 (本府牡丹江派遣員管內) (一)

位置牡丹江市・經營牡丹江朝鮮人民會・設立年月昭和九年八月・一ヶ年經費一四・八〇〇圓
授業料七・八〇〇圓 敎員一一人・兒童六八七名

耐寒體操光景

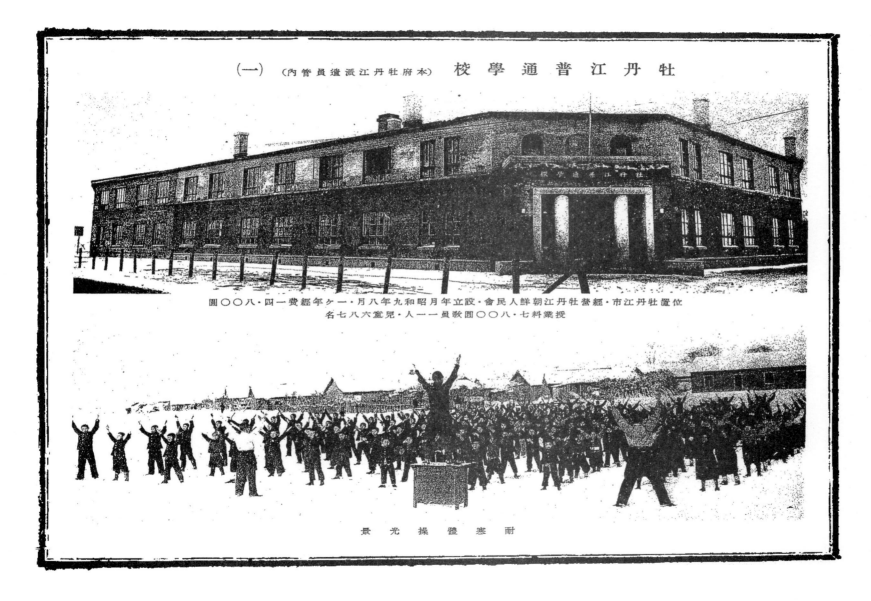

# 牡丹江普通學校（二）

學藝會ノ其一

秋季運動會

學藝會ノ其二

# 新安鎭普通學校 (本府牡丹江派遣員管內)

位置 牡丹江省寧安縣新安鎭
經營 新安鎭朝鮮人民會
設立 昭和八年八月
一ヶ年經費 九,七五〇圓
補助 七五〇圓
授業料 二,五五五圓
敎員 九人
兒童 四八六名

事務室

兒童作品

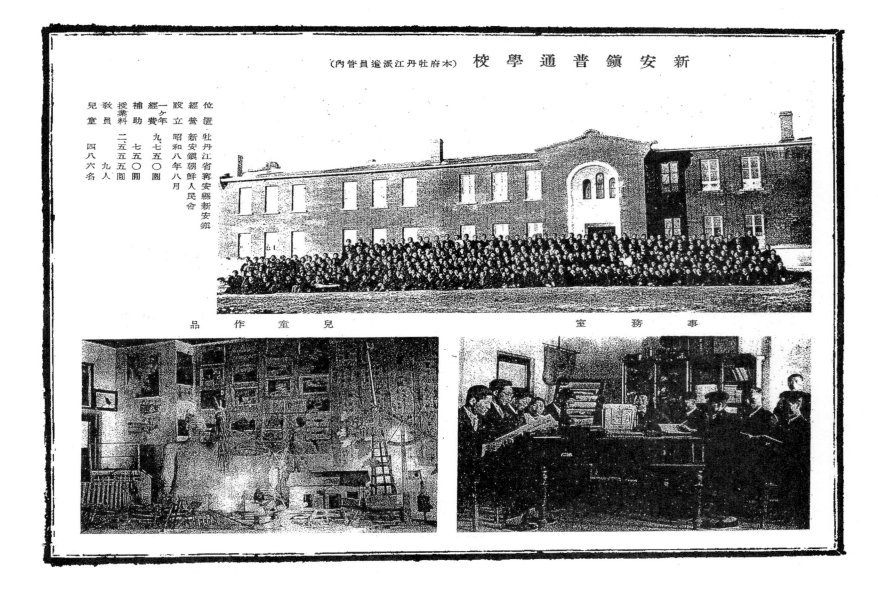

## 海林普通學校
（本府牡丹江派遣員管內）

校舍ノ全景

教授ノ光景

位置 牡丹江省寧安縣海林・經營 海林朝鮮人民會・開設 昭和七年九月・一ヶ年經費 一〇・一七八圓
補助 三七五圓・授業料 三・七六八圓 教員 八人 兒童 四〇七名

事務室

兒童作品

## 海林普通學校分校

海林普通學校山市分校
位置牡丹江省寧安縣山市

海林普通學校沙虎分校
位置牡丹江省寧安縣沙虎

海林普通學校南拉古分校
位置　牡丹江省寧安縣拉古屯

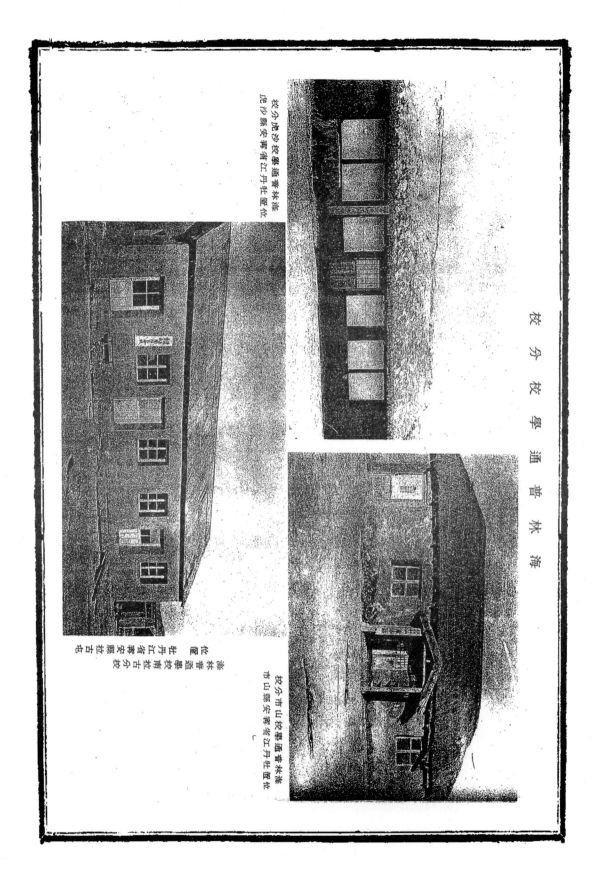

# 東京城普通學校ト寧安普通學校

(本府牡丹江派遣員管內)

東京城普通學校

| | |
|---|---|
| 經營 | 東京城朝鮮人民會 |
| 位置 | 牡丹江省寧安縣東京城 |
| 設立 | 昭和九年八月 |
| 一ヶ年經費 | 八四一九圓 |
| 補助 | 七五〇圓 |
| 授業料 | 一、九六〇圓 |
| 教員 | 六人 |
| 兒童 | 三二六名 |

寧安普通學校

| | |
|---|---|
| 經營 | 寧安朝鮮人民會 |
| 位置 | 牡丹江省寧安縣城 |
| 設立 | 昭和八年四月 |
| 一ヶ年經費 | 一〇、九〇一圓 |
| 補助 | 九二五圓 |
| 授業料 | 三、六五〇圓 |
| 教員 | 八人 |
| 兒童 | 四三一名 |

# 東興普通學校

（本府哈爾賓派遣員管內）

經營者　東興朝鮮人民會
位置　濱江省東興縣城
設立　昭和九年四月
經費　四、一〇〇圓
補助　二〇〇〇圓
授業料　三五〇圓
教員　三人
兒童　一五〇名

本校舍ハ昭和十一年二月燒失セルヲ以テ本府ハ一千五百圓ヲ補助シ新ニ建築セルモノナリ

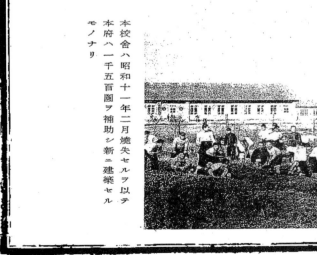

# 善牧普通學校ト實習狀況

（本府哈爾賓派遣員管內）

經營者　海北鎭朝鮮人民會
位置　濱江省海倫縣海北鎭善牧農村
設立　昭和九年五月
經費　一,二五〇圓
授業料　二五〇圓
補助　ナシ

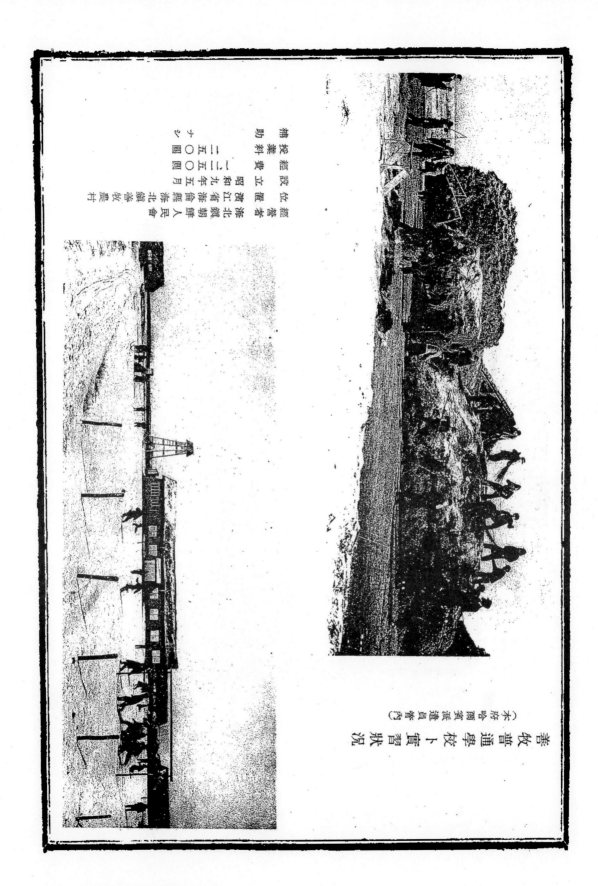

# 佳木斯普通學校と林口普通學校

(本府哈爾賓派遣員管内)

佳木斯普通學校

經營 佳木斯朝鮮人民會
位置 三江省城佳木斯
設立 昭和九年二月
經費 四、〇〇〇圓
補助 二〇〇〇圓
授業料 二〇〇圓
教員 三人
兒童 九四名

林口普通學校

經營 林口朝鮮人民會
位置 三江省・勃利縣林口
設立 昭和十年八月
經費 一〇、三〇〇圓
補助 三〇〇〇圓
授業料 三五〇圓
教員 五人
兒童 一四九名

# 木蘭普通學校と延壽普通學校

(本府哈爾賓派遣員管內)

木蘭普通學校

經營 木蘭朝鮮人民會
位置 濱江省木蘭縣城
設立 昭和九年四月
經費 三、一三五圓
補助 二〇〇圓
授業料 三五〇圓
教員 三人
兒童 一五〇名

延壽普通學校

經營 延壽朝鮮人民會
位置 濱江省延壽縣城
設立 昭和九年四月
經費 四九三一圓
補助 三〇〇圓
授業料 四二〇圓
教員 五人
兒童 一二〇名

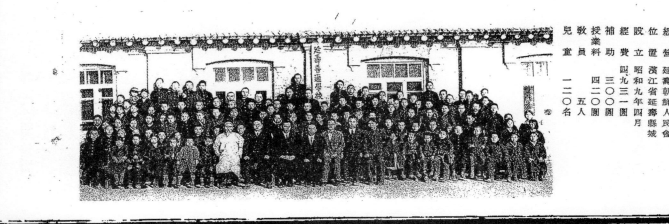

敦化普通學校ト
蛟河普通學校
（本府敦化派遣員管內）

敦化普通學校
經營　敦化朝鮮人民會
位置　吉林省敦化縣城
設立　昭和七年四月
經費　四、一九〇圓
補助　一、〇〇〇圓
授業料　一、三〇〇圓
敎員　六人
兒童　二四〇名

蛟河普通學校
經營　蛟河朝鮮人民會
位置　吉林省額穆縣城
設立　昭和七年四月
經費　四、五八四圓
補助　一、三〇〇圓
授業料　一、九〇〇圓
敎員　七人
兒童　三四三名

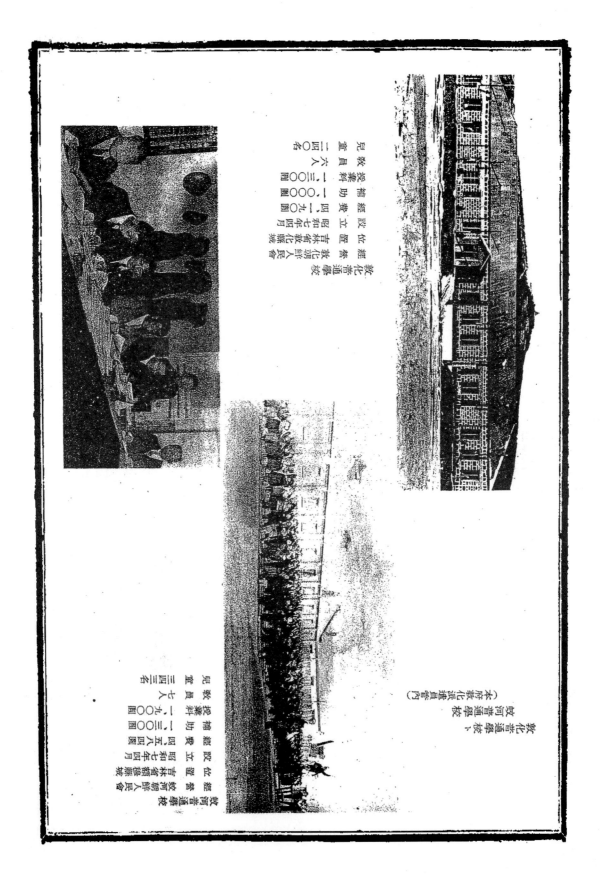

# 清原普通學校ト山城鎭普通學校

(本府海龍派遣員管內)

清原普通學校

經營者 山城鎭朝鮮人民會
位置 奉天省清原縣城
設立 昭和八年二月
一ヶ年經費 二、六六一圓
補助 二〇〇圓
授業料 二三七圓
教員 三人
兒童 七七名

山城鎭普通學校

經營者 山城鎭朝鮮人民會
位置 奉天省海龍縣山城鎭
設立 昭和三年五月
一ヶ年經費 一、八三七圓
補助 三〇〇圓
授業料 四四五圓
教員 三人
兒童 一〇五名

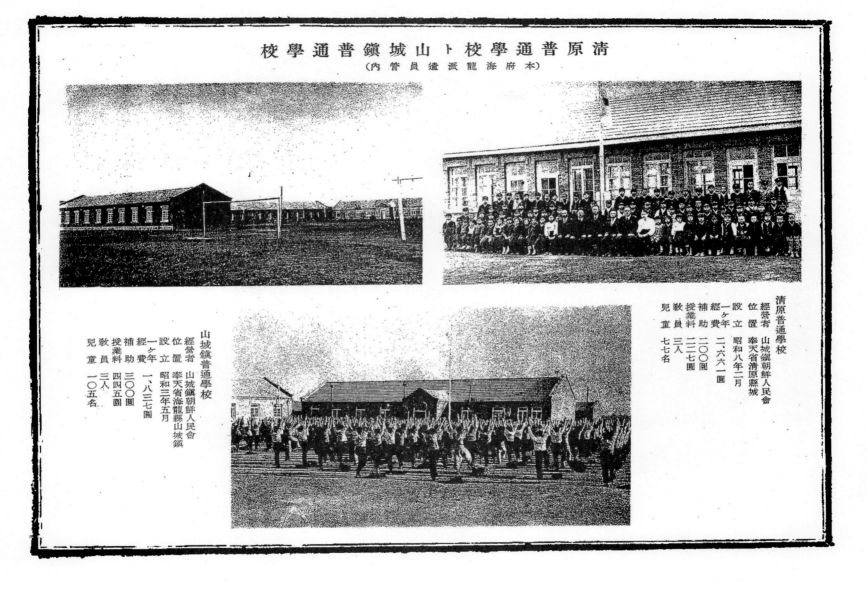

# 柳河普通學校ト輝南普通學校

(本府海龍派遣員管內)

柳河普通學校

經營 山城鎭朝鮮人民會
位置 通化省柳河縣城
設立 昭和八年二月
經費 二、一七〇圓
補助 三〇〇圓
授業料 五〇五圓
敎員 三人
兒童 一二七名

輝南普通學校

經營 山城鎭朝鮮人民會
位置 通化省輝南縣城
設立 昭和八年九月
經費 二、一七八圓
補助 一五〇圓
授業料 二九五圓
敎員 三人
兒童 一〇九名

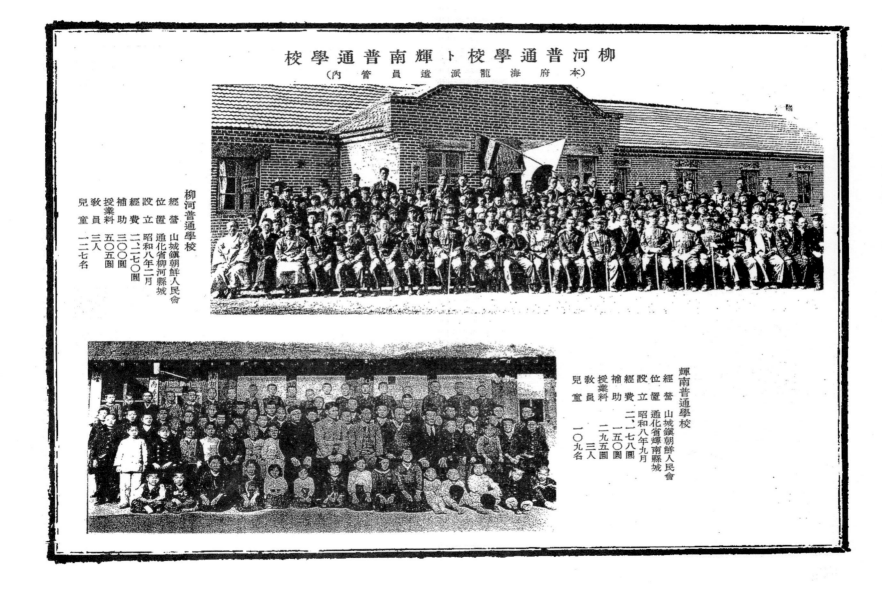

# 三道鎭普通學校ト長白普通學校

（安東派遣員管內）

三道鎭普通學校

經營　安東朝鮮人民會
位置　安東省安東縣三道鎭
設立　昭和十一月十一月
經費　二、四八七圓
補助　二〇〇圓
授業料　月額五〇錢
教員　二人
兒童　一四二名

長白普通學校

經營　長白朝鮮人民會
位置　通化省長白縣城
設立　昭和九年六月
經費　六、五一二圓
補助　八〇〇圓
授業料　一、六八四圓
教員　七人
兒童　四八五名

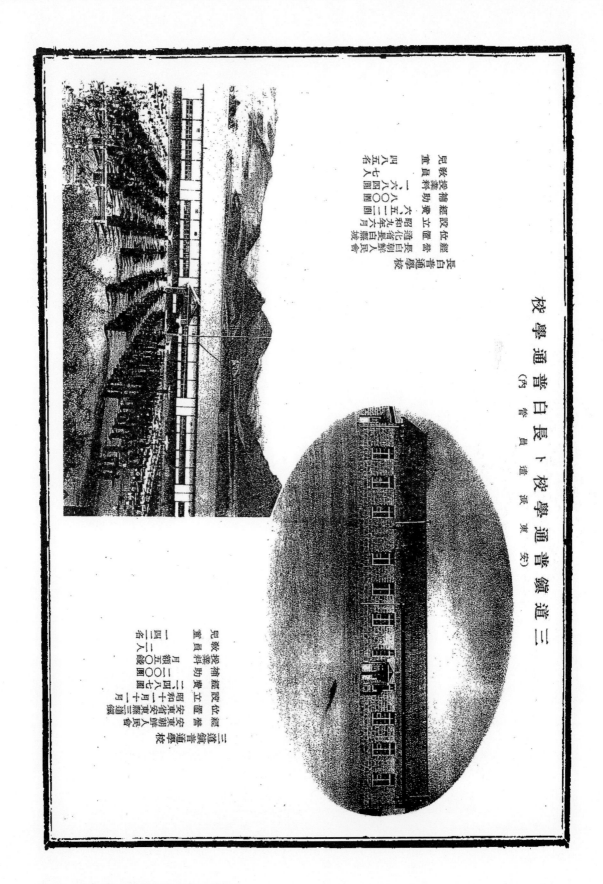

### (3) 書堂

傳統的に子弟の教育に熱心なる朝鮮同胞は滿洲の奥地に於て五、六戸の居住する部落あれば大抵書堂を設け子弟の教育に努むるも經濟的に頗る窮迫せる生活を營み居る爲、其經費の如き勿論不充分にして民會經營に係る書堂は稍々其内容充實し居るも最近に至りては小規模ながらも殆んど全部これを普通學校に改組したのである。

治外法權撤廢後は普通學校同樣滿洲國に移讓され校名を何々學舍と變更せられた。

省別書堂表

（昭和十二年六月末現在）

| 省別 | 校數 | 兒童數 | 省別 | 校數 | 兒童數 |
|---|---|---|---|---|---|
| 吉林 | 六 | 二四四 | 濱江 | 一九 | 七九五 |
| 奉天 | 一三 | 四六三 | 間島 | 六 | 七七一 |
| 安東 | 六 | 三〇三 | 興安南 | 五 | 一四二 |
| 黒河 | 三 | 六七 | 計 | 五八 | 二、八八五 |

### (4) 民會囑託醫

本府は在滿朝鮮同胞の保健上萬全を期する爲有資格の醫師及限地開業醫を各朝鮮人民會に囑託醫として配置し所要經費は之を民會に補助して一般在滿朝鮮同胞の爲適當なる施療をなさしめ來つたのであるが其數全滿を通じて七十六個所、補助額七萬圓に達してゐた。是等も民會事務移讓と共に滿洲國に移讓されたのである。

### (5) 金融會

在滿鮮農の金融機關としては間島内の金融會を除けば金融會同支所

六五

にして事變前は此種金融機關がなかつた爲小額の農資金も支那人或は都市精米業者等より日歩十錢以上の高率な借入を爲し五六ケ月にして元金に相當する金利の支拂を餘儀なくせられたので、鮮農の苦痛全く言語に絕したる程であつたが事變後各主要地に金融會設立せられ鮮農は玆に從來の高利其他無法なる搾取より解放されたのである。今金融會を所在別に擧ぐれば別表の通りである。

移讓前ニ於ケル金融會一覽表　（昭和十一年六月末現在）

| 金融會名 | 所在地 | 設立年月日 | 出資金 | 貸付金 | 補助金 | 會長名 | 理事名 | 會員數 |
|---|---|---|---|---|---|---|---|---|
| 新京金融會 | 新京市 | 昭和五年十月 | 一七、二五〇円 | 一四六、〇〇〇円 | —円 | 金昌東 | 尹麟九 | 一、七三五 |
| 公主嶺金融會 | 公主嶺 | 昭和十一年五月 | 一三、一七〇 | 三〇、九〇三 | — | — | 室津良幸 | 一、三一七 |
| 吉林金融會 | 吉林市 | 昭和八年二月 | 六〇、〇〇〇 | 三〇八、八六七 | 一、〇〇〇 | 成泰永 | 金相泰 | 五、八九四 |
| 敦化金融會 | 吉林省敦化縣城 | 昭和十年三月 | 三三、七七〇 | 一三三、七七〇 | 一、〇〇〇 | 李基衍 | 姜潤喆 | 五、八九四 |
| 奉天金融會 | 奉天市 | 昭和十年五月 | 四四、〇一〇 | 二七〇、七九九 | 九、〇〇〇 | 趙鼎莘 | 西野寬喜 | 二、三五一 |
| 撫順金融會 | 撫順市 | 大正十一年十二月 | 五四、五三五 | 一五六、五八一 | 一、二六〇 | 尹仁元 | 胡聖泰 | 一、〇七六 |
| 鐵嶺金融會 | 鐵嶺 | 大正十五年三月 | 三六、二九三 | 一五〇、一三三 | 五、七二〇 | 李昌楠 | 李寧震 | 一、四四八 |
| 開原金融會 | 開原 | 昭和九年四月 | 五四、三六〇 | 二一〇、三三三 | 九六〇 | 崔永賢 | 金璠衡 | 一、九七七 |
| 山城鎭金融會 | 奉天省海龍縣城 | 大正十四年二月 | 三一、七〇〇 | 一四三、八五三 | 四、〇〇〇 | 韓烱軾 | 權炳鎬 | 二、八九三 |
| 山城鎭金融會三源浦支所 | 奉天省柳河縣三源浦 | 昭和十年七月 | — | 二九、四六七 | 一、〇〇〇 | 〃 | 副理事白鏞文 | 四五五 |
| 通化金融會 | 安東省通化縣城 | 昭和十年五月 | 三三、九七〇 | 一一五、〇〇〇 | 三、〇〇〇 | 李澤禧 | 金啓麗 | 一、九二五 |
| 安東金融會 | 安東市 | 大正十一年二月 | 八二、六三〇 | 一八、一二五 | 二、一六〇 | — | 鄭雲龍 | 一、六八八 |
| 安東金融會輯安支所 | 安東省輯安縣外岔溝 | 昭和八年十月 | — | 八五、一〇九 | 八四〇 | — | 副理事李大觀 | 二、一一九 |
| 長白金融會 | 安東省長白縣城 | 昭和十年四月 | 一八、三三〇 | 五四、九八四 | 九六〇 | 金龍錫 | 趙錫九 | 一、八〇七 |
| 鄭家屯金融會 | 鄭家屯 | 昭和九年九月 | 一二、〇九六 | 九九、三六八 | 八〇〇 | 朴鳳漢 | 金顯九 | 五七四 |
| 營口金融會 | 營口 | 昭和七年六月 | 一〇、四五八 | 一九〇、二六三 | 一、〇〇〇 | 白元豹 | 崔保卿 | 二、〇七五 |
| 河北金融會 | 營口縣第七區 | 昭和十一年四月 | 五、五七八 | 三五八、二九六 | 二、六二〇 | 安振遠 | 許潤 | 一、六九三 |
| 齊々哈爾金融會 | 齊々哈爾 | 昭和十一年四月 | 六七、七七〇 | 六九、二〇八 | — | 申德俊 | 增井啓逸 | 八五〇 |
| 哈爾濱金融會 | 哈爾濱 | 昭和八年一月 | 三五、〇〇〇 | 二四七、八五四 | 一、三三〇 | 金斗鍾 | 朴宗熙 | 二、〇〇〇 |
| 哈爾濱金融會綏化支所 | 濱江省綏化縣城 | 昭和九年一月 | — | 五一、〇〇〇 | 三〇〇 | — | 副理事申禎化 | 九九六 |

| | | | | | | | | |
|---|---|---|---|---|---|---|---|---|
| 哈爾濱金融會珠河支所 | 濱江省珠河縣城 | 昭和十一年五月 | 一五、〇〇〇 | 一四、〇〇〇 | 一、〇〇〇 | — | 柳纘熙 | 一、三三三 |
| 牡丹江金融會 | 牡丹江省牡丹江市 | 昭和九年三月 | 五〇、〇〇〇 | 二三五、〇〇〇 | 一、八〇〇 | 金璟桓 | 副理事 兪亭涉 | 三、〇三六 |
| 牡丹江金融會東京城支所 | 牡丹江省東京城 | 昭和十一年五月 | — | 五三、五八九 | — | — | 副理事 金善國 | 六六八 |
| 牡丹江金融會新安鎮出張所 | 牡丹江省新安鎮 | 〃 | — | 六〇、〇〇〇 | — | — | — | 六四五 |
| 佳木斯金融會 | 三江省佳木斯 | 〃 | 五〇、〇〇〇 | 四七、〇〇〇 | — | 盧宗河 | 等々力靜夫 | 八一七 |
| 佳木斯金融會富錦支所 | 三江省富錦縣城 | 昭和十一年六月 | — | 三九、一八一 | — | — | 副理事 白源龜 | 九八一 |
| 綏芬河金融會 | 東寧縣綏芬河 | 昭和十一年五月 | 九四、〇六七 | 八七、〇一二 | 四、五〇〇 | 黃松岩 | 車鎭涉 | 一、四三七 |
| 綏芬河金融會密山支所 | 密山縣城 | 〃 | 八、五一〇 | 四三、三〇〇 | — | — | — | 八五〇 |
| 龍井金融會 | 間島省龍井街 | 大正十一年二月 | 一、〇〇七、三四一 | 一四六、三三五 | — | — | 安東春雄 | — |
| 老頭溝金融會 | 間島省老頭溝 | 昭和十一年四月 | 一八、七四七 | 一〇三、二一五 | — | — | 金基鴻 | 一、〇三四 |
| 明月溝金融會 | 間島省明月溝 | 〃 | 一二〇、〇〇〇 | 九〇、〇〇〇 | 一〇、〇〇〇 | — | 李東燦 | 一、〇〇〇 |
| 延吉金融會 | 間島省延吉街 | 大正十一年二月 | 三三、三五三 | 一七八、八三五 | — | — | 龍川一利 | 一、四七三 |
| 頭道溝金融會 | 間島省頭道溝 | 〃 | 未詳 | 一五八、七三八 | 六〇〇 | 黃淵琦 | 大野傳次郎 | 一、一三五 |
| 頭道溝金融會三道溝支所 | 間島省三道溝 | 昭和十一年十一月 | — | 六〇、二五〇 | — | — | 姜泰星 | 七〇五 |
| 百草溝金融會 | 間島省百草溝 | 昭和二年四月 | 三三、九四五 | 一六五、〇七〇 | — | — | 兪鎭榮 | — |
| 百草溝金融會三岔口支所 | 間島省三岔口 | 昭和九年十月 | — | 四八、三三一 | — | — | 副理事 崔秉舜 | — |
| 圖們金融會 | 間島省圖們 | 昭和八年九月 | 三五、三三八 | 一一〇、六三三 | 一八、九八三 | 劉贊 | 姜金喆 | 一、二四一 |
| 琿春金融會 | 間島省琿春 | 大正十一年四月 | 七三、二四五 | 二三四、二六四 | — | — | 金永倫 | 一、六四五 |
| 琿春金融會東興鎮支所 | 間島省琿春縣東興鎮 | 昭和十一年四月 | — | 一四、七一四 | — | — | 李大英 | 二八三 |
| 琿春金融會黑頂子出張所 | 間島省琿春縣黑頂子 | 昭和八年三月 | — | 四二、八四八 | — | — | 主任書記 尹敬燮 | 二七 |
| 計 | 四〇 | | 三、二四〇、三五四、八八二、一九三 | | 七三、八三三 | | | 五九、〇三五 |

# 書堂狀況

大罕書堂 位置・興安南省通遼縣
經營・大罕農場
經費・四〇〇圓

三省學校 位置・通化省輯安縣富有衙
經營・南京碩
經費・八一六圓

英義學校 位置・通化省輯安縣活龍盖
經營・金秉原
經費・六五〇圓

明信學校 位置・通化省輯安縣通溝
經營・金桂榮
經費・一八〇圓

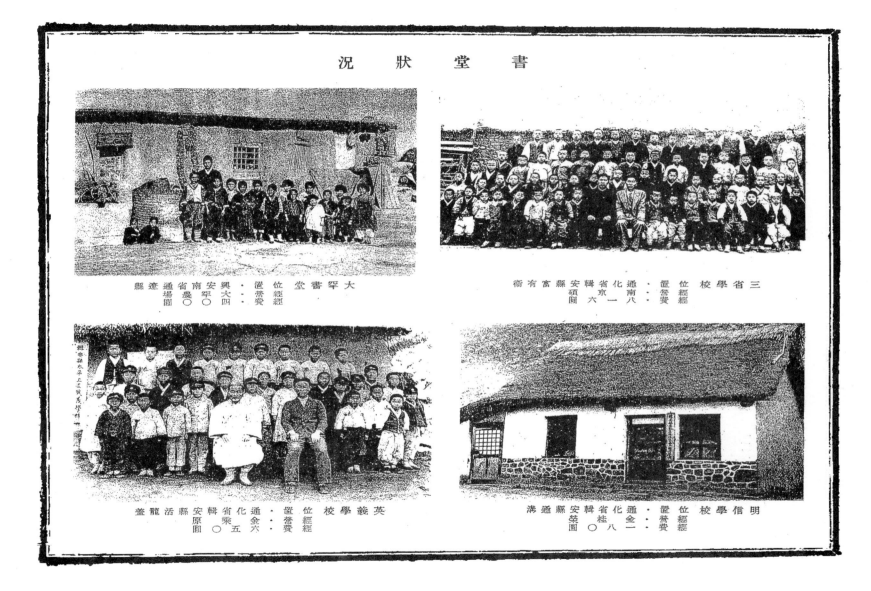

# 在滿朝鮮人醫療機關(一)

(朝鮮民會囑託醫)

新京朝鮮人民會囑託醫
所在地 新京
開設 昭和七年十一月
院長 京醫 崔永在
補助 年一、八〇〇圓
患者數(一ヶ年)
施療 二、二三〇人
有料 一、〇九三人

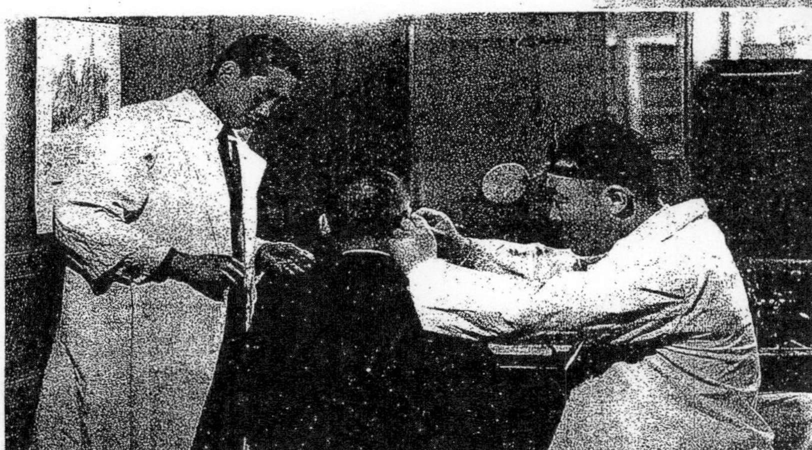

哈爾賓朝鮮人民會囑託醫
大東醫院
院長 京專 朴 燉 夏
所在地
哈爾賓 サーマンナヤ街
開設
昭和二年五月
本府補助
二、一六〇圓(一ヶ年)
患者數(一ヶ年)
施療 一、九七三人
有料 四、四三七人

# 在滿朝鮮人醫療機關(二)

四平街朝鮮人民會囑託醫
共濟醫院
經營 醫學博士 高文龍
所在 吉林省懷德縣四平街
開設 昭和八年九月
補助 一,八〇〇圓
患者
施療 六三二人
有料 七六九人

安東朝鮮人民會囑託醫
囑託醫 京專 白元賢
嘱任 昭和十一年十月
補助 一,〇三四圓
患者
施療 四,七〇八人
有料 七,〇七七人

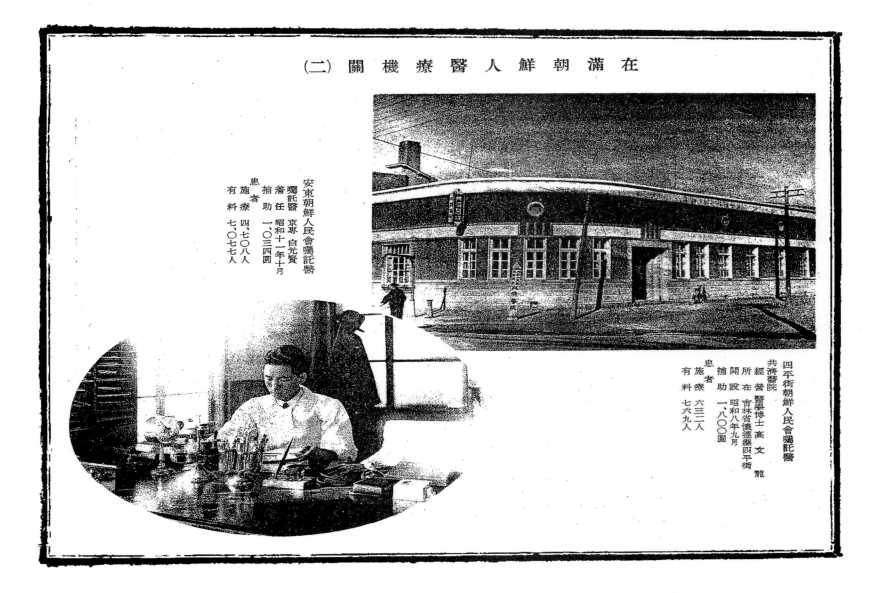

# 在滿朝鮮人醫療機關(三)

輯安朝鮮人民會囑託醫
囑託醫 京城醫專 金龍駿
着任 昭和十一年七月
所在 通化省輯安縣通溝
補助 一、八一五圓
患者 施療 三九〇人
有料 五四六人

營口朝鮮人民會囑託
囑託醫 京城醫專 奇能楸
着任 昭和十一年四月
所在 奉天省營口
補助 六〇〇圓
患者 施療 一六八人
有料 二、六一七人

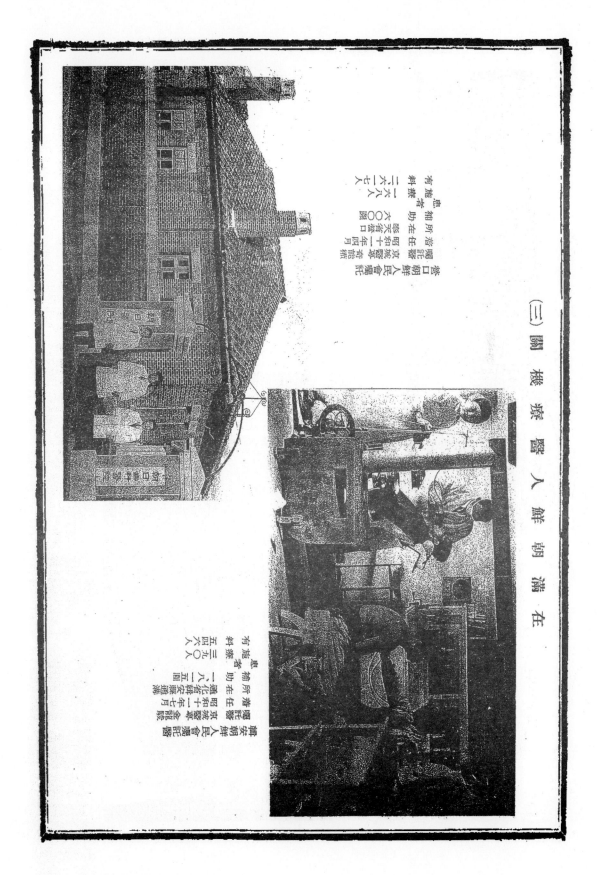

# 在滿朝鮮人醫療機關(四)

新安鎮朝鮮人民會囑託醫
囑託醫 醫學士 咸元英
着任 昭和九年
補助 一、六八〇圓
患者
施療 二三九人
有料 一、〇九九人

海林朝鮮人民會囑託醫
囑託醫 現地 方鎬洵
着任 昭和十年十月
所在 牡丹江省寧安縣海林
補助 三六〇圓
患者
施療 四七五人
有料 一、五五五人

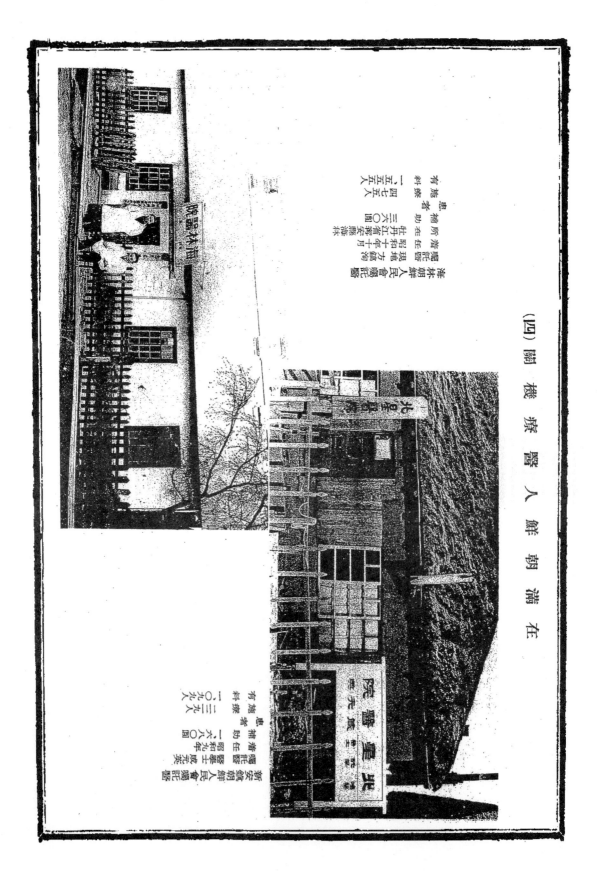

# 在滿朝鮮人醫療機關（五）

長白に於ける巡回施療狀況

哈爾賓金融會本支所

牡丹江金融會本支所

佳木斯金融會本支所

新安鎭金融會と東京城金融會

## (6) 自警團

滿洲に於ける治安の確保は日滿軍警の力に依りたるは今更贅言を要しない次第であるが此蔭に直接間接朝鮮人自警團の活動あることは秘し得られない事實である。昭和七年九月の磐石縣城事件、昭和九年四月寧安線江南事件、昭和十年五月珠河縣亮珠河事件等は未だ世人の記憶に新しいものであるが此等事件には自衛團の偉大なる功勞が認められてゐる。

此等自警團は主として集團部落に於て組織せられ部落戸數の多寡に依り二〇乃至五〇名の壯丁を義務的或は部落民の負擔を以て組織し專ら部落自體の警備に當るものであるがその使用銃器は日本軍或は滿洲側縣當局より貸與せられたものである。近來治安の平定と且つ部落民の負擔輕減に依り漸次解消されつゝあるも未だ治安の確保されてゐない地方或は軍の諒解ある地方は今猶存在してゐる。

# 自警團狀況(一)

通化省柳河縣三源浦

濱江省巴彥縣西集鎮東城地

三江省依蘭縣火燒溝

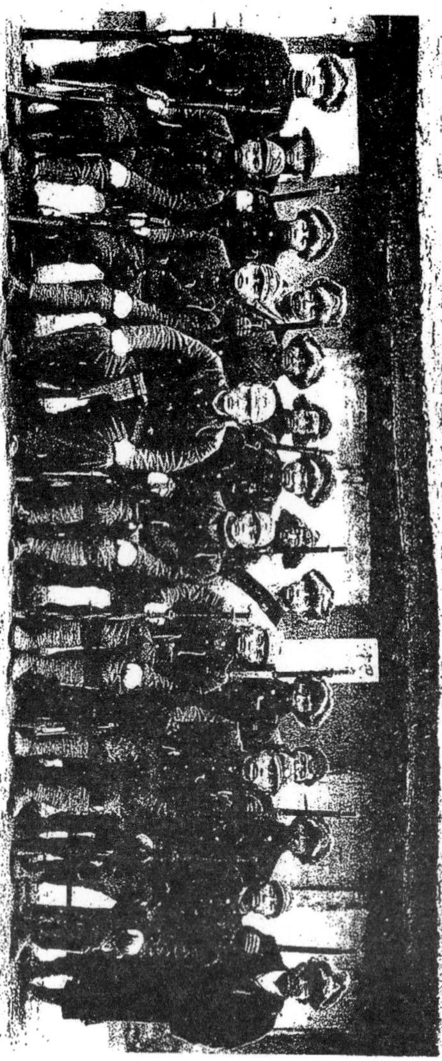

龍江省通化縣河北農場

# 自警團の功績

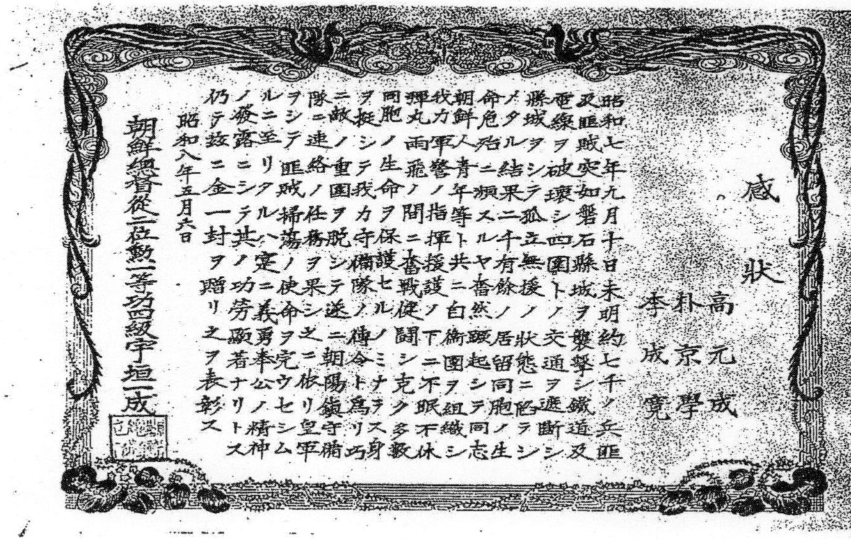
感狀

高元成
朴京學
李成寛

昭和七年九月十日未明約七千ノ兵匪及匪賊突如磐石縣城ヲ襲撃シ鐵道及電線ヲ破壞シ四圍トノ交通ヲ遮斷シ縣城ヲシテ孤立無援ノ狀態ニ陷ラシメタル結果二千有餘ノ居留同胞ノ生命危殆ニ瀕スルヤ奮然躍起シテ同志朝鮮人青年等ト共ニ自衛團ヲ組織シ我カ軍警ノ指揮援護ノ下ニ不眠不休彈丸雨飛ノ間ニ奮戰健闘シ克ク多數同胞ノ生命ヲ保護セルノミナラス身ヲ挺シテ我カ守備隊ノ傳令ト爲リ巧ニ敵ノ重圍ヲ脫シテ遂ニ朝陽鎮守備隊ニ連絡ノ任務ヲ果シ之ニ依リ皇軍ヲシテ匪賊掃蕩ノ使命ヲ完ウセシムルニ至リタルハ是ニ義勇奉公ノ精神ノ發露ニシテ其ノ功勞顯著ナリトス仍テ玆ニ金一封ヲ贈リ之ヲ表彰ス

昭和八年五月六日

朝鮮總督從二位勳一等功四級宇垣一成

昭和七年九月十日吉林省磐石縣城事件の功勞に依り宇垣總督より表彰されたる感狀

共匪の梟首

昭和十年五月濱江省珠河縣亮珠河事件にて自警團に討滅せられたる共匪趙尚志部下の梟首

昭和十年五月濱江省珠河縣亮河事件に於て拔群の功績を立てたる自警團員

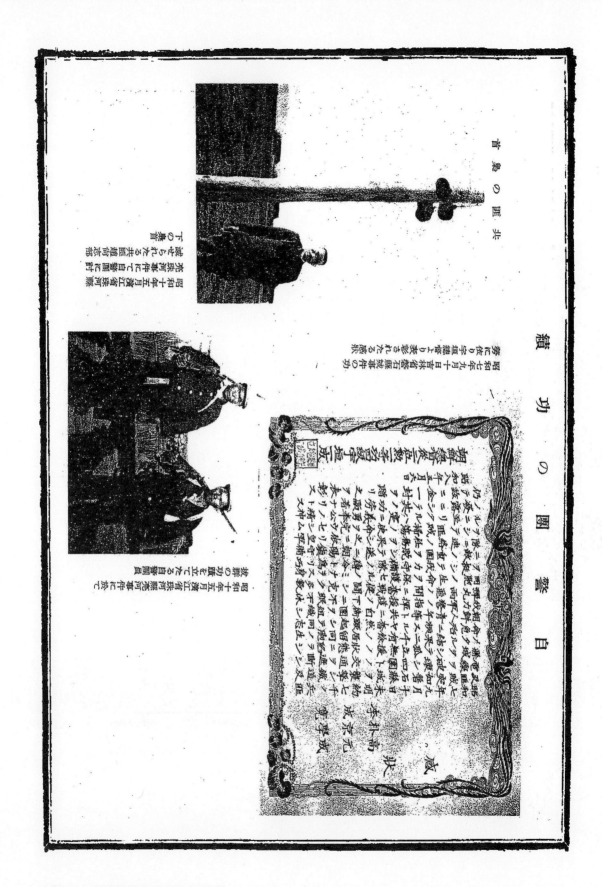

## (7) 集團部落

集團部落は建設主體あるものと建設主體なくして自然的に鮮農の集團に依り部落を形成したるものとの二に分つことが出來るが全滿各地に散在する是等集團部落總數二一三ヶ所、戸數一萬七千五百餘、耕地面積六萬六千百十八町歩に達する。

其一、主體ある集團部落

主體ある集團は主に間島省內に在りその創設の動機は前述第四、本府施設の大要に概說した通り滿洲事變勃發直後間島省一帶には抗日反滿に名を借り强盜殺人を敢へてする兵匪の他に、過去十數年來蠢動を續け來た所謂共匪が事變の刺戟を受けて活動を始め各種の暴戾を敢てした爲め他の地方に比してより複雜な不安狀態に陷つたのである。

此等兇徒の魔手を避け家財を擲ち身を以て都會地に逃れた善良な鮮農は昭和八年始には調査表に現はれた者のみでも六千戸、三萬五千人の多數に達した。此等に對し朝鮮總督府及外務省に於て取敢えず收容所の設置、食繼費の支給、醫療等當面直接の救濟方法を講ずると共に鐵道工事等の勞銀を得せしむる一方之が永遠の救濟策を講じたのが卽ち集團部落創設の動機であつたのである。斯くして出來た集團部落は昭和八年第一次建設に着手其後第二、第三建設の課程を終はり現在二八個部落、二、九八三戸、一七、八二〇名に達して居り治安の囘復と當局の指導宜しきを得て今や部落民は心機一轉各其事業に安んじ王道樂土を謳歌する平和鄕となつた。

寫眞は間島省に於ける集團部落建設狀況である。

其二、主體なき集團部落

七一

主體なき集團は表滿洲即ち南北滿洲に散在せる自然集團と治安工作に伴ふ滿洲國側の手に成る集團部落である。寫眞は各集團部落の農耕狀況及部落民の生活狀態である。

# 間島省に於ける集團部落状況(一)

集團部落建設状況

機上より見たる汪清縣牡丹川集團部落(上)と二道溝集團部落の遠望(下)

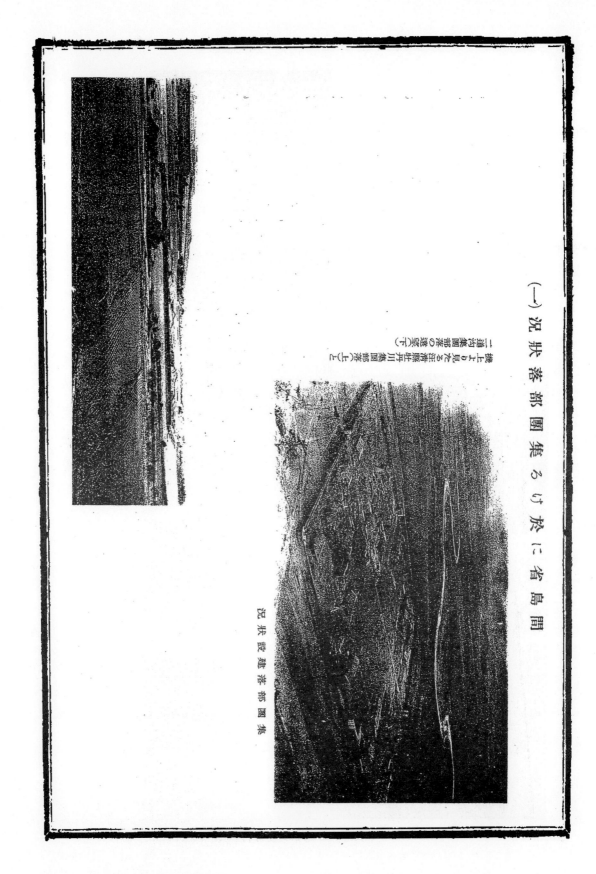

## 間島省に於ける集團部落狀況(二)

部落民の土塀構築狀況

春興村集團部落民入植記念撮影
(汪　清　縣)

## 間島省に於ける集團部落狀況(三)

家屋建築材料搬入狀況
(汪淸縣春興村)

土塀外壕構築に專念する部落民
左方砲塔に立てるは自警團員

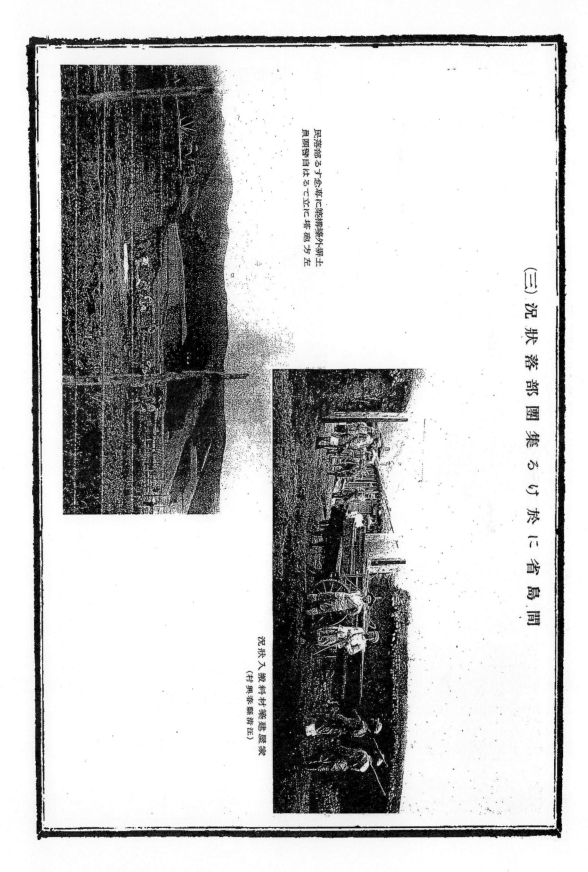

# 間島省に於ける集團部落狀況(四)

警察官及自警團員護衛の下に土塀外壕構築に從事する部落民

共同井開鑿に從事する部落民婦女

## 間島省に於ける集團部落狀況(五)

部落民の砲塔構築

部落民の假小屋

## 間島省に於ける集團部落状況(六)

部落民の住宅建築状況

出來上つた骨組

出來上つた骨組に粘土を詰め込む

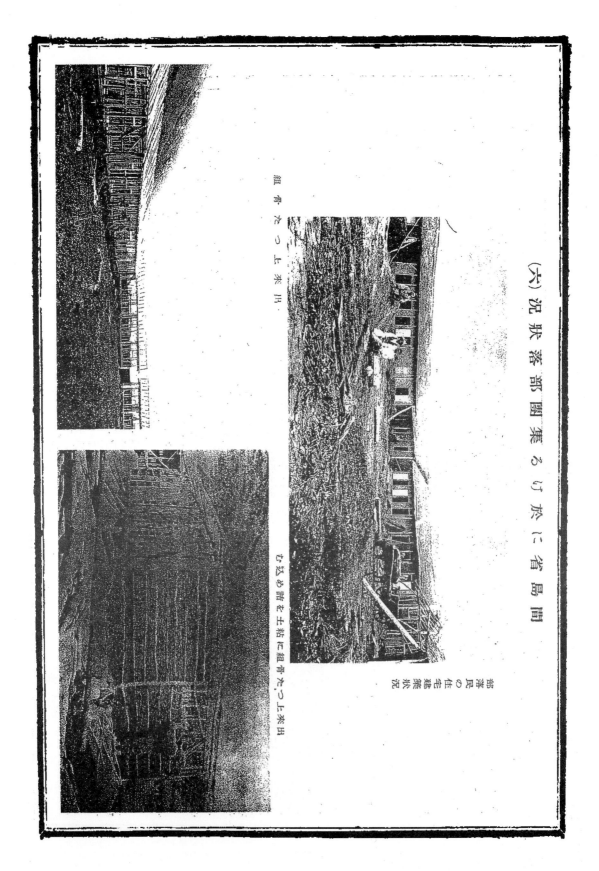

# 間島省に於ける集團部落狀況(七)

集團部落を護る自警團

意氣軒昂たる長仁江集團部落自警團
(和龍縣三道溝)

小百溝集團部落自警團員と部落民

# 間島省に於ける集團部落狀況(八)

(部落民を護る外務省警察官)

集團部落入植民輸送警護の爲出發する八道溝警察署員

(其二)

現地に於ける警備警察官(其一)

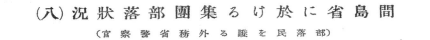

# 間島省に於ける集團部落狀況(九)

自警團の訓練と討伐狀況

訓練を受くる狀況

天嶮を利用して蟄動する共匪討伐狀況

土嚢の代りに粟俵を積んで假小屋に立哨する自警團員

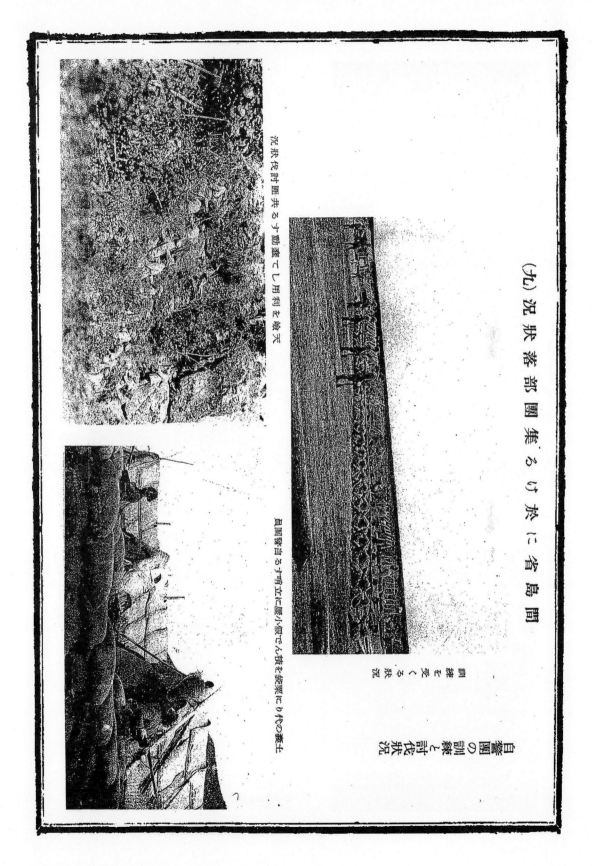

# 間島省に於ける集團部落状况(一〇)

集團部落建設に側面的援助を與へたる日滿軍憲

部落建設中警備の任務に當りたる臥龍・洞守備隊記念撮影

部落民の保護に當る滿軍幹部

部落建設警備の爲出動する我二道溝警察分署員

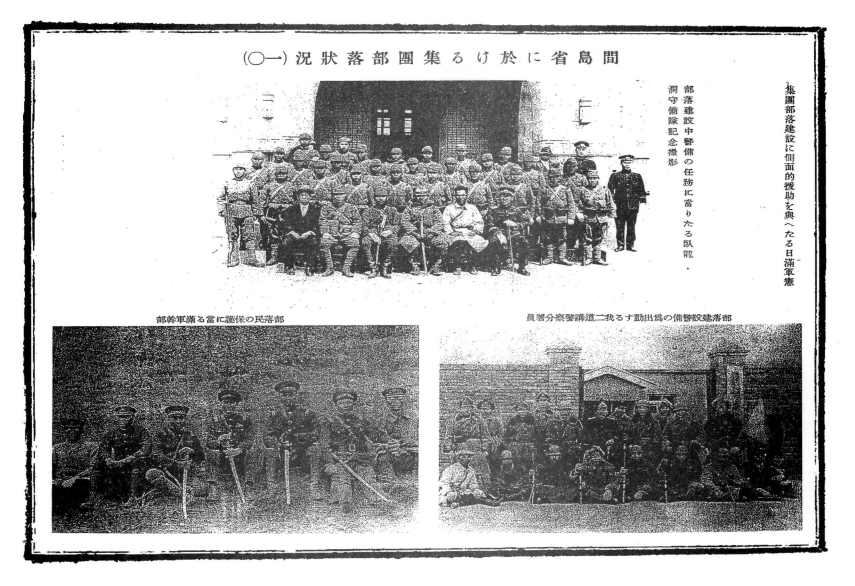

# 間島省に於ける集團部落状況(一)

運搬警衛の任務に當る外務省警察官と自警團

警備用電話架設に要する電柱運搬の警護に當る警察官自警團

集團部落の物資運搬警護の爲出動する警察官

集團部落建築用材の筏流を警護する我警察官

## 間島省に於ける集團部落狀況(一二)

### 集團部落入植移民輸送狀況(其一)

三岔口驛に到着せる移民

ホームに降ろされた移民の世帯道具

## 間島省に於ける集團部落狀況(一三)

集團部落入植移民輸送狀況(其二)

氷雪を分けて進む入植民(上、右、左)と移住地到着後警察官より訓示を受くる移民(下)

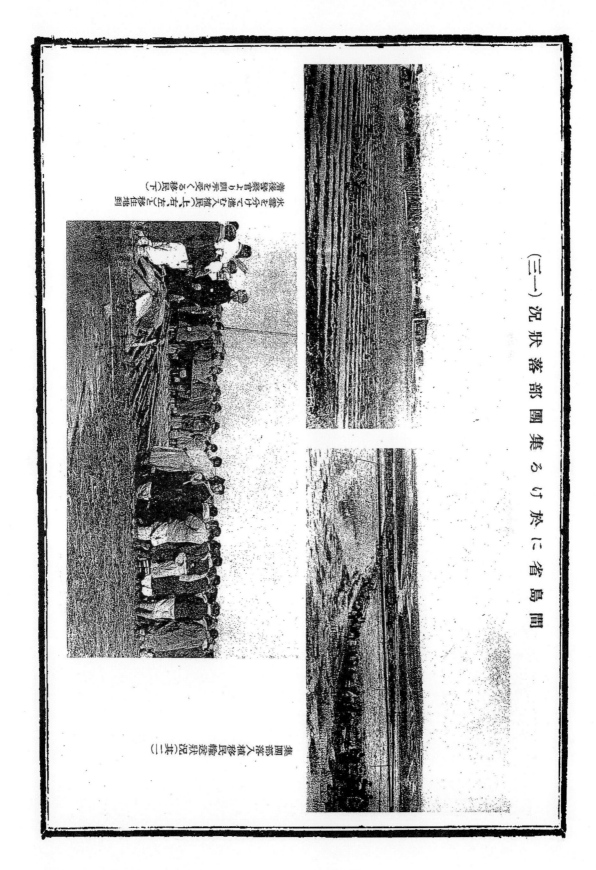

# 間島省に於ける集團部落狀況(一四)

集團部落入植移民輸送狀況(其三)

移住地到着後に於ける炊事狀況

移民の糧食運搬狀況

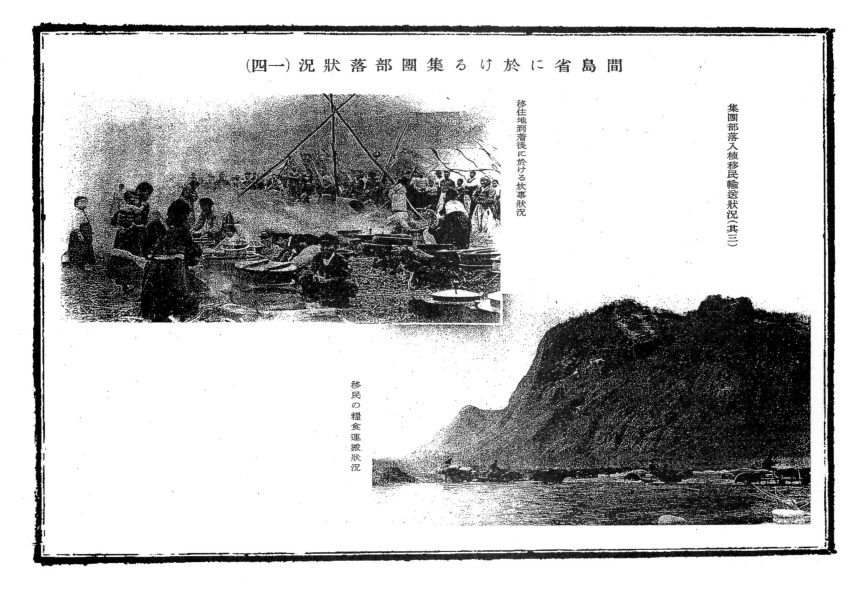

# 間島省に於ける集團部落狀況(一五)

長仁江集團部落神社祭

集團部落に於ける部落祭

細鱗河部落祭

天地神と刻したる神祠を部落の清淨の地に奉僊し春秋二期祭祠をなし廣大無邊なる天地の恩惠に報恩感謝を献げる神社及部落祭

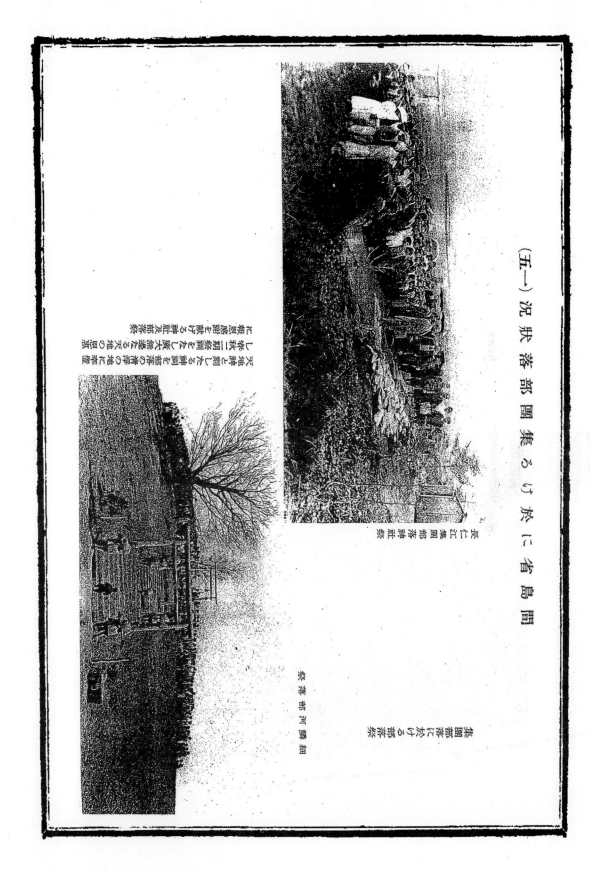

## 主體な集團部落狀況(一)

所在地 濱江省巴彥縣西集鎭

# 主體なき集團部落狀況(二)

耕作地と收穫物

濱江省五常縣杜家站

牡丹江省寧安縣海林

主體なき集團部落狀況(三)

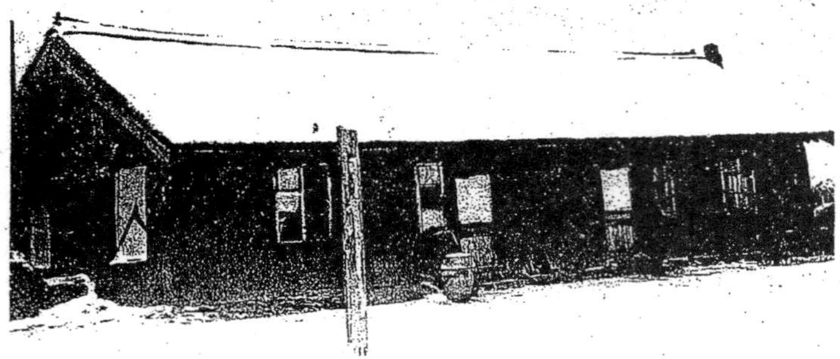

主體なき集團部落狀況（四）

部落民の住宅

# 主體な集團部落狀況(五)

(部落民の教育)

集團部落に於ける鮮滿人の聯合運動會

## (8) 農務稧と農務稧聯合會

### イ、農務稧

鮮農の生活を安定せしめ相互扶助の美風を涵養し其四散分離を防ぎ土着の精神を助長せしむる目的の下に滿洲各地に組織せられたるものにして、此等農務稧は所轄領事館の認可を得て農資金の斡旋生産品の共同販賣、消耗品の共同購入等を主として經濟的活動を爲し相當の實蹟を擧げ逐日發展の域に向ひつゝあるのである。

### ロ、農務稧聯合會

農務稧聯合會は各農務稧を聯合せるものにして各農務稧事業に關する調査研究、農耕地借入の斡旋、農耕資金貸出及回收の斡旋、小作爭議の調停、生産品共同販賣の斡旋、農業用品又は日用品共同購入の斡旋、生活改善の指導を主なる目的として居るが就中各安全農村に於ける農務稧聯合會は右の外教育衞生等の事務をも處理する農村民の代表的機關である。

# 農務稧狀況

濱江省東興縣
東興農務稧

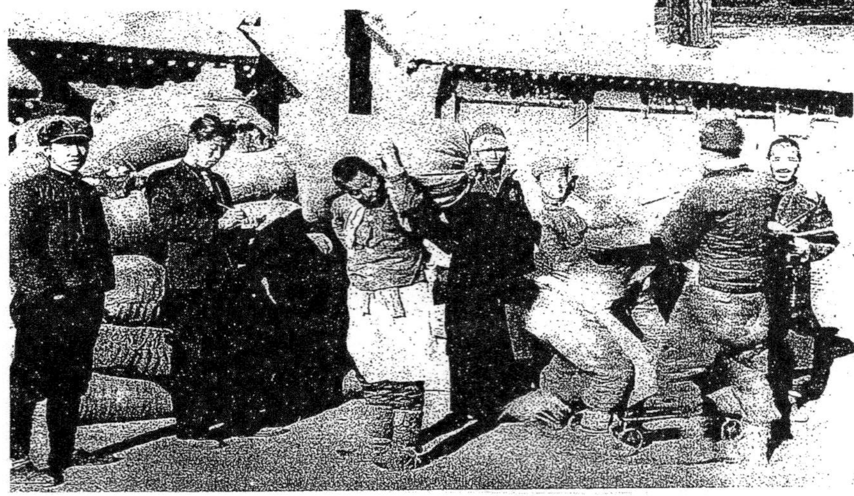

# 農務稧聯合會狀況(一)

所在 通化省柳河縣三源浦

高麗城農務稧聯合會

所在 吉林省懷德縣高麗城

農務稧聯合會狀況(二)

## (9) 農民の貯蓄奬勵と農閑期に於ける作業實施

從來在滿朝鮮人の多數は勤儉の念甚だ乏しく懶惰の常習容易に拔けず爲に生活安定するに至らなかつた爲、勢ひ自暴自棄に陷り中には不逞の群に投ずる者或は一攫千金を夢見不正業を營む者を生じ可惜一生を暗黑ならしむることがなきを保せない。是等は明朗滿洲國建國の精神にも悖る次第であるから當局は彼等の惰風を矯正し精神的轉換を畫し以て生活の安定を計るべく民會、金融會、農務稧との協力に依り其指導に全力を傾注した。即ちその大綱は收穫物の投賣豫防に對處する共同販賣、貯蓄勵行及債務返濟並農閑期に於ける作業勵行であつたのである。

# 在滿鮮農指導機關

圖們朝鮮人保導所

圖們金融會廳舍

金融會執務狀況

# 在滿鮮農指導機關と其指導狀況

叺織教授光景(其一)

繩生產品の販賣

叺織狀況(其二)

開原金融會馬圈子婦女共同耕作地

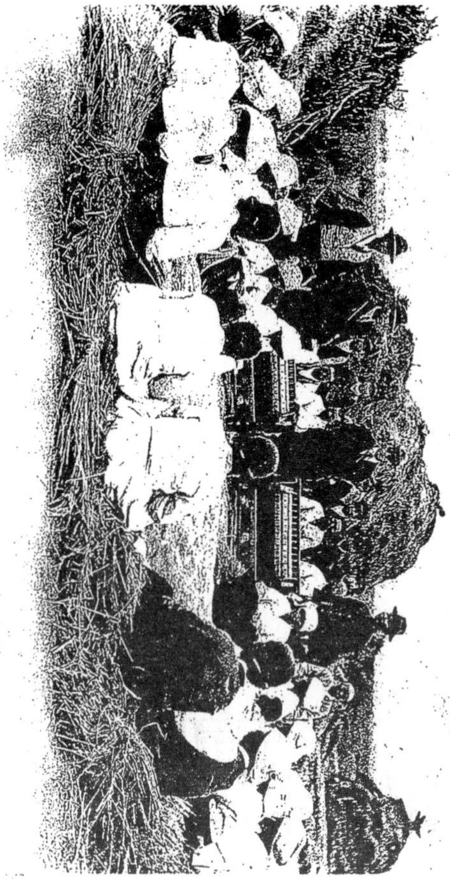

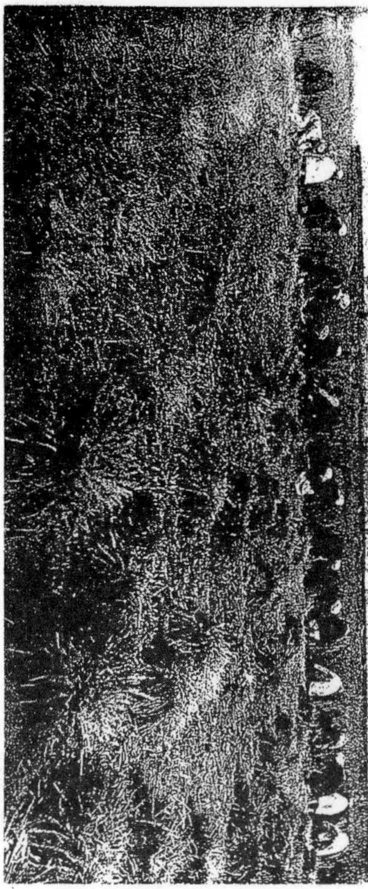

## (10) 社會事業

在滿朝鮮人の社會事業は見るべきもの極めて尠なく慈善事業に類するもの或は個人的のものにして僅か都會地に於ける授産施設、無料宿泊所あるに過ぎないが右の中哈爾賓に於ける哈爾賓慈善會と安東に於ける授産施設を除き他は殆んど記すべきものがない。

安東朝鮮人授産場新築上棟式

安東朝鮮人民會授産場の開設は昭和四年五月で授産施設は木工部、蕃加工部、靴下製造部ミシン裁縫部、人力車部を設け失業者を收容し夫々相當額の製品を市場に送つて居る

# 哈爾賓慈善會經營貧民收容所

△哈爾賓朝鮮人婦人會洋裁縫講習會

昭和五年五月哈爾賓朝鮮人民會後援在住婦人有志發起の下に在哈朝鮮人婦女子に授産的ミシン裁縫を教授する傍家庭婦人としての準備の爲洋服其他各種裁縫を習得せしめ經濟上の一助たらしめんとする趣旨にて設立せられたもので爾來熱心に事業を繼續し既に多數の卒業生を出し何れも露西亞商店又は家庭にありて洋裁縫に從事してゐる

哈爾賓慈善會は行路病者並に貧困者鮮人救濟を以つて目的とせるもので寫眞は貧民收容狀況である

安東朝鮮人民會貧民救濟狀況

# 在滿朝鮮人鮮內視察團

(本府正門前)

在滿朝鮮人に對し朝鮮に於ける各種施設を視察せしむる爲本府は每年約四五十名の在滿朝鮮同胞の中心的人物を選定して鮮內各地を視察せしめてゐた（寫眞は昭和九年度鮮內視察團にして本府正門前に於て記念撮影せるもの）

## (11) 産業狀況

在滿朝鮮人の産業を大別して農業及商工業とす。農業は一三九、四一二戸にして總戸數の約八割を占め主として水田耕作をなし昭和十二年度の作付面積一七二、九五五町歩、籾收穫高三、四〇九、二七九石を産し營農上の特技は遠く滿人の追隨を許さず蓋し滿洲産米の主役は朝鮮農民なりと謂ふても過言でない。

併しながら此等朝鮮農民の大多數は鮮內生活の窮迫に追はれて渡滿したる者又は滿洲建國前舊軍閥政下の壓迫に苦しみ共匪賊等の暴威掠奪に惱んだ結果多年營々として貯へた折角の資財も之を拋棄して各地を流浪したものが多數であり、從つて營農資金に乏しく勢ひ滿人の土地を小作し辛ふじて糊口を繋ぎ居る狀態であつたが滿洲建國後當局の指導宜しきを得て是等の窮狀を一變し自力更生の意氣に燃えて營農に精勵する者の漸增の傾向を示し來り今後一般農民の生活は次第に安定の域に達し得らるゝであらう。

畑作は水田耕作に比し稍々其成績劣るけれども其面積一九〇、〇〇〇町歩を有し主産物としては大豆、粟、玉蜀黍、大麥、高粱、馬鈴薯にして何れも相當の收穫高を算し居り、副業としては叺、繩、筵、麻布、畜類、家禽等其の種類多く年産額二百萬圓に達し滿洲の如き年一毛農作の地に於ては特に農家經濟に寄與する所極めて大なるものがあり且又農閑期を利用して副業を奬勵發達せしむることは、農民をして勤儉更生の精神を涵養せしむる上に於て有效であるから、從來各地の朝鮮民會並各種團體を通じてこれを指導奬勵し好結果を收めたのである。

次に小作慣行に就て見るに地方々々で必ずしも同一ではないけれども收穫物を地主と折半又は地主四割小作人六割の租子に依るものの最も

七九

多く、これに次ぐは先祖にして年反當り四、五圓を例とするも穀物價格騰貴の時は小作料もこれに隨伴するのである。

又地方に依りては市街地附近には定租も幾分行はれて居り契約期間は一ヶ年又は五年乃至十年に及ぶものもあり、契約の形式は當事間に於て口頭又は書面に依りて爲さるゝを普通とするのである。

在滿朝鮮人の商工業は滿洲事變前に比すれば長足の進歩を見たけれども未だ內地人及滿人に較ぶれば極めて幼稚の域を脫せず間島、牡丹江、益奉天を中心とする滿鐵沿線都市に於て貿易商、特産物取引商、雜貨小賣商、米穀商、精米業者等を見るも大資本の經營は極めて少く工業方面に至りては近時鮮內より相當の資本技術者の入込みを見、自動車工場、農具製作、硝子工場、土木建築業、麥酒製造工場等を經營して居る者もあり將來の發展を囑望される。

# 牡丹江に於ける朝鮮人商工市街の一部

牡丹江は滿洲國北邊に於ける新興都市である、事變後朝鮮人の進出實に目醒しく全人口六萬中滿人三萬內地人一萬三千朝鮮人一萬七千と稱せられ朝鮮人の在住數は第二位を示め商工業亦極めて旺盛にして內地人及滿人との取引行はれ商賣は凡有方面に及ぶ食料品、雜貨、綿布、穀物、海產物、運送業等に從事する者多く工業は精米工場八ケ所を始め鐵工電機硝子工場等がある。

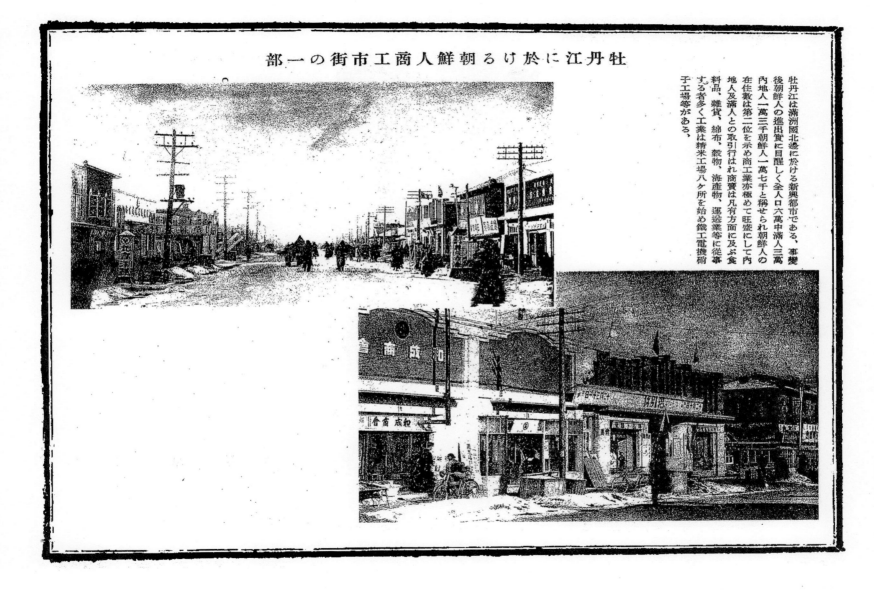

産業機關

在住朝鮮人の産業又は經濟の發展を企圖し哈爾賓吉林、敦北、蛟河、等の地方に産業組合組織せられ何れも好成績を擧げた

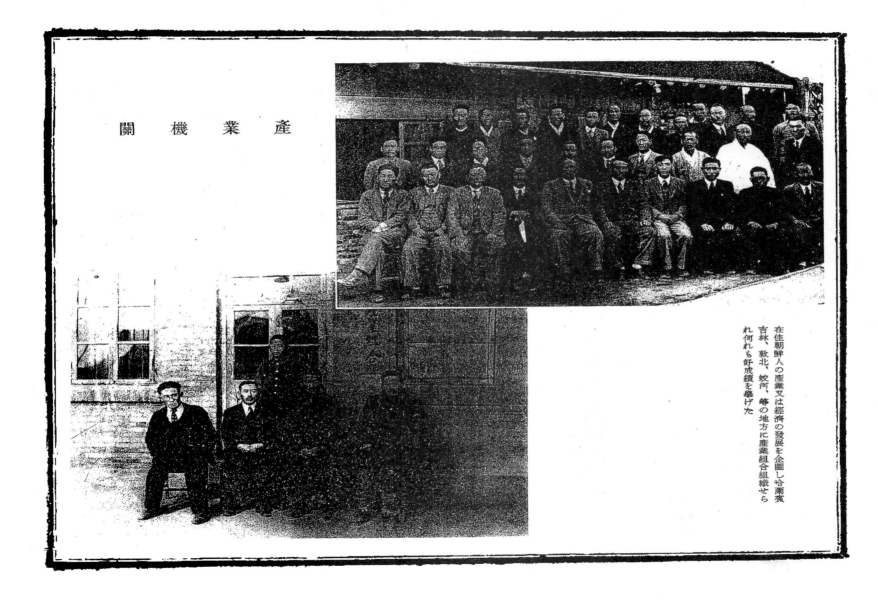

# 農業狀況(一)

(事變當時の萬寶山農場)

用水路掘鑿工事

堰止工事

用水路取入口

出來上つた用水路幹線

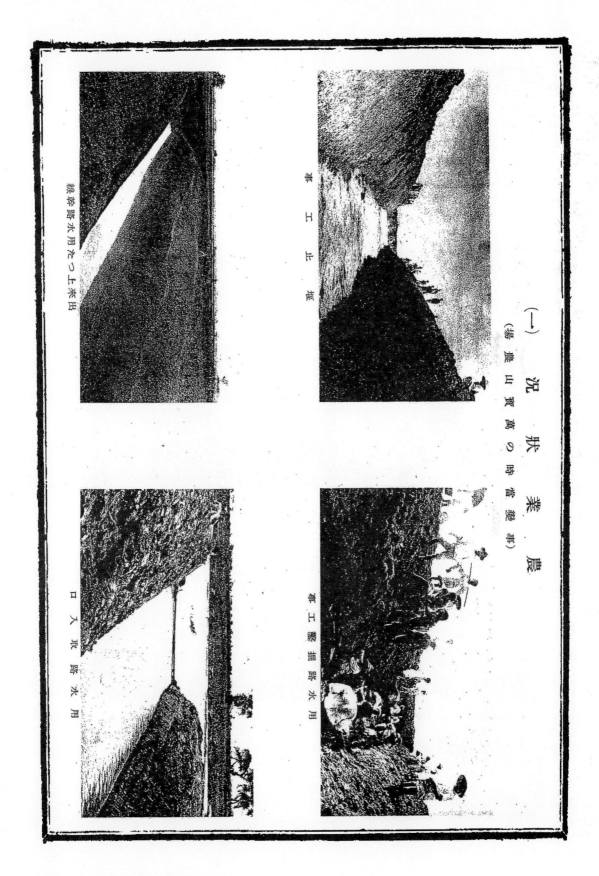

# 農業狀況 (二)

濱江省巴彥縣東城屯農場堰止全景

奉天省遼源縣鄭家屯農場堰止全景

濱江省五常縣大達農場堰止全景

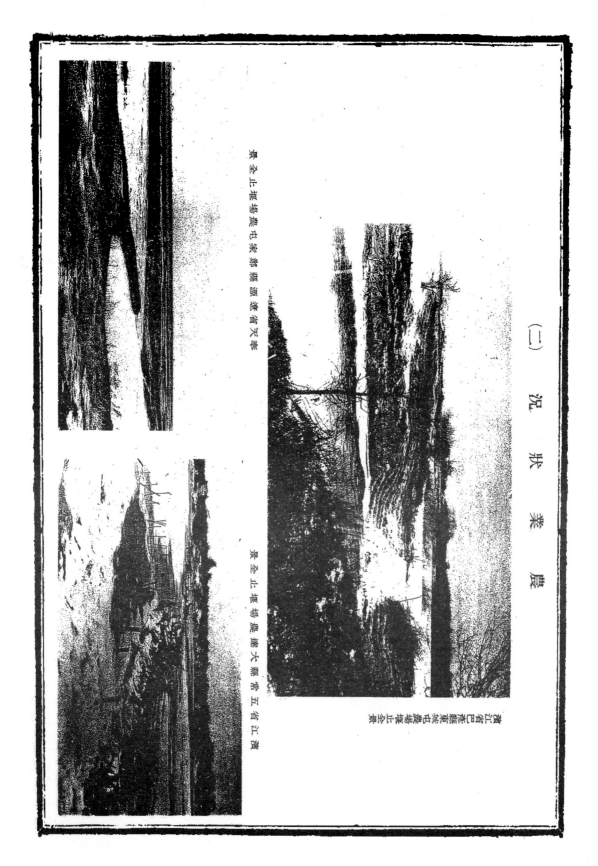

# 自作農耕作地狀況

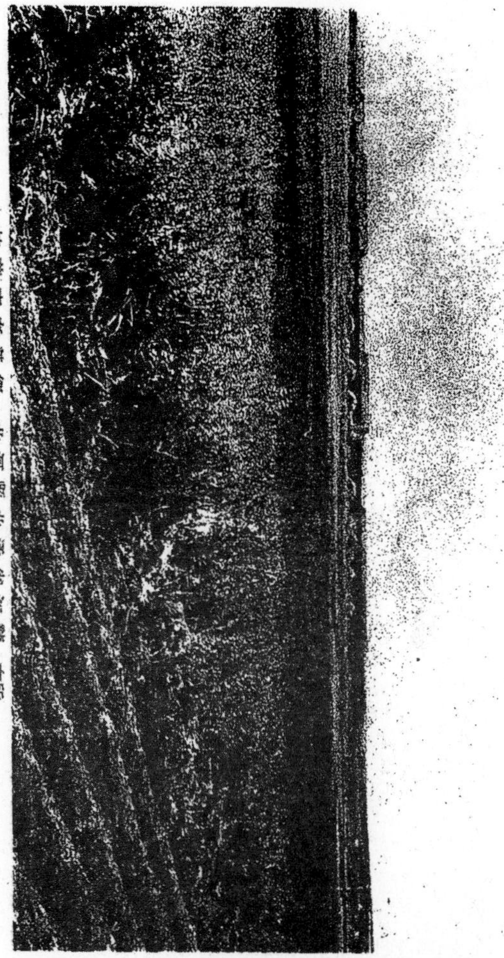

所在 龍江省通北縣北河・經營者李善桂

所在 吉林省額穆縣南蛟河・經營者趙鎭五

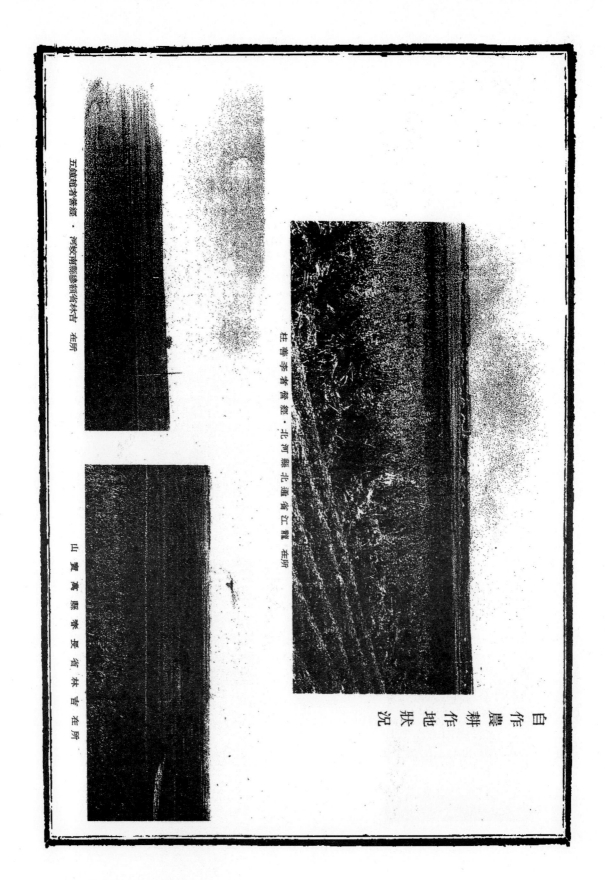

所在 吉林省長春縣萬寶山

# 自作農部落狀況

寧安縣新安鎮自作農集團部落

牡丹江省寧安縣新安鎮

吉林省額穆縣南蛟河屯

# 自作農の住宅

寧安縣南江地方

寧安縣海林地方

寧安縣東京城地方

寧安縣新安鎮地方

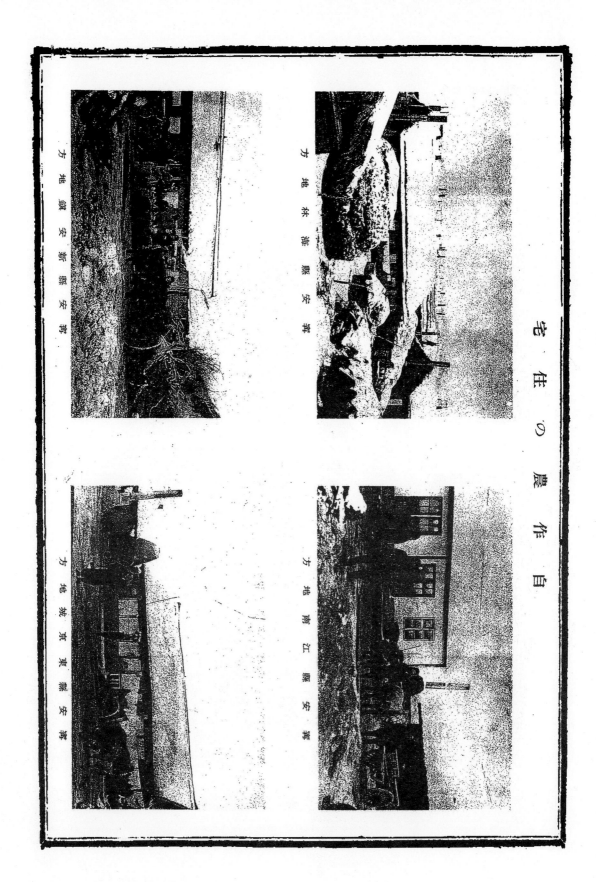

自作農の收納

## 自作農部落民と
## 小作農部落民

濱江省阿城縣聚源昶地方自作農

吉林省額穆縣蛟河地方 小作農

# 思想主義者の歸農

東邊道に根據を置いて猛威を振つた思想分子も聖恩に感泣し過去に於ける一切を清算しその大部分は轉向して農業に皈つた寫眞は吉林省懷德縣高麗城鮮滿拓植の土地に入植され孜々營々として農業に從事し安居樂業する轉向組
（上入植當時、下入植後）

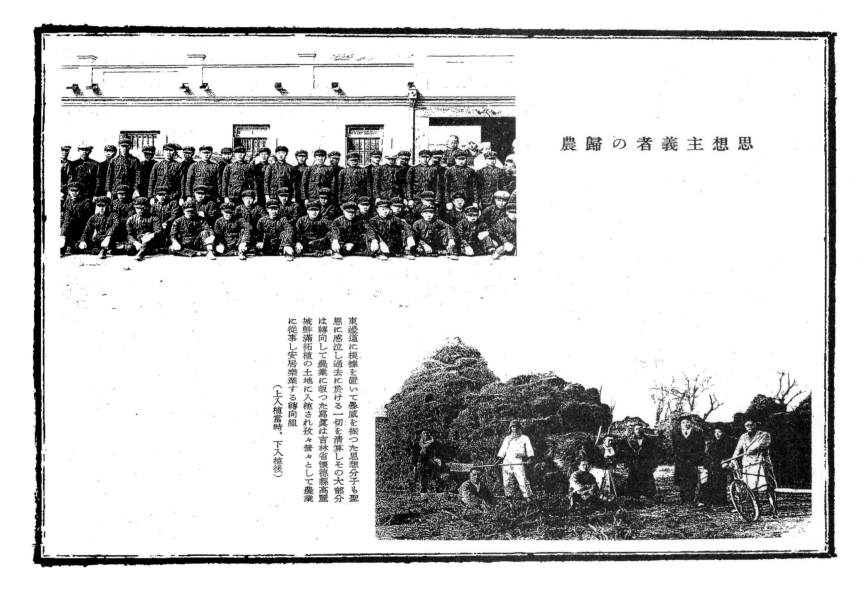

## (12) 安全農村

イ、營口安全農村

位置　錦州省盤山縣第七區
創設　昭和八年
面積　四千二百町歩
收容戶數　千八百六十五戶

ロ、河東安全農村

位置　濱江省珠河縣河東
創設　昭和八年
面積　二千五百町歩
收容戶數　六百八十三戶

ハ、綏化安全農村

位置　濱江省綏化縣雙河鎭
創設　昭和九年
面積　一千一百町歩
收容戶數　四百五十七戶

ニ、鐵嶺安全農村

位置　奉天省鐵嶺縣亂石山
創設　昭和九年
面積　九百二十五町歩
收容戶數　三百四十四戶

ホ、三源浦安全農村

位置　通化省柳河縣三源浦

創設 昭和九年

面積 四百七十町歩

收容戸數 百五十二戸

八二

# 營口安全農村狀況(一)

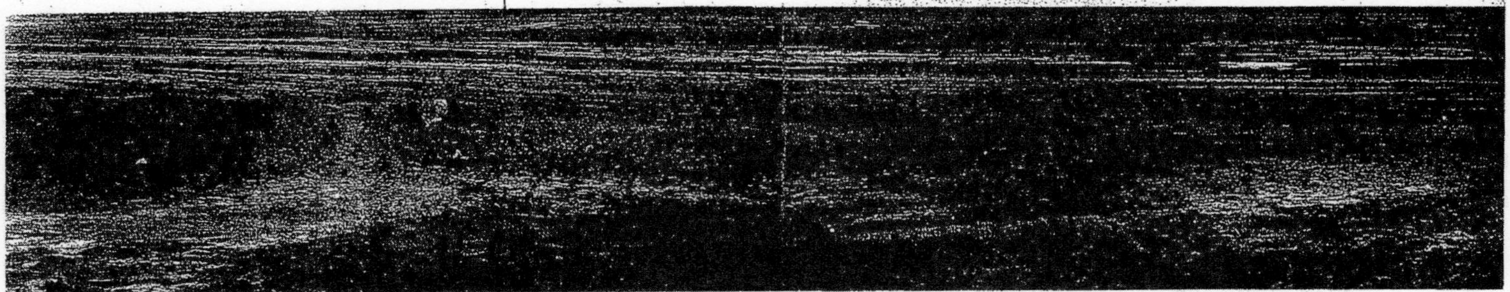

營口農村工事着手前の狀況
畦、見渡す限り涯しなき一荒蕪地が現今十萬石を產する美田に化さうとは唯しも想像し得なかつた

農村起工式
日滿官民列席の上嚴かに起工式が行はれ工事完成を神に祈つた

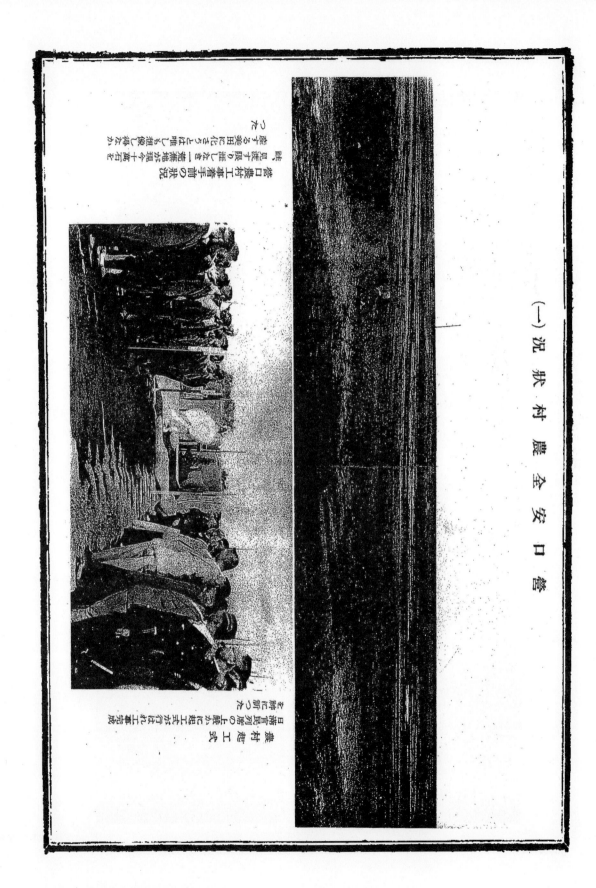

# 營口安全農村狀況(二)

營口農村收容避難民の工事就役の狀況（其一）
（註）滿洲事變に依る避難民を創設の第一年目に收容し之を工事に就役せしめて勞銀を撒布し自活の途を講ぜしめ安逸を戒めた

營口農村揚水場基礎工事
（註）滿洲一を誇る農村揚水場灌漑水は遼河の洋々たる水量を取入れた

營口農村收容避難民の工事就役の狀況(其二)

營口農村揚水場基礎工事の狀況(其二)

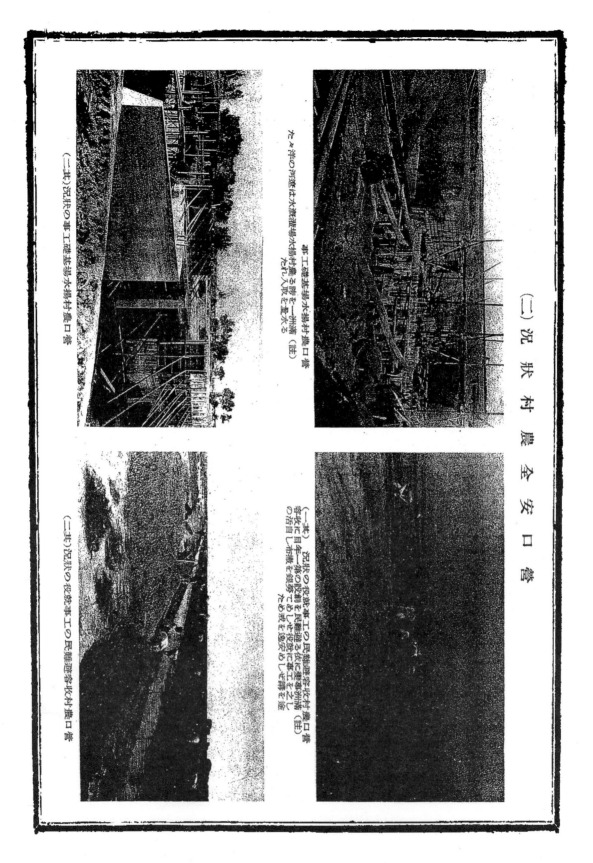

# 營口安全農村狀況（三）

營口農村用水幹線

營口農村揚水場の變電所
（註）一ケ年百八十萬キロワットの電力を消費してゐる

營口農村完成せる用水幹線
（註）幅員二十米突揚水能率三百五十箇背景の建物は揚水場鐵路は奉山支線河北線

營口農村揚水場の導水路浚渫

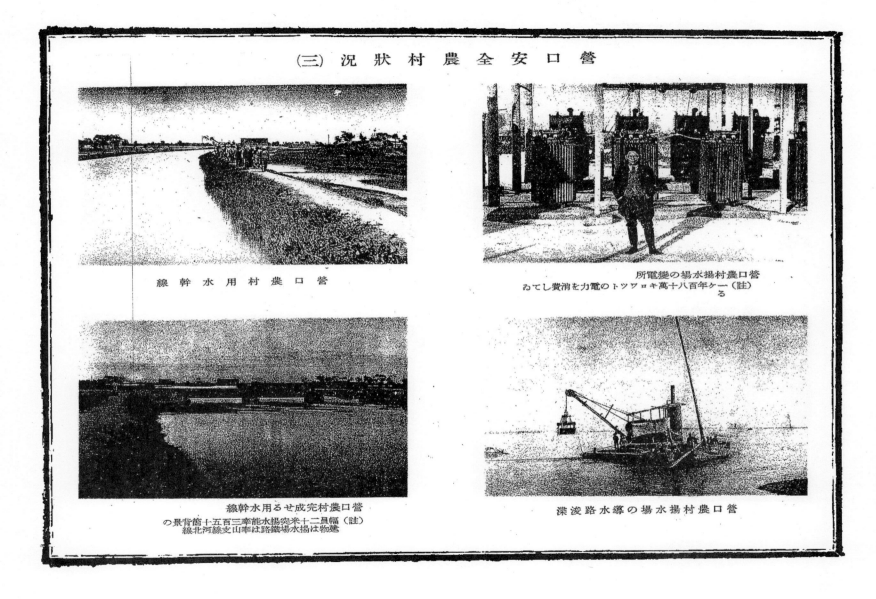

# 營口安全農村狀況(四)

營口農村警察廳分署

(註)農村創設當時三十名の警察官が配置されたが治安の維持せらるゝに從ひ現在十一名駐在せられてゐる

營口農村務稷聯合會事務所

營口農村醫院

(註)囑託醫が配置せられ極貧者には施療を行ひ又實費に近い廉價で診療に應じてゐる

營口農村務稷聯合會事務所構內

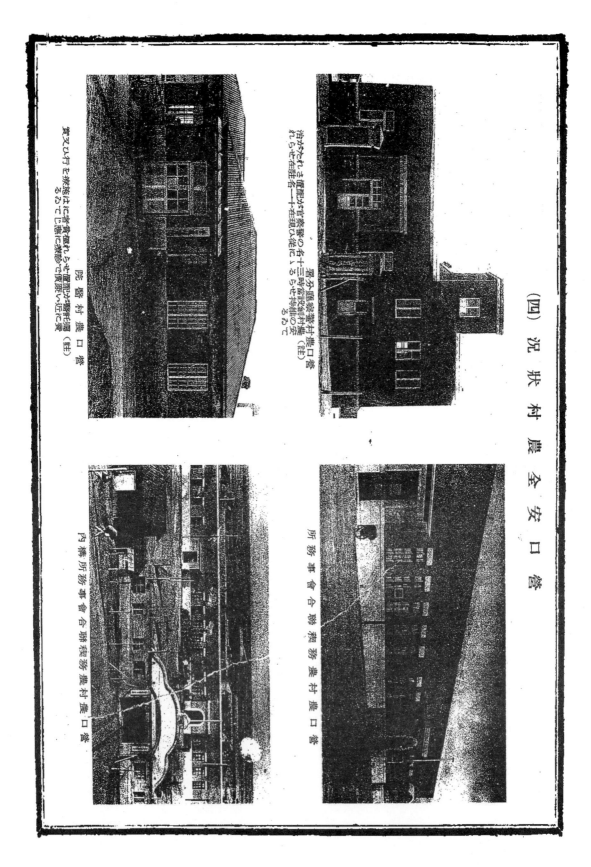

# 營口安全農村狀況(五)

營口農村驛から見た中央區部落

營口農村中央區の一部

營口農村中央區の一部

機上から見た營口農村中央區

(註)中央區には事務所學校病院警察の各機關あり周區を中心に各區へ放射線狀の道路が設けられた

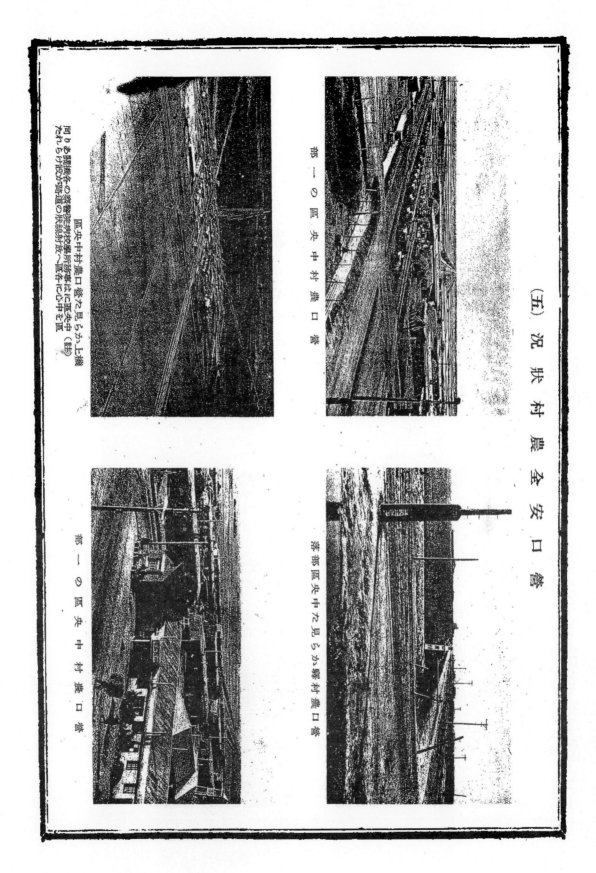

# 營口安全農村狀況（六）

營口農村の開墾狀況

營口農村收穫狀況（脫穀作業）

營口農村の秋

廣漠四千二百町歩の黄金の波昭和十二年度は八萬石を生産
し毎年墾分の稀薄となるに從ひ益々増收を示しつゝある
昭和十三年度は更に一萬五千石の増收の見込である

脫穀狀況

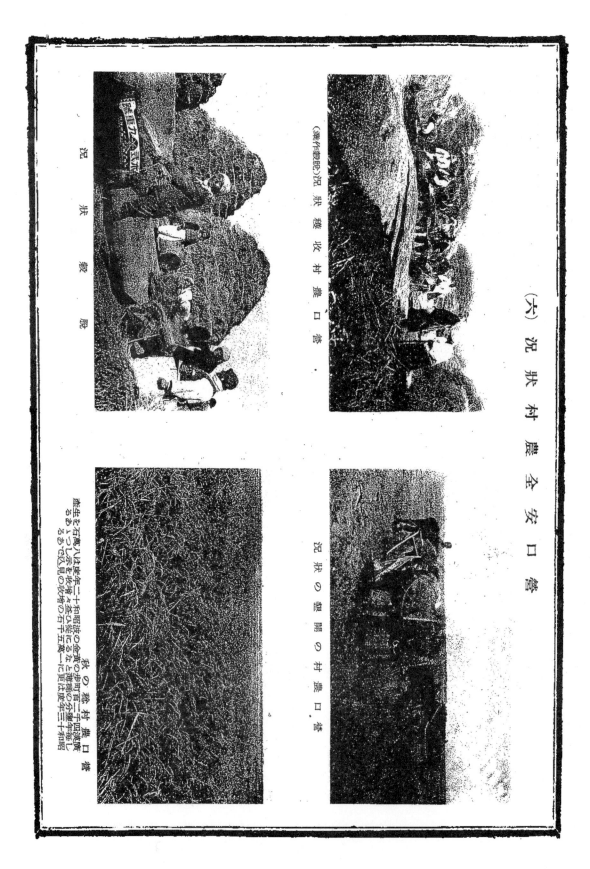

# 營口安全農村狀況(七)

收穫籾の屯積貯藏

生產籾の積出(營口農村)
(註)解氷期から汗の結晶に依つて出來上つた籾の內昭和十二年度には四萬五千石を軍用米として納入した河北線を經て積出の狀況

種子籾の貯藏(營口農村)

營口農村精米工場
(註)八十五馬力の動力を擁し一日十時間作業で一貨車半の白米を生產する能力を有してゐる

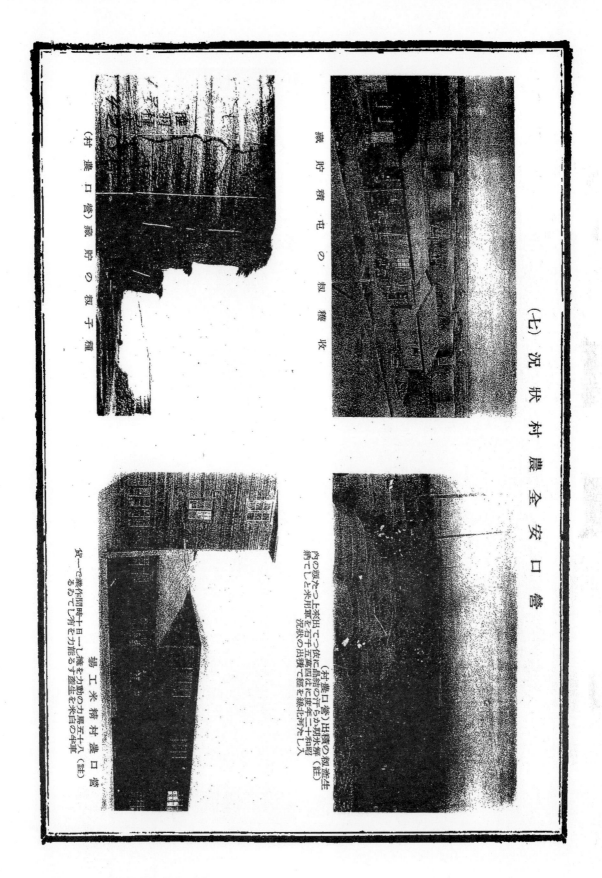

# 營口安全農村狀況（八）

副業生産品の買上

營口農村の副業

（註）收穫が濟むと直ちに副業の督勵にとりかゝる各戸に一定の責任生産枚數を定め豫定の枚數を生産せざるものは農家經濟に餘裕あるものと看做來春の農耕資金の貸出を停止する方法をとつてゐる
昭和十二年度五十萬枚を目標としてゐる

共同販賣及共同購入

（註）農務稧聯合會では籾の共同販賣を爲すと同時に主食物の共同購入を斡旋してゐる

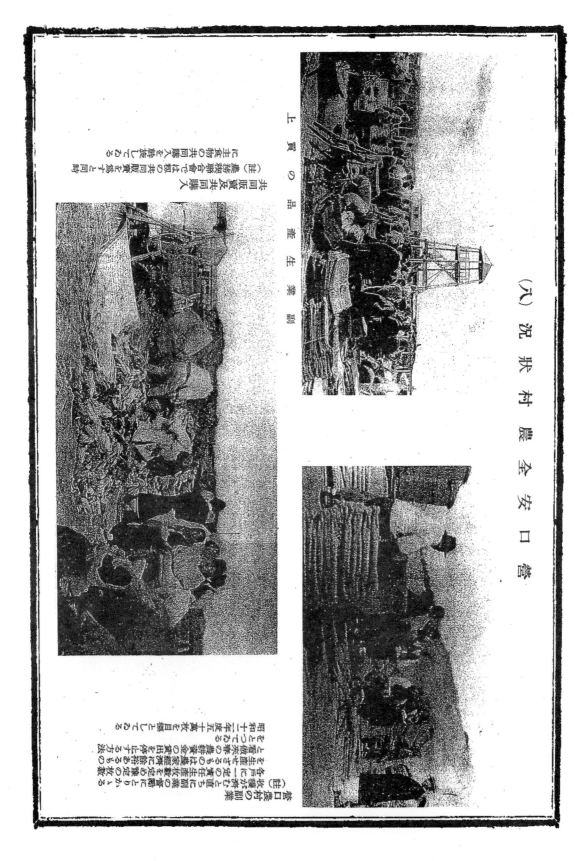

# 營口安全農村狀況(九)

營口農村の教育(運動會)
十七學級千百名の兒童を收容し內容外觀共に沿線の普通學校に優るとも劣らぬのである春秋二季の運動會は兒童の外に大供をも加へ全村を擧げての行樂デーである

營口農村の教育(學藝會其一)

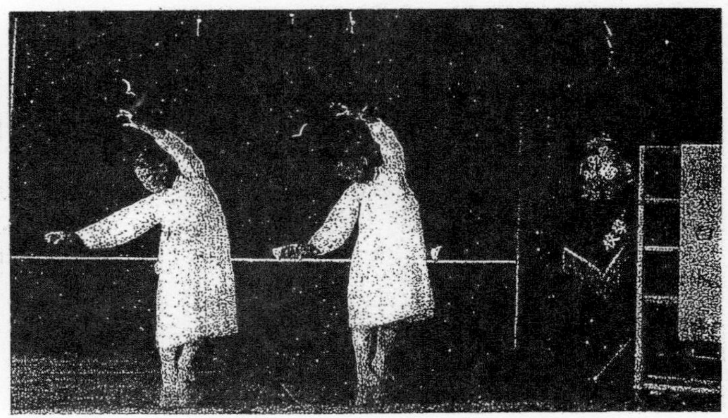

營口農村の教育(學藝會其二)

## 營口安全農村狀況（一〇）

（移民の入村）

滿鐵營口驛到着

移民一行滿鐵營口驛に到着し携帯品を
更に埠頭へ運搬（其一）

滿鐵埠頭乘船（其二）
（使用船は國鐵河北連絡船）

滿鐵埠頭乘船（其三）

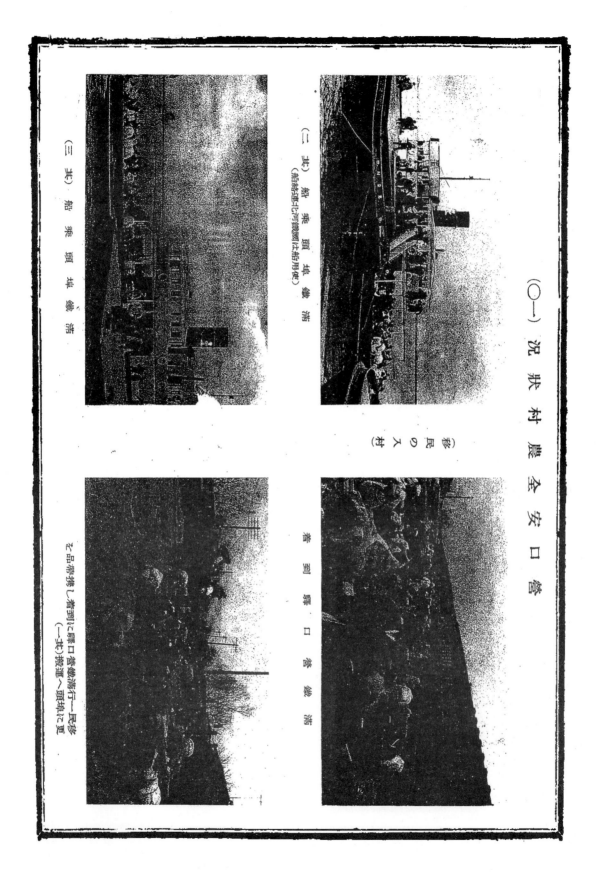

# 營口安全農村狀況(十一)

(移民の入村)

滿鐵埠頭より春淺き遼河を下航し對岸河北驛に向ふ(其四)

移民の入村對岸河北棧橋に上陸(其五)

河北驛乘車(其六)

河北驛乘車(其七)

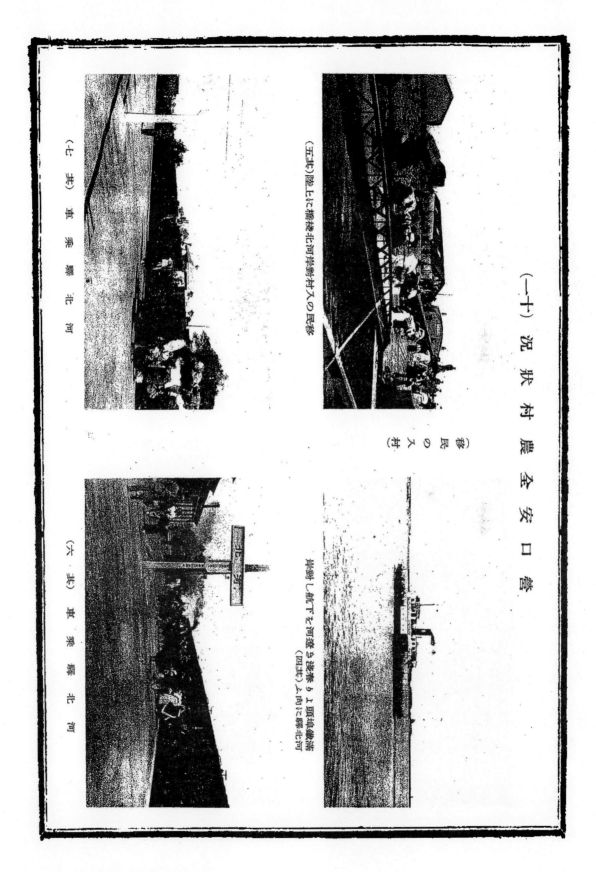

# 營口安全農村狀況（十二）

（移民の入村）

既住村民の出迎

河北驛乗車

參考←遼河の歸帆

農村假驛下車

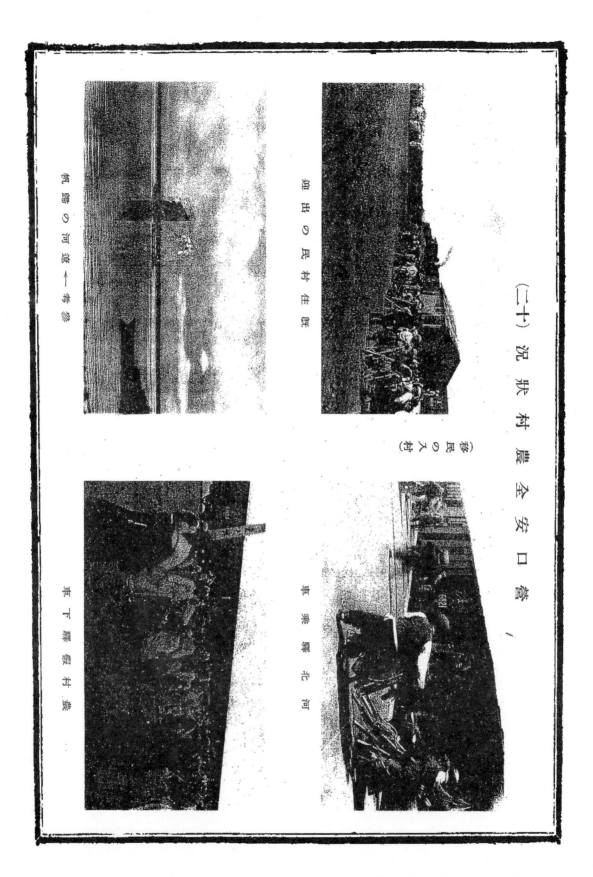

營口安全農村狀況(十三)

(植田關東軍司令官の農村訪問記念撮影)

# 營口安全農村狀況（十四）

（各界の農村訪問）

知名士の營口農村訪問（東條關東軍參謀長）

知名士の營口農村訪問（松岡滿鐵總裁）

遙々東京から視察に來た某婦人雜誌特派記者

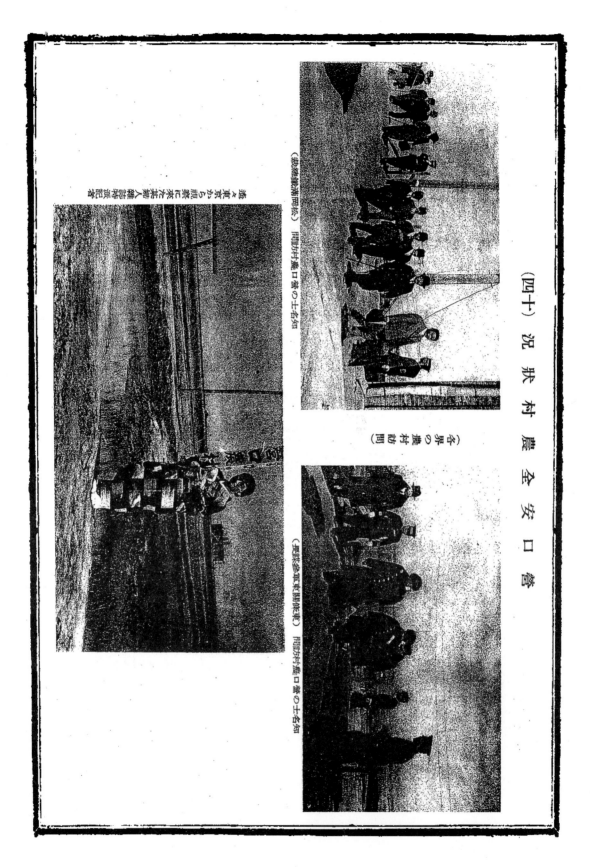

# 河東安全農村狀況（一）

農村事務所

農村警察署員及自警團

農村民の叺織狀況

農村民の藁製品販賣狀況

河東安全農村狀況(二)

(農村の一部)

河東安全農村狀況(三)

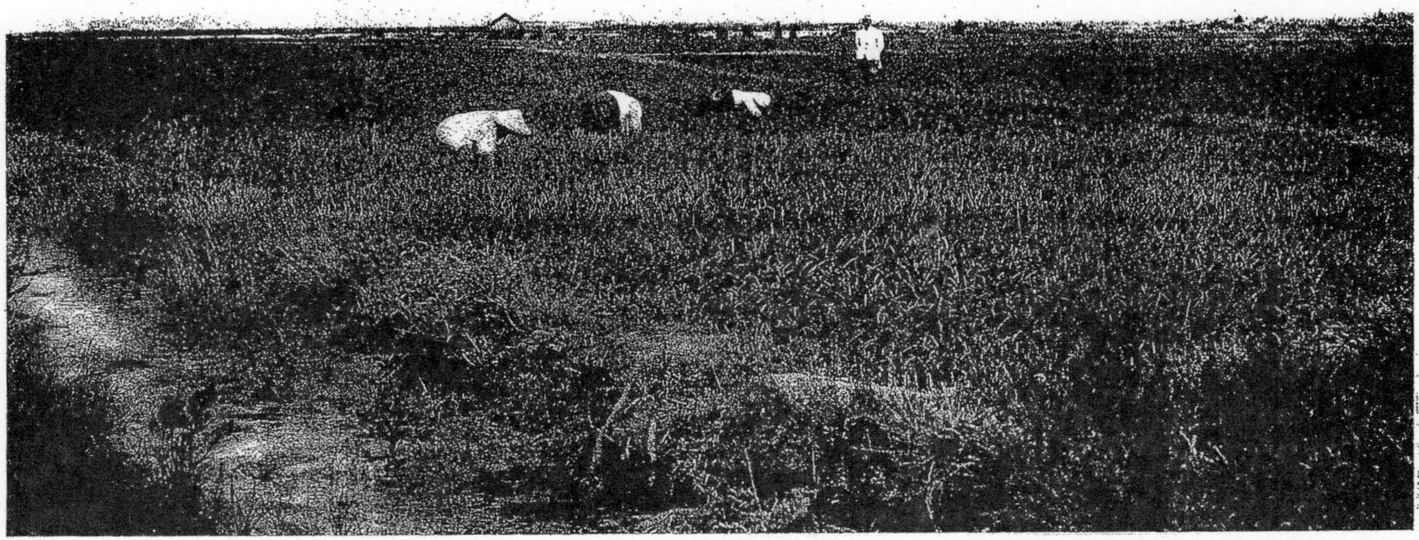

(除草作業)

(四)況狀村農全安東河

(署分東河署察警館事領總賓爾哈)

河東安全農村狀況（五）

（用水取入口）

綏化安全農村狀況(一)

農村事務所

# 綏化安全農村狀況(二)

堰止工事

水路工事

# 綏化安全農村建設狀況 (三)

通水狀況

耕作地の一部

# 鐵嶺安全農村狀況（一）

移民部落　昭和十一年春本府の計畫に依り慶尚南道より一時に五十戸を移民させたる部落

鐵嶺農村農務稧聯合會事務所　滿鮮拓殖股份有限公司より引受けたるものにして建物の構造は屋根は塗炭葺周圍は煉瓦造りなり中央は本會事務所左側は本會囑託の和同醫院右側は警察官吏派出所自警團の詰所

鐵嶺農村普通學校　當農村兒童の教育機關にして建物の構造は屋根はセメント瓦葺周圍は石臺に煉瓦造なり、教員五人、兒童二八三名

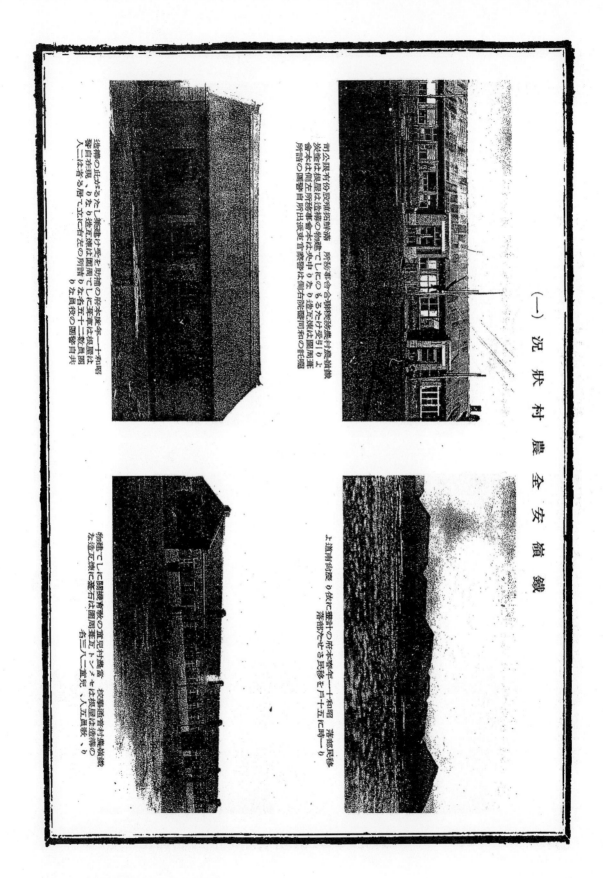

昭和十一年度本府の補助を受け建築したるが此の構造は屋根は草葺にして周圍は煉瓦造りなり、現在自警團員數二十五名なり詰所の左右に立て居る者は二人共自警團の役員なり

# 鐵嶺安全農村狀況（二）

水路の分水門　當農村の耕地灌漑水路の第二分水門に
して堰止め各農區に灌水の圓滑を圖る、前方に圓く
見ゆるは脫穀前の籾の野積なり

秋耕　本會の切實なる指導に依り農民は秋耕の有益な
るを解し熱心に實施し居れり此の面積約二百町歩に
達せり

籾の共同販賣　本會の生產籾共同販賣の全景にして籾
麻袋を本會の庭に行列に積み尙夫々責任係を定め分
業約に販賣事務に從事せり

叺織　本農村は水田地帶にして叺織の原料豐富のため叺織を奬勵する計畫を樹
立し昭和九年度より本府の補助を受け機臺を購入し配付し徹底的奬勵をなし
たる處農民に於て有益なるを漸次自覺し毎年增加しつゝあり、現在作品戸數
二三〇戸機臺數二三〇戸一ヶ年生產枚數七五〇〇〇枚此の價格一一二五〇圓

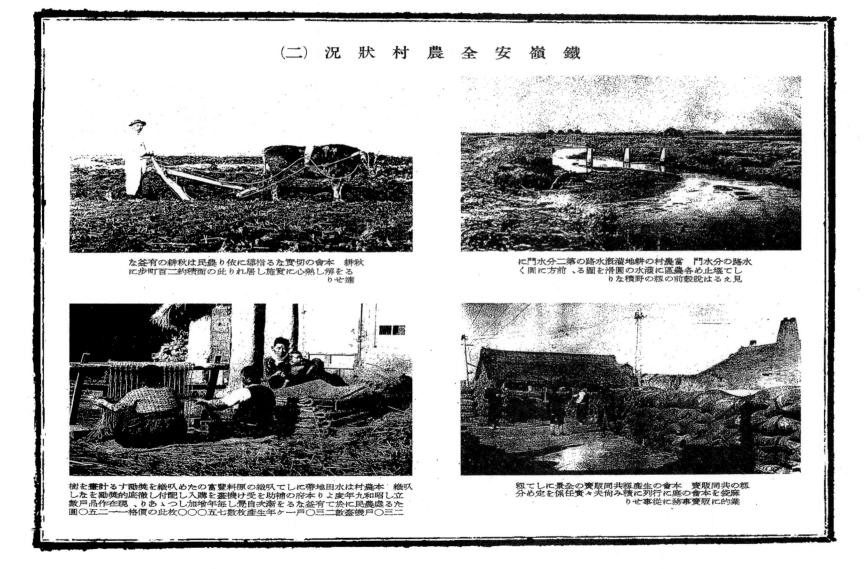

## (13) 滿洲事變に因る避難同胞救護

滿洲事變突發の際支那敗殘兵の潰走せる地方に居住したる朝鮮同胞は殘忍暴虐な迫害を受け多數の死傷者を出して鐵道沿線其他安全地帶に避難した者は南北滿洲を通じて二萬數千人に達したのであつたが、幸ひ社會一般の厚き同情と政府當局機宜の措置とに依りこれを救護して農耕地に皈還せしめたのである。

然る處事變當初に在りては滿洲國內治安の維持容易ならず各地に族出する大小部隊の匪賊、大刀會、江槍會等の宗教的妖賊、保衞團並に公安隊の背叛軍兵、一般土民の匪賊化した者等所々に蜂起し、所謂東亞民衆抗日救國軍とし抗日、反滿を標榜し一種の腹癒的報復手段として其毒牙を抵抗力なき我朝鮮同胞に向け「日本の先驅者たる朝鮮人を驅除すべし」との標語の下に同胞多年の農業的地盤奪回目指して掠奪强姦虐殺等凡有暴行を恣にしたので、各地に居住する朝鮮同胞は斯の不慮の禍に遇ひ折角播種を終り已に一番乃至二番除草を終了した許りの農場を捨てゝ四分五裂一家離散の止むなきに至つたのである。當時都會地に避難したる者の概數奉天五、六〇〇人、撫順二、五〇〇人、山城鎭一一、〇〇〇人、磐石縣二、〇〇〇人、鮫河九、〇〇〇人、吉林六八〇人、ハルピン二、五〇〇人、朝鮮內地七、〇〇〇人、合計約三二、一八〇人の多きに達しその悲慘なる狀況は正視する能はざるものがあつた。

此等避難民は政治的原因に基き彼等自らの力に依つて多年築き上げた安住の樂土が一朝にして傾覆せられたのであるから帝國として急遽の保護の途を講ずるの必要を痛感し、本府は取敢えず應急策として是等同胞救護處理のため各避難地重要箇所に多數派遣員を分駐せしめて軍部、領事館と協力し救濟に萬遺憾なきを期したのである。

然れども稜威の下皇軍日夜の活動と滿洲國當局不斷の努力に依り滿洲の天地に興亞の黎明は訪れ國內の治安漸次恢復に向ふに隨ひ此等避難民は再び原地に皈還し或は集團部落、或は安全農村に收容され今や孜々營々としてその耕作に親しみ各其處を得て王道樂土を謳歌してゐる。

## 滿洲事變に因る避難民救護狀況(一)

刀匪事件に依る收容避難民(海龍派遣員救濟)

營口に於ける收容避難民(營口派遣員救濟)

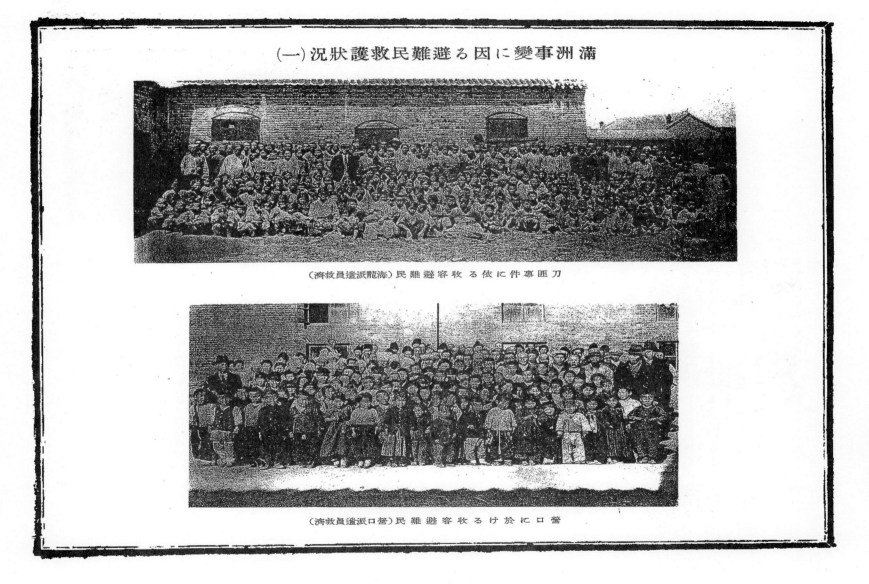

# 滿洲事變に因る避難民救護状況(二)

撫順管內收容避難民の一分が原地歸還のため潘海線撫順驛出發直前の撮影軌道內に併列せしは附添護衛警官朝鮮總督府派遣員民會職員とす　（三月二十一日）

奉天　邊門外迫擊砲工廠、職工宿、舍跡收容所內收容避難民が歸還旅費の交付を受け家族を纏め家財を馬車に積込み今や收容所を引揚げ瀋陽驛に向はんとする避難民の一部　（昭和七年四月十三日）

# 滿洲事變に因る避難民救護狀況(三)

奉天遼門外迫擊砲工廠職工宿舍跡收容所正門前避難民の一部（昭和七年四月十三日）洋服は領事館員及朝鮮總督府派遣員）

營口避難民收容所內部

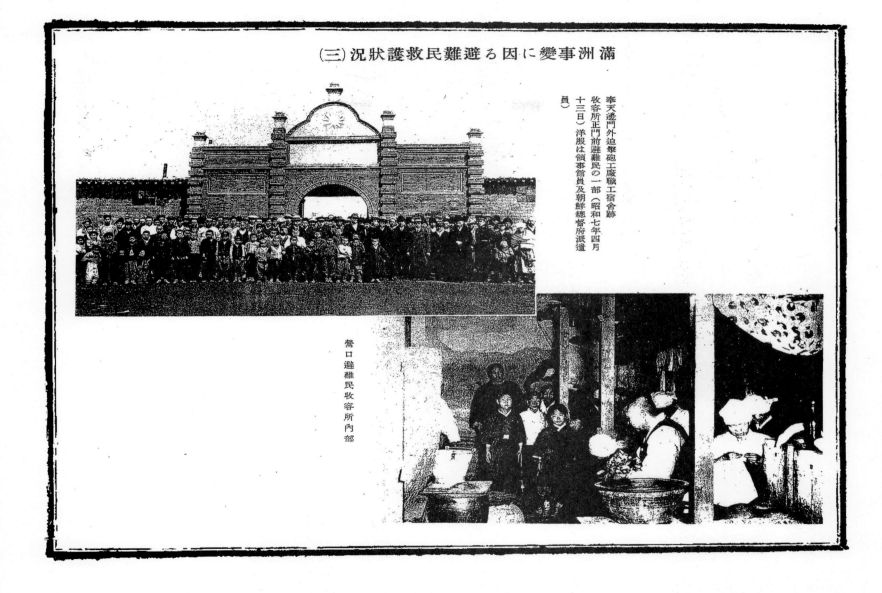

# 滿洲事變に因る避難民救護狀況(四)

營口收容避難民の繩叺作業
（昭和七年三月三十一日）

奉天邊門外迫擊砲工廠宿舍跡收容所內の一室內に於て朝鮮總督府派遣員が避難民個々に就き原地歸還に關する旅費其の他の調査を行ひ主に現金給與中の撮影
（昭和七年四月七日）

# 滿洲事變に因る避難民救護狀況(五)

奉天瀋海線に依り原地歸還の避難民乘車列車發車直前の撮影於瀋陽驛
（昭和七年四月十三日）

奉天收容避難鮮人の一部遼中縣歸還の爲四月十八日未明奉天邊門外迫擊砲工廠職工宿舍跡收容所を出發し家財及老幼を馬車に積載し雨上りの泥濘の道を目的地に向つて今や奉天郊外を通過しつゝある光景（其一）

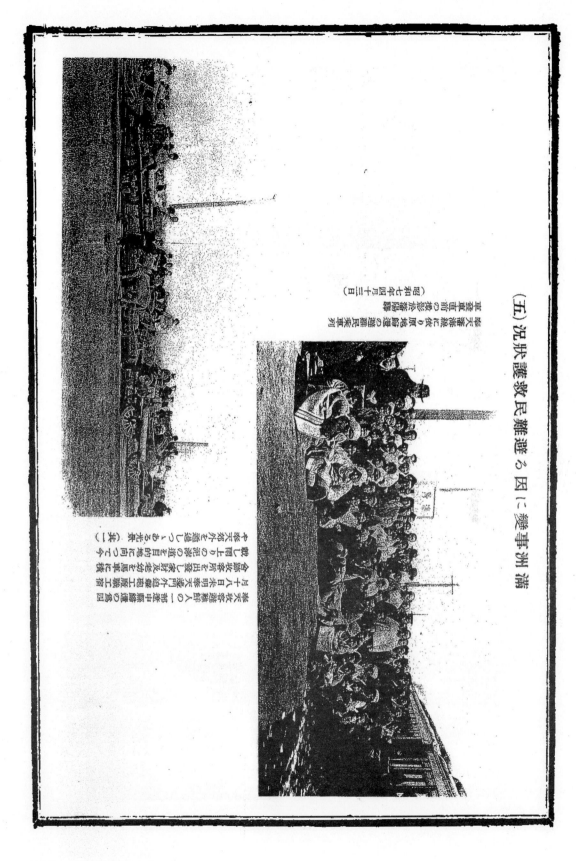

# 滿洲事變に因る避難民救護狀況(六)

避難民原地歸還を終へて乾盃　中央は堂本事務官

避難民救療所

歸還地に於ける避難民の住宅

歸還地に於ける住宅建築狀況

## 滿洲事變に因る避難民救護狀況(七)

食糧(粟)の配給を受くる狀況

# 匪襲に因る犧牲者の合同葬光景

昭和十一年四月三江省湯原縣城に於て共匪趙尙志部隊の縣城襲撃の際在住朝鮮同胞十八名は不幸匪彈に斃れた寫眞は犧牲者の合同葬式の光景である

### (14) 法權撤廢に伴ふ在滿施設滿側への引繼

帝國の滿洲國に於ける治外法權撤廢に伴ひ多年朝鮮總督府が在滿朝鮮人同胞に對し施設し來つた教育產業醫療の施設竝外務省施設に係る朝鮮人民會事務も昭和十二年十一月末日を以て滯りなく終焉を告げ、翌十二月一日を以て全部滿洲國に移讓せられ在滿百萬の朝鮮同胞も滿洲國構成分子の一として總て滿洲國の統治に服することゝなつたのである。

# 引繼狀況(一)

右より三人目引受者新京特別市長左より二人目引繼者朝鮮人民會長
(新京日本總領事館に於て)

## 引繼狀況（二）

民會事務移讓に對し哈爾賓總領事館は管內全朝鮮人民會長を招致して移讓に對する打合會を開催指示を與へた寫眞はその狀況である　左側より長岡領事　有久副領事　淺川本府派遣員

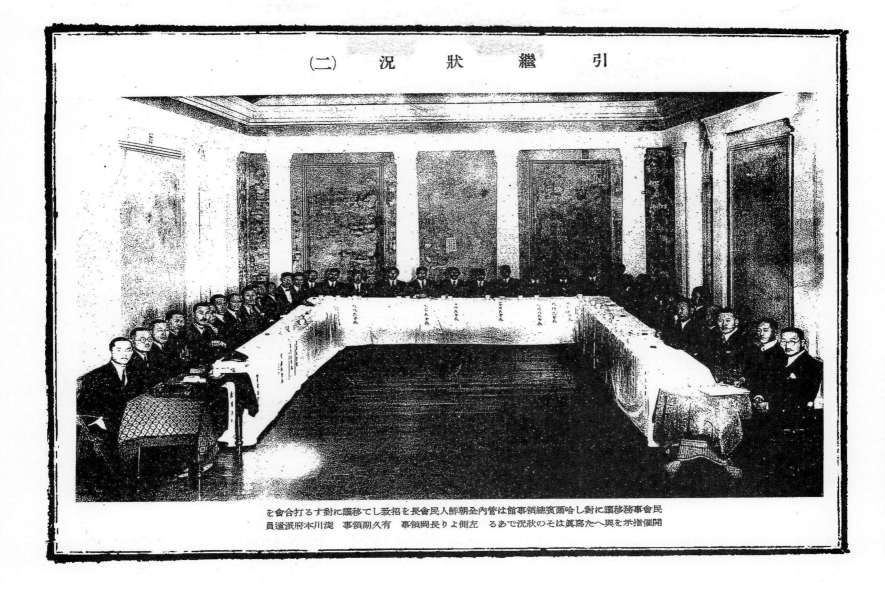

# 引繼狀況(三)

## 哈爾賓派遣員訣別

惜別の情切なり

事變以來領事館の一室に机を竝べて時には叱られ、時には可愛がられて在滿朝鮮同胞の仕事をやつて來たのだが今は互に別れを惜みつゝ各轉職先へ去らねばならぬ

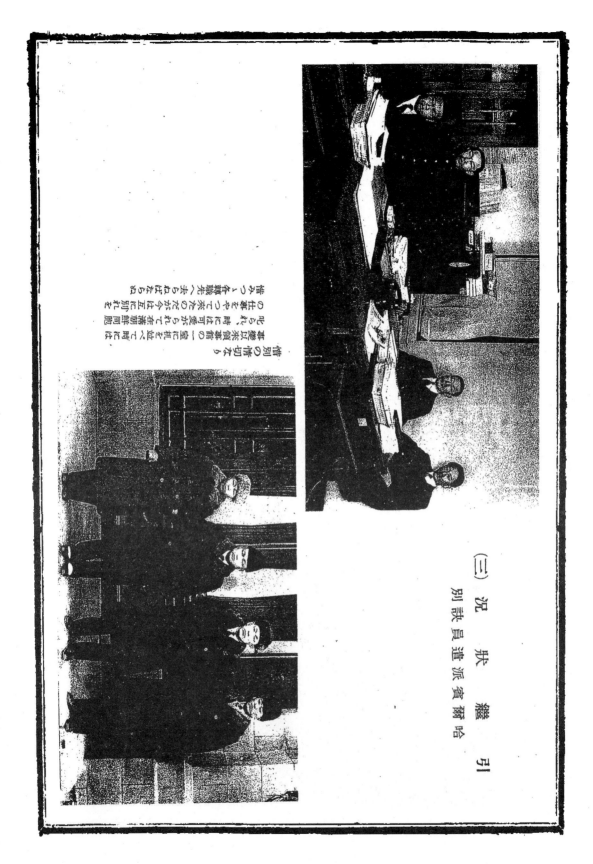

引繼狀況 (四)

引繼狀況 (五)

# 正誤表

| 頁 | 行 | 誤 | 正 |
|---|---|---|---|
| 序文一頁 | 二行 | 行政權の | 行政權を |
| 一頁 | 一二行 | 派遣 | 派遣 |
| 本文一頁 | 四行 | 西歷 | 西曆 |
| 一頁 | 五行 | 模盤 | [illegible]盤 |
| 一頁 | 一二行 | 頗せる | 瀕せる |
| 三頁 | 二二行 | 滿州 | 滿洲 |
| 四頁 | 一〇行 | 更正 | 更生 |
| 九頁 | 四行 | 通して | 通じて |
| 九頁 | 九行 | 兼位 | 兼任 |
| 九頁 | 一五行 | 聯員 | 職員 |
| 一二頁 | 四行 | 喘き | 喘ぎ |
| 一六頁 | 一七行 | 仮する | 歸する |
| 一七頁 | 八行 | 頭道搆 | 頭道溝 |
| 一七頁 | 二〇行 | 昭月溝 | 明月溝 |
| 二〇頁 | 一行 | ゐる爲政當局 | ゐた爲爲政當局 |
| 二〇頁 | 二行 | 統監督府 | 統監府 |
| 二〇頁 | 五行 | 事績 | 實績 |
| 二〇頁 | 七行 | 漫延 | 蔓延 |
| 二一頁 | 一五行 | 關連 | 關聯 |
| 二四頁 | 二三行 | 購ずる | 講ずる |
| 二四頁 | 二三行 | 荒癈 | 荒廢 |
| 二五頁 | 二一行 | 配付續行 | 配付を續行 |
| 二六頁 | 九行 | 偏成 | 編成 |
| 二七頁 | 二二行 | 商粗 | 商租 |
| 二八頁 | 三行 | 〃 | 〃 |
| 二九頁 | 二〇行 | 復雜 | 複雜 |
| 三〇頁 | 六行 | 未 | 末 |
| 三一頁 | 八行 | 集圖 | 集團 |
| 三二頁 | 九行 | 粗税 | 租税 |
| 三二頁 | 一八行 | 瀕出 | 頻出 |
| 三三頁 | 四行 | 上昭月溝 | 上明月溝 |
| 三三頁 | 一四行 | 第一集團 | 第一次集團 |
| 三三頁 | 一五行 | 實蹟 | 實績 |
| 三四頁 | 一一行 | 異大 | 偉大 |
| 五〇頁 | 一〇行 | 得さる | 得ざる |
| 五七頁 | 一行 | 亨有 | 享有 |
| 五九頁 | 一二行 | 調定 | 調停 |
| 六〇頁 | 一三行 | 民雙 | 民會 |
| 六〇頁 | 二四行 | 安乘[illegible] | 安秉[illegible] |
| 六〇頁 | 二七行 | 鄭乘植 | 鄭秉植 |
| 六二頁 | 一八行 | 奈天省 | 奉天省 |
| 六三頁 | 二行 | 趣き | 赴き |
| 六九頁 | 四行 | 末だ | 未だ |
| 七三頁 | 五行 | 實蹟 | 實績 |
| 七九頁 | 二〇行 | 朝鮮民會 | 朝鮮人民會 |
| 八〇頁 | 四行 | 當事問 | 當事者問 |
| 八三頁 | 六行 | 族出 | 簇出 |
| 八三頁 | 七行 | 江槍會 | 紅槍會 |
| 八三頁 | 一一行 | 椋奪 | 掠奪 |
| 八三頁 | 一三行 | 褐に遇ひ | 禍に遇ひ |
| | | | |
| 八三頁 | 一七行 | 三二、一八〇人 | 四〇、二八〇人 |

# 國內に於ける鮮系國民實態

# 國內に於ける鮮系國民實態

滿洲帝國協和會
中央本部調査部

本冊子は操々の中に起筆脫稿したるもの、到るところに洗練さを缺く點を發見す、工作上の素資料たり得れば幸甚の至りである

（山岡）

# 序

國內鮮系國民百五十萬は、入滿百年の歴史期間中、數多の迂餘曲節を點綴し、明暗二筋乍らの途を歩んで今日の盛をなしてゐるが、特に滿洲建國は彼等の受難苦鬪の歴史に終止符を刻し昇旭の如き希望と光明とを與へ、現に各分野に於て新國家構成分子としての鮮系國民の地位を取得する途上にあり、殊に彼の農村に於ける米作農民としての役割は絕大にして聖戰下の生產國策に寄與するところも大なるものがある。然し首を廻らし其の社會實態の深部を考察すれば幾多の歪曲面を發見すべく都市に於ける職業問題、農村に於ける浮動貧農の問題を始め、敎育問題、小作問題、開拓問題、金融問題等幾多の錯綜難解なる宿題を包藏してゐる。

協和會は從來之等の諸問題を意識しつゝ而も之が積極的取扱を爲さなかつたがその理由は主として會務職員の有する認識が往々正確を缺き、彼等の言語、風俗、習慣、生活內容、生活意識等の特殊事情に觸るゝことの淺かりしに因由するものと考へる。

今春より各地に新發足を試みつゝある朝鮮人輔導機構の使命は專ら之等の特殊事情の中に工作素材を見出すべきは申すまでもないが、本冊子は之等の當事者並に一般會務職員の工作上の伴侶として活用せんことを希望し印行頒布するもの、幸ひに諒とされんことを乞ふものである。

康德十年建國節の日

中央本部調査部長　坂　田　修　一

# 目次

凡例……一

第一章　沿革的考察

概説

一、第一期　自道光二十年至皇紀二千五百年約三十年間……四

特徴……1、乃至6

二、第二期　自明治初年至同年末頃、約四十年間……五

特徴……1、乃至7

三、第三期　大正初年より同十年頃迄の約十年間……八

特徴……1、乃至6

四、第四期　大正十二三年頃より昭和七年頃迄の約十年間……一〇

特徴……1、乃至6

五、第五期　昭和七年より今日に至る迄の約十年間……一三

特徴……1、乃至6

第二章　朝鮮內に於ける社會的諸條件の一瞥

一

一、半島統治の三大特色……一七

1、乃至 3

二、朝鮮人の血緣的沿革……一七

1、乃至 5

三、朝鮮內に於ける人口現象……一八

1、總　數 2、增加率 3、密　度 4、都市集中

5、職業別人口構成 6、男女別人口

7、在外朝鮮人 8、豫想人口數

四、朝鮮農村の實態……二一

1、國有地並に分配不平等の問題 2、耕地所有の不均衡 3、東拓の土地買收並に土地金融資本の侵入

4、農業經營の零細 5、中產階級の沒落 6、小作制度の不合理 7、生產技術と經營能力の低劣

8、資本支配力の强大 9、自給經濟の破壞 10、土地利用

五、朝鮮農民並に都市細民の生活……二三

1. 乃至 3.

六、教育問題……二四

1. 乃至 5.

七、朝鮮內に於ける離村問題……二四

1. 乃至 3.

## 第三章　實態的概觀


一、戸口並に分布……二六
1、現　勢　2、增加狀況　3、職　業　4、分　布　5、將來の豫想人口
二、發展型態……三一
1、乃至　4
三、職　業……三三
1、現　狀　2、乃至　7
四、敎育に關する種々の問題……三六
1、敎育現勢　2、鮮系敎育問題に於ける重要事項
五、鮮系國民の人的素質……三九
1、民族的素質　2、出身別に見たる氣質上の差異　3、農民としての朝鮮人　4、勞働者としての朝鮮人
5、其の他の對象別素質
六、朝鮮人開拓民の現狀……四六
1、朝鮮よりの新規入植開拓民の現狀　2、既住鮮農の統制集結　3、既住小作鮮農に對する自作農創定
4、安全農村の狀況　5、第二期五ケ年計畫要綱
七、信仰並に風習……五二
1、信　仰　2、風　習

## 第四章　鮮系國民指導上の諸問題並にその要領


一、協和運動と鮮系國民…………………………五七
1、沿　革　2、工作概要
二、思想並に教化問題…………………………六〇、
1、乃至　2
三、都市に於ける指導…………………………六五
四、農村に於ける指導…………………………六六
1、營農上の指導問題、（イ、土地小作問題　ロ、營農型　ハ、營農指導問題　ニ、浮動鮮農問題
ホ、配給問題）
2、生活指導の問題（イ、目　標　ロ、物質生活の指導問題）
3、農村に於ける組織運動上の諸問題
五、對象別に見たる指導上の諸注意…………………………九〇
1、指導者層並に一般知識層　2、商人並に企業家　3、古老層　4、青少年　5、婦女子
6、特殊地帶に於ける指導


## 第五章　結　　語


（附）第　一、丁卯和約…………………………九三

（附）第二、白頭山定界碑文……九四
（附）第三、間島に關する日清協約……九四
（附）第四、二十箇條條約抄……九六
（附）第五、總督府と外務省との協定內容……九七
（附）第六、支那領土內に於ける朝鮮人の居住取締方針に關する日支警察官憲間の協定……九八
（附）第七、滿洲に於ける朝鮮人指導方策……九九
（附）第八、圖們會談內容……一〇一
（附）第九、在滿朝鮮人指導要綱……一〇二
（附）第十、滿洲國に於ける鮮農取扱要領……一〇三
（附）第十一、法權撤廢に伴ふ朝鮮人關係の行政事務施設經費等の處理に關する件……一〇四
（附）第十二、鮮農取扱要綱……一一〇
（附）第十三、在滿朝鮮人指導要綱第六號內容變更の件……一一一
（附）第十四、滿洲開拓政策基本要綱附屬書中朝鮮人開拓民關係文書……一一二
（附）第十五、第二次滿鮮協定……一一三
（附）第十六、朝鮮人輔導機能整備要領……一一六
（附）第十七、全聯に現はれたる鮮系關係議案……一一七
（附）第十八、鮮系國民開拓沿革一覽表……一二一

# 凡例

一、現地工作上の參考資料とすることを常に念頭に置いて書いた、故に抽象論は最少限度に止めた。

二、第一章に於ては、滿洲建國の鮮系國民に與へたる精神的並に有形的變動、躍進の跡を明かにせんことに力めた

三、第四章に於ては、具體的表現に力めた爲め擧例多く、或は極部的觀察に墮した處なしとしない。

四、特殊用語に注意され度

例　春窮民、火田民、土幕民、佃民、畓、天水畓、兩班、麥嶺、舍音、稧、洑、溫突、パカチ、諺文、等。

五、卷末の附錄は大別して滿鮮關係條約協議に關するもの、朝鮮人指導に關するもの並に開拓民に關するもの等の三大別されるが凡そ年代順に掲記した。

六、紙の關係をも考慮し實態編に於て統計の掲記を大分省略したることは遺憾とするところである。

七、本冊子の表題はもと「國內鮮系國民の實態と指導上の諸問題」としたるも煩を避くる爲め「國內に於ける鮮系國民の實態」と改めたるが內容より見れば寧ろ前者を適當とする

# 國內に於ける鮮系國民の實態

——並にその指導上の諸問題——

## 第一章　沿革的考察

滿洲と朝鮮とが古來、血緣的に、又政治的に深き史的關聯を有せしことは學者、專門家の所論等しく、世人の常識又無理なく之を肯定するところである。

太古の歷史が滿洲がツングース族の住地であることを敎へ、一方、朝鮮の古神話が朝鮮民族發祥の地を長白山なりとすることは最も明かにこの間の關係を暗示するものであり又其の地理的に一衣帶水に位してゐることは其の必然をも明示してゐる。

兎もあれ往古の滿洲は各民族盛衰興亡の古戰場で彼の高句麗の雄圖華かなりし頃は遠く遼河の右岸に至る迄其の版圖たりしことあり、高句麗の衰亡に遇ふや其の遺族糾合して東滿の地に渤海國を建設し約二百年間こゝに君臨したる史實がある。一方遼河一帶には南北朝時代より勢力を得たる契丹族が遼國を建て其の後高句麗朝の成宗時代（皇紀一六四二年）に至り間島地方には高句麗の遺族女眞族が占據して廣く東滿北鮮に蟠居して屢々高麗朝に入寇し、後國號を金と稱したが此の金と淸朝との深き關係については世人周知の史實である。後淸の太宗が大擧討明の軍を起すに先ち空虛地帶への朝鮮族北進を防ぎ、後顧の憂無からしむる爲に關を設けて朝鮮と戰ひ、之に勝つや其の威力を利用し、江都會盟を結び國境を侵すの不可能を知らしめ（附、第一參照）相互に國境を重んずべしとの聲明、殊に中間に間曠無人地帶を設定することにした即ち兩國は各封疆を守り、互に私越を禁ずることを約し、以て滿洲を封禁の地となし、朝鮮人の侵入に備へたが幾何もならずして更に鴨綠江下流攪盤より鳳凰城を經て靉陽門、城廠門、旺盛門に至る線を劃し、長柵を築いて防備を施し、每年三回柵を開いて交易を許した。

其の後康熙年間に至り、清朝は其の發祥の靈地たる長白山を版圖內に編入せんとして多年調査員を派遣し、朝鮮側との交渉等をなして來た結果後朝鮮側役人立合の上、長白山に定界碑が立てられるに至つたが其の碑文に「西爲鴨綠、東爲土門」（附、第二參照）とあり、その「土門」の所在に二說あつて、淸は今の圖們江を以て土門江と解し、從つて間島は淸領なりとし、韓は土門江は松花江の一支流と解し、從つて間島は韓領なりとして各々自說を守つて二十六年間に亙る紛議を生じたることは人の知るところである。

かくの如き淸朝の封禁政策は李朝の江禁政策と相呼應し、東邊道並に間島をして長く封禁の地となさんとしたが兩朝の政策は距今約百年前頃より山東、朝鮮よりの流民を防ぎ切れなかつた。

吾人が古代並に中古史に於て如上の滿鮮關係史を摘記したることは1、今日の朝鮮民族は日本內地人と同系のウラル・アルタイ族でありしかも滿洲乃至少くとも之と關係深き地方より南進したるものなること　2、往古より朝鮮人は滿洲に於て興亡の歷史を經驗したること　3、近古に於て兩國封禁政策と之を犯し北進したることは正に政策と生活本能との正面衝突であることとの三點の諒解に資し度爲に外ならぬ。

近古及び現在に於ける朝鮮農民の滿洲流入の直接動機が其の有する生活本能であることは餘りにも明らかであるが而かもその生活本能は長年月の間自然的、社會的並に經濟的諸條件の歸結的所産として造成されたるものである。而して此の本能乃至衝動に依つて初まつた滿洲への流入が極めて自然的に始まり（越境耕作、私耕の如き）極めて素朴なる方法に依る耕地の獲得となり、營農への着手となり、至るところで營畓本能を滿足しつゝ今日の段階に至つたが、全く「意識せざる構想、計劃」の所産であるが、又一方その發展が必然的經過を辿つてゐることも事實である。

然らば今日の百五十萬を算する在滿朝鮮人は如何なる歴史的條件に育まれ、且つ如何なる政治的乃至歴史的環境を造成したかの問題に對し、概觀的考察を試みんとする。

往古の歴史が滿洲は各民族榮枯盛衰の地たりしことを敎へ、朝鮮人も一時此處に覇を唱へたことは上記の通りであるが、之等のことは今日の滿洲に於ける朝鮮人特に農民流入問題とは直接無關係であるが故に距今百年前からの事實を省察しつゝ筆を進めることゝする。只玆に注意を要することは朝鮮人の滿洲流入の動機に對し多少裝飾されたる見方があるといふことである。即ち「滿洲はツングース族の古住地であり高麗の版圖、朝鮮人の故土である。今日の朝鮮人が群をなして滿洲に流れるのはその歸還心理に基くものである」とする向もあるがそれは一の結果論としか考へられぬ。歴史的神秘を極め、深き冥想の餘地無き者にとりては肯定し得ないところである。吾人の常識では朝鮮人の滿洲流入は滿洲側の有する斯如神秘乃至憧憬的引力作用に依るものに非らず、寧ろそれは朝鮮側に內包する實現的押力作用に依るものと斷ぜざるを得ない。

「一つの活路への進出であり、飢者の出奔であり、既知の死地より未知の死地への流れである」といふのは極論ではあるが實狀には觸れてゐるものと思ふ。

前述の如く現在に於ける在滿朝鮮人は渡江百餘年の歴史を有するが、記述の便宜上距今約百年前（道光二十年、皇紀二千五百年）より明治初年（李朝高宗）の約三十年間を第一期、明治初年より同末期（日韓併合の頃）の約四十年間を第二期、大正元年（民國元年）より大正十年（民國十年）までの十年間を第三期、その後より昭和七年（大同元年）までの十年間を第四期、更に其の後より現在に至る十年間を第五期として考察して見たいと思ふ。即ち第一期は三十年、第二期は四十年であるが、第三、四、五期は各々十年を劃しその滿洲流入の概貌を異にしてゐること、建國十周年の現在は第五期の終期であると同時に第六期の初期に當ることになる。

## 三

## 一、第一期（道光二十年 皇紀二千五百年 約三十年間）

距今百年前上述の清國の封禁策並に韓國の江禁策と朝鮮人渡江の歇力とが正面衝突され、而かも後者の事實が前者の政策を覆へす幾に到達した。即ち清は末葉に近く諸政弛緩を來しこの封禁策にも漸次ゆるみを生じ、西からは山東人、東からは鮮人の潜入を防ぎ得ず、之等は私墾を以て事とした。この朝鮮人の私墾即ち越境耕作を含む私越偕墾は近代鮮農流入の嚆矢的事實であると解する。

當時の事實を通覽するに、

東邊道一帶は清朝時代封禁地帶であつたから官兵を遣して之を監視して居つたが素より交通不便にして監督周密なるを得ず、遂に道光二十七年に至り鴨綠江西岸四十二ヶ所に私墾地あるを査出し、其の墾民を驅逐すると共に監視所を設け、監視を厳にしたが清國は末期に近く諸外國との接觸漸次深まり、他方朝鮮も窮乏農民や旱水害に依る飢民が擧つて肥沃なる土地を求めて流れ込み之を抑止する術もなかつた。

道光二十八年には鳳城縣邊界に私墾鮮農入り既に營農を開始したるを以て地方省は私墾成熟地及び試墾に適する閒荒を管轄し、便宜上佃民を招き租種せしめることを許したが、これ東邊外に私墾を許可せる濫觴である。

其の同治二年に清國は上諭を發して東邊地方の閒荒の有無、開墾の適不適を詳査せしめ、更に開放或は封禁すべき地域の調査、流民の取締法を研究せしめたが同治十一年には東邊門外より渾河に至る東西百支里乃至二、三百支里南北一千餘支里の間は朝鮮人の私墾者多く事實上開放された結果となつた。

斯くの如くして東邊道には私墾民の多數を見るに至つたが咸豐十一年頃には渾河流域に筏師になる目的で越境したる韓人中に同地域が地味肥沃で開墾が容易なることを見當つけて、その儘居殘つて農業に轉ずるものがあり、それから追々部落的移住をする様になつた。一方此の頃朝鮮の沿江（鴨綠江岸）各鎭僉使が毎年白露節前後約一ケ月間を限り、管下人民に對して清地の柴草を刈取ることを許可したので、人民は對岸に往來し、土地肥沃なるを見聞して移住を熱望する様になつたが中には越耕即ち滿側に居住を移さず毎日江を渡つて私墾する風も續出し、此の風は之と前後して間島地方にも見られたが今の越境耕作は實に此の時に初まるもので朝鮮人滿洲開拓移住史の一古跡とも言ふべきものである。

この第一期時代を通じて見られる特徴は。

1、特に豆滿江岸に於ける清、韓兩國國境が明確ならざりしこと。
2、清朝の鎭國封禁政策は流民默認時代に化しつゝあること。
3、朝鮮側の移住熱高く官は之に暗默に同情したること。
4、鴨綠江、豆滿江沿岸地帶に越耕者、私墾者を出し（線的）たる程度の分布が漸次江より數十里の奥地に散布され面的分布に變形しつゝあること。
5、更に此の時の作物營農は水田作にあらず畑作なりしこと。
6、本期末推定戶口江岸約數百戶。

## 二、第二期（明治初年より同年末頃までの約四十年間）

明治二年から同三年、四年と引續き北鮮は大凶作で就中明治二年は所謂己巳の大凶で五穀稔らず北鮮一帶は大饑饉の修羅場と化したのである。此の時に越江犯禁の數が夥しきに上り、朝鮮人の移住に拍車を加へたのは想像に餘りがある。かの鮮農流入を以て水の低きに流るゝに例ふるのも宜なるべく當時の咸鏡道觀察使魚允中の報告に「越江罪人不可盡殺」とあるのも故なしとしない。この朝鮮農民の大量滿洲移住はその後續々と增加の一途を辿り、殊に間島地方に於けるその勢

六

は清韓兩國政府を驚かし、明治十七年（光緒八年）に至つて清國政府は韓國政府に對し「從來越江開墾してゐる百姓は之を罰せず、租稅を納入させ琿春敦化の管轄に歸せしめ業に安ぜしめ、一視同仁の取扱をやるが今後は嚴重に禁令を守り、之でも越境する者には嚴罰に處する」旨の照會すらあつた。

一方東邊道地方は如何、明治四年頃から窃に木を編んで假舟を造り、家族を乘せて深地に入込み、農業を營んだものであつたが（今の輯安縣）其の數千戶に及んだ。

これに對する李朝政府は次の如き方法を講じた。

1、明治二、三年の凶作に依る移住に對しては移住者保護の必要に迫られて翌年、時の平安北道の觀察使は政府の命を俟たず、鴨綠江右岸一帶の地を四郡二十八面に區劃して統治した。

2、降つて明治三十年朝鮮政府は徐想懋を西邊界管理使に任命し、深地一帶の韓人を保護せしめた。當時朝鮮人移住民の數は今日の通化縣、桓仁縣、興京縣、寬甸縣各地方に分布し八、七〇〇戶、三七、〇〇〇人と云はれてゐる。

3、更に明治三十四年管內に鄉約を設け、議政府李容泰を鄉約長に、徐想懋を副鄉約長に任じたが、明治四十年間島問題の解決と共に鄉約を廢し、移住朝鮮人の自治制を認めた。

間島、東邊道を通じて斯如越江者は年に依り多少の消長はあつたが、彼等農民は清朝の同化政策（辮髮易服）と韓國の送還政策（徹底せず）と强く抵抗し乍ら遂に間島歸屬問題、即ち定界碑問題の客體とまでなつた。

間島歸屬問題は其の內容は既述の如く其の後何等の歸結を得なかつたが、韓國の外交權が日本に讓渡されたる後明治四十二年（康熙三年、宣統元年）安奉線改築問題との交換條件として、主權は清國にあり、居住は朝鮮人が自由にやる所謂間島協約（附、第三參照）が成立し一時解決を見るに至つた。最早この時は在間島鮮農の多くは佃民（名儀地主たる滿農に對する現耕地主）として根强き發展をなすに至り、一方には南滿から西滿（東滿）に向ひ各地に於て活潑なる發展を遂げかつて間島を朝鮮化したる勢を以てやがては滿洲を間島化せんとする氣勢を見せた。

かくして間島協約と翌明治四十三年の日韓併合と更に續く東拓の營業開始、南鮮に於ける土地買收とは外交的に政治的に、將又經濟的に移民史上重大變革の機を與へ、朝鮮農民の滿洲流入に更に拍車をかけたばかりでなく、素朴なる純本能的渡江時代たる第一期並に第二期的流入の概貌は稍々一訂されるに至り、玆に大正初年頃以後の第三期時代への突入の素因を形成するに至つた。

飜つて此の期に於ける半島内の思想的動向を察するに李朝末期の所謂末期的諸現象は政治に產業に文化に其の封建的色彩が特に强かつたが同時に外來文化の影響を受くべき必然の姿に置かれた。即ち東海の日本は明治の維新に依り諸制文物に生氣潑溂とし最も迫力ある姿に立なほつたに對し、之と著しく立後れ兩者正に跛行狀態となつたが然し其の內包せる封建制度は自壞作用を呈する氣運醸成され、明治九年の日韓修好通信條約、西歐人の渡來、明治十五年の金玉均の蜂起等は其の序曲とも見るべきものであらう。降つて明治二十七年の東學黨の亂は日淸戰爭の一因をなし、之と前後する開化意識（新西洋文化輸入に依る）は親日、親支の二大傾向並に開化獨立派と事大派との抗爭に益々拍車をかけ之に日露戰爭前の親露的空氣と或は兩立し或は鼎立し、複雜混亂の中に日露の交戰、日本の勝利となつたのである。

明治三十八年日韓協約に依り韓國の外交權が日本に移され韓國は所謂保護國となるや之に反對運動する者都鄙に多く志士、宗教家、政治家中の不平分子は擧げて間島又は沿海州に流れ策謀せんとしたが之が政治的動機に依る滿洲移住の端緒である。

明治四十年の海牙密使事件數年後に續出せる伊藤公のハルビン遭難事件、日韓併合に依る排日運動並に東拓の營業開始に對する反對等は何れも之等移住亡命家に直接又は間接的關係の下になされたのである。

右移住史思想史を通じて見られる本期の特徴を擧ぐれば、

1、本期に至る迄清韓兩國の國境、明確ならざりしこと

2、移民自身は勿論、日、韓、清の各當局に於てすら計劃性無く、流入の事實が國策國交に先行したること

3、營農型態は畑作經營たりしこと

4、朝鮮は李朝の末期にして農業機構其のものが極めて脆弱なる封建性の上に打ち建てられ、農民は氣力、迫力を失ひ貧農群、小作農群の耕作地を求むる熱高かりしこと

5、朝鮮內の社會は鎖國的頑迷時代より文明開化謳歌時代に急激に脫皮せんとした時代にして、農民は心理的に滿洲への流入を一の海外飛躍と見られ、思想家は時代改革の活動舞臺を滿洲に求め始めたること

6、和龍恪越墾局が管內韓民の歸化を强制したのは明治二十三年にして特に注目すべき事項である。

7、第二期に於ては主として間島に分布され、（主として北鮮人）其の末期に於ては全滿に廣がらんとする形勢にあり、其の分布數十五萬と概算される。

## 三、第三期（大正初年より同十年頃迄の約十年間）

明治四十一年の東洋拓殖會社の設置、四十二年の間島協約の成立に引續き、四十三年には日韓併合となつた。鮮農の滿洲流入に一劃期的にして大關節的事實たることは勿論である。東拓の設置並に鮮內に於ける土地買收の開始が特に南鮮農民の滿洲流入を促進し、其の他の經濟的諸原因が日韓併合といふ政治的原因と相關關係を持ち之に大拍車をかけるに至つたが就中東拓の事業開始は第二期時代迄の北鮮よりの移住時代より南鮮よりの移入を開始せしめる一大動機となつた。

東拓は朝鮮內に於て移民事業及農事經營を目的として設立されたる韓國に於ける日本側唯一の特許會社であつたが、其の業蹟は必ずしも初めの計畫通り行かず人口稠密なる南鮮に於けるその事業は本來の使命たる植民業は不成功に近く之に

代置されたる不動産貸付が盛況を呈するに至つた。特に注意を要することは營業開始（明治四十三年）以降大正九年に至る前後十一回に亘つて移民を收容したる數は僅かに三千九百戸に過ぎないが此の東拓の土地買收（十六萬町歩）の爲めの立退者は其の間に二萬七千戸に上り、結局日本内地人移民一戸を入れる爲めに七戸强の朝鮮人農民を立退かしめたる數字となり一時爲之朝鮮内に於ける思想問題に迄影響され、延ては一般農民層に心理的に迄影響され滿洲流民の數が加速度的に增加し輿論は當局の無爲を難ずる意味をも含め之等の流民を「棄民」と稱してゐた。

次に此の期に於ける社會並に思想的傾向を概察するに日韓併合は政治的不平分子層を出すに至り、之等は活動舞臺を滿洲にも求めるに至つて一部の農民層が之に追隨したる事實がある。此の間に間島領事館の設置、朝鮮總督府派遣員制度の確立並に民會運動の指導網確立等の建設的措置ありたるにも拘らず反動氣勢は特に滿洲に於て收拾すべからざる狀態となり此の雰圍氣が當時の民心を刺戟し農民を壓倒したことは注意を要する。

一方大正四年の所謂二十一ケ條々約（附第四參照）の締結後淸國側の排日的空氣漸く現はれ、鮮農壓迫を排日の手段とすることが萌芽したが歐洲戰爭の東亞への波及、其の講和後の好況時代に世相は轉移されたが大正八年の萬歲騷動は内外を刺戟すること大きく朝鮮人の滿洲流入に一助となつたことも勿論である。

即ち朝鮮内外には民族主義胎動され思想界を風靡し一部の不平分子は滿洲に流れ（他に米露上海等）宗教系統を利用し、學校系統を利用して勢力を結集し、大正八年度に於ける在滿民族主義團體數は三十に垂んとする實勢であり、之等は運動管轄を滿洲に止めたのではなく勢力の連絡網、影響力を朝鮮、米國、露領、上海等に迄及ぼしたが之は大正八年三月一日に京城に於て唱へたる獨立萬歲が同月十三日に龍井に傳波する程の速力を有したる一事に依りても窺ひ得るところである。

更に朝鮮内に起りたる流言蜚語は民衆を動かし、農村の經濟的墮落は農民の多數をこの政治亡命家の後を繼がしめつゝ益々滿洲への流入を多からしめたが之は不可抗力に衝當つての捨身であり既知數の死地（南鮮）より未知數の死地（滿洲）への観念が彼のアリランの歌の哀調と織交つて彼等をして愈々センチな立場に立たしめた。

朝鮮内に於ける一般輿論も朝鮮人の滿洲流入に對しては一賛一否の論あるのみ、建設的なる方法を考へる者は朝野を通じて少く只此の移民部隊が思想惡化の一助となつたに過ぎぬ。

兎角大正八年の萬歳騒動並に其の後二、三年の思想的動搖期は此の雷動的渡江時代たる第三期流出を婉曲に第四期へと回轉せしめたことは事實である。

此の第三期激動期の一般的特徴とするところは

1、中國當局の鮮農移住に對する態度は官は之を喜ばなかつたが民間に於ては經濟的有利性（濕地開拓、地價高騰、小作料引上等）より必ずしもそうでなかつたこと。

2、朝鮮側に於ては之が救濟、指導の暇なく一般的に放任するの止むなきに至り、民間（新聞等）の輿論は一部賛成、一部反對の傾向にありしこと。但し議論の根據は何れも民族主義なりしこと。

3、鮮内及び滿洲は民族主義支配的なりしこと。但し此の末期に於て共産主義の萌芽があつた。

4、北鮮農民の入滿に加ふるに新に南鮮農民の入滿が始まりたること、同時に移住地は間島より全滿に擴大されたること。

5、この末期に於て間島地方約三十萬、其の他二十萬計五十五萬と概算される。

6、中國側の鮮農壓迫組織化されんとしたること。

## 四、第四期（大正十二、三年頃より昭和七年頃迄の約十年間）

第三期の末期に引續き大正十二、三年頃は渡滿の黃金時代であり、移民熱高騰期である。此の期の移民は前述の如く「棄民」と謂はれ、毎日の北行列車は「棄民列車」を以て呼ばれ鮮滿國境要所要所は之等の流民を送迎するに寧日なき有様であり、當局はこの洪水を堰止めるの愚を演ぜず、只傍觀するの已むなきに至つた。

時に間島は人口的に飽和狀態に近からんとし、その他の各地に於て水田を經營せんとする流民の老若男女は東蒙、北滿にまで行列を延ばし、今日の鮮農分布形勢が其の時期に於て概成されたのである。殊に昭和二、三、四年頃の不況時代は更に此の度を强め實に死にもの狂ひの慘狀であつたが不幸中國當局の鮮農忌避の態度は愈々露骨化され鮮農を日本の帝國主義對滿侵略の先鋒なりと理由付けることに依つて、この問題を急激に政治化した。

大正十四年日支間に於て取結ばれたる所謂「三矢協定」（附第六參照）は滿洲に於ける反動分子の取締權を中國側官憲にも認めたのであるが中國側は之を惡用して鮮農壓迫の好機とし昭和二年に至つては全滿各地に於て組織的に鮮農壓迫がなされ同年末前後の朝鮮人壓迫につき中國側が出した訓令は隨分あるが內四分の一は「鮮人の背後に日本人があるから、我々は主權保持の爲め朝鮮人を排斥しなければならぬ」といふ樣な文句である。

鮮農壓迫の方法は玆に一々揭ぐるの實益を認めないが故に省略するが兎角舊政權官憲の鮮農排斥事件は愈々頻繁となり鮮內の輿論漸く激化し並に日本側の保護政策、之に對抗せんとする時、昭和六年秋偶然にして偶然に非らざる事實として彼の萬寶山事件が突發した。過去の事實の必然的結論であると同時に將來をトする豫感でもあつた。

萬寶山事件が他の原因をも內包して滿洲事變に發展し、更に滿洲事變が新國家の建國へと飛躍發展したることは周知の事實であるが之等一聯の創建的天業は鮮農の流入にも大いに作用し、終にこの第四期騷亂時代に代ふるに第五期安定統制時代を以てせんとし移民行列にも將來の發展を約する明るい曙光が見えたのである。

首を回らして思想界を一瞥せんか。大正十二年上海京城方面よりの入滿共產主義者は當時壓倒的勢力を有せし民族主義を打倒し、之に代ふるに自家の赤化思想を以てせんと策したるが大正十五年に至り朝鮮共産黨は滿洲總局を成立せしめ在滿朝鮮人の左翼分子を之に網羅せんとしたが其後勢を得昭和二、三、四年は此の運動の全盛時代であつた之より先民族主義各團體も勢力挽回の爲め團體の統合等をなし來つたが大正末期の民族、共産主義亂舞、抗爭を經たる後はその離合集散常に行はれ、昭和二年參議府、正義府、新民府の鼎立時代を最後にその勢力潜在的になり其の盛況を共産主義に奪はれたのである。

上述の朝鮮共産黨滿洲總局は主として中部滿洲を中心として散在する米作鮮農及び商品作物大豆耕作の發展した間島地方朝鮮人勤勞農民を社會的基礎として成立したのであるが、內部の派閥鬪爭甚だしく、間もなく組織は分裂し、對抗々爭を續け、昭和三年末コンミンテルンに依つて、小市民階級及び知識階級の充滿による派爭として承認を取消し再建を命ぜられるに至つた。

爲　に滿洲總局は解體して朝鮮共産黨再建設準備會滿洲部を組織し、コンミンテルンの承認指令を企圖したのであるが當時全滿を其の組織分野として共匪活動の統制に乘出しつゝあつた中國共産黨との間に問題を生じ、遂にコンミンテルンの一國一黨主義なる組織原則に從ひ、昭和五年在滿朝鮮人共匪はそれ〳〵中共滿洲省委員下の地方組織に加盟し、問題を解決するに至つた、當時中共は所謂李立三路線に從つてゐたのであるが、その指導の下にかの有名な五、三〇暴動を勃發させ、朝鮮人共匪活動の左翼的偏向として、今日の沒落を必然ならしめたる原因をつくつた。他方之等間島に於ける共産運動の撲滅運動は京城間島等の鮮系有志の間に提案され昭和七年二月民生團の成立となり各地に運動網を張り實踐に移らんとしたが其の內容の充實を缺きたる爲め可惜同年七月解散の已むなきに至つた。この民生團運動は其自體は一時的のものであり無內容のものであつたが間島特別行政區設定運動をなしたる着眼と後康德元年成立したる協助會工作には大なる示唆を與へたることは記憶すべきである。

省みてこの第四期の特色とするところを摘記すれば

1、量的發展の黃金時代たると共に、後半期は壓迫の激甚なりしこと。

2、日、支兩國間の國際的摩擦、激甚にして鮮農は現地的犧牲の主要負擔者たりしこと。

3、鮮內と滿洲を通じ思想的には民族、共産二大思想の兩立亂舞期にして漸く共産主義が民族主義に代位し來り現地の鮮農は官憲からも共匪からも「訴へられざる被告」的立場にありたること。

4、本期に於ては民國への歸化者漸增し、中國の政策之を促進したので昭和元年頃より年を經る度に增加し昭和三年に至りては在滿朝鮮人中約三割內外歸化されてゐるものと推定されてゐる。

5、此の時代の移民とは間島移民の意に非ず寧ろ間島以外の流民を謂ひ營農型態も間島以外の地に於ては水田營農が標準的なるものとなつた。

6、本期に至る迄の在滿朝鮮人指導機關は重複亂立し又は其の間に連絡を缺く憾みが多々あつたが其の狀況左の通りである。大正十年以來敎育、衞生、防疫、金融、産業並に救濟に關する施設については朝鮮總督府に於て擔當し、專ら之が保護助長の任に當り

警察取締に關する施設、朝鮮人會指導監督に關する施設、調査就籍に關する施設は外務省側に於て之を擔當し專ら保護取締の任に當り夫々連絡提携して撫育保護の完璧を期する立前(附第五參照)であつたが實際上此の外在滿各領事、關東長官、滿鐵總裁及び關東軍も關係があつたので所謂五頭政治の治下に置かれた形であつたのである。

## 五、第五期(昭和七年より今日に至る迄の約十年間)

第四期の錯綜せる中に有識者は在滿朝鮮人問題の解決は政治的解決をなしたる上に非ざれば焦つても無理である。との

見解が强かつたが滿洲建國は即ち總てを包含する外實に此の「政治的解決」でもあつたのである。

滿洲建國以後の鮮農開拓問題はイデオロギ的にも實務的にも兩國家統制下に置かれ今日に至つてゐるが、其の種々の現象的事實はに後述屬すべきを以て、その特徵的なるもの數箇條を揭げて置くことに止める。

1、本期の鮮系國民關係政治的事實を摘記すれば

○大同元年　關東軍第三課に朝鮮班設置
○康德二年　右班を廢止し民政部拓政司に第二科を設く
○康德三年　在滿朝鮮人指導要領確立さる
○康德三年　鮮農取扱要領定る
○康德四年　鮮農移住統制並に安定實施要領定る
○康德四年　治外法權撤廢
○康德五年　鮮農入植取扱要領定る
○康德九年　鮮系國民指導要領成る

2、次に重なる思想的事實を摘記すれば

○大同元年　延吉に共匪歸順審査委員會設置さる、此の時間島の治安亂る。
○大同二年　東北人民革命政府成立し鮮系匪團は其の配下に於て蠢動す。
○康德元年　協助會成立
○昭和六年　より五年間、間島に於て共匪六千八百名を檢擧す
○康德三年　間島丈の歸順者二千五百餘名を算す

○康德四年　排共運動を展開す
○康德五年　金日成東邊道に跋扈す
○康德七年　東南地區工作後援會活動す
○康德八年　金日成逃亡と推定さる
3、更に社會一般關係事項を摘記すれば
○大同元年　滿鮮日報創刊さる
○大同二年　間島各地に集團部落出現
○康德二年　鮮系官吏多數採用さる
○康德三年　滿鮮拓殖會社創立さる
○康德四年　協和會都市鮮系不正業者に對する工作を實施す
○康德五年　志願兵制度を實施
○康德六年　日本內地人開拓地附近に浮動鮮農多し
○康德七年　朝鮮總督府に對し在滿有志教育問題に關する陳情をなす
○康德九年　皆勞報國運動實施
○康德九年　徵兵令發布
○康德九年　籾出荷工作開始
4、鮮系の開拓政策は日滿兩國の綜合的統制國策の下に置かれ、過去の實情と未來の豫想を見詰めつゝ一方日本內地人開拓民並に原住民の處置問題等を橫に見乍ら統制安定の方策を樹立し實施されてゐること（統制入植第一期尙ほ附第十參照）

一五

5、鮮内に於ける皇民化運動熾烈となり、在滿鮮系も皇恩に浴し、建國の歡喜が之に加はり精神的に安定されつゝあること。

6、本期の前半期は前第四期の移民熱に更に拍車をかけたる感ありしが、後半期に於ては南鮮農村より日本內地への渡航者激增するやそれと對蹠的に漸く平常化せんとする傾向にあること。

7、建國以後青年及び知識階級の入滿多く主要都市は十年間に多きは十倍の鮮系增加率を示す例すらある。

8、諸開拓政策の發展と支那事變の勃發並に大東亞戰の勃發とは米作農民たる鮮農に國家的重大使命を賦與しつゝある。

9、滿洲事變を中心とする前後の入滿比較については左の數字が屢々引用されるが之は第五期の一つの面白き現象であること。並に兩方共極數にして平常化されたる今日の狀況とは大差あることに注意を要する。但し新國家獨立に對する半島民の歡喜の程は充分窺はれる。

滿洲事變前後三年間の朝鮮人入滿比較表

| 事變前 | | 事變後 | |
|---|---|---|---|
| 昭和二年末 | 五五八、一八〇人 | 大同二年末 | 六七三、七九四人 |
| 昭和五年末 | 六〇七、一一九人 | 康德三年末 | 九一五、九三〇人 |
| 右三年間の增加 | 四八、九三九人 | 右三年間の增加 | 二四二、一三六人 |
| 一年平均增加 | 一六、三一三人 | 一年平均增加 | 八〇、七一二人 |

10、入植問題と平行し既住鮮農の安定指導問題が漸く胎動せんとすること（附第十四參照）

11、本末期即ち現在の分布數は百五十萬と推算されてゐる。

叙上の如く現在は第五期の終期であり、第六期の初期への誘導期に直面して居り、第五期的諸現象は更に急激に第六期に大轉せんとする必然性に立脚してゐる建國十周年の送年大東亞戰第二年の緊張せる時局等が即ちそれである。

# 第二章　朝鮮內に於ける社會的諸條件の一瞥

前述に於ける朝鮮人の滿洲流入の動機は直接的には滿洲の內包する憧憬乃至引力に依るものでなく、寧ろ朝鮮社會に內在してゐる壓力が之等を押出すものなりとしたのであるが此の意味に於て朝鮮社會內に於ける政治、文化、思想並に經濟等の諸現象を一顧することは便宜以上に必要なことゝ信じ以下項を改めて略記する。

## 一、半島統治の三大特色

1、皇民化運動が相當徹底的に展開されてゐること
2、官の立場が高踏且强力にして民衆の協同の機會比較的少きこと
3、未だ民衆が戰時的に組織（兵役等）されざること

## 二、朝鮮人の血緣的沿革

朝鮮人が血緣的に今日の日本內地人と同じくウラル、アルタイ系に屬し且つ蒙古人、舊滿洲人等と同系なることは學說の一致するところ、且つ南進に依り半島に住し、此處に於て興亡の歷史を綴りたることも明かであるが其の血統は單純なるものでなく少くとも次の五族の血統混入はあつたものとされてゐる。

1、出雲族——新羅の創國と關係深し
2、扶餘族——馬來族にして南方の人種、咸鏡北道、圖們江岸より朝鮮に入つた。その頃は滿洲にも勢力を有したること

前述の如く、平安道に入つて高句麗國を建て、後忠淸、全羅兩道に誇る百濟國を肇めた。

3、前馬韓族――朝鮮の先住民族である基準に滅ぼされ四散し出雲族、扶餘族の奴隷階級に墜ちた。

4、穢貊族――古く支那より移住したる穢族は今の遼寧省から平安、江原、慶尙の地に入り、貊族は遼東半島より西部沿岸に移住したるものであるが、後に扶餘に追はれ漢族、出雲族に征服せられた。

5、漢人種――周時代に遼東より移住し平壤に都したが燕人衛滿に追はれて南走し後馬韓を建設した。

斯の如く今日の朝鮮人は日本內地人と血族的近似性を有するのみならず、在滿各民族即ち舊滿洲人、蒙古及び漢族（特に山東系）とも血緣的に淺からざる關係を有するのである。殊に朝鮮民族發祥に關する古神話は何れも上擧の諸民族と關係深きことを示唆するものである。

## 三、朝鮮內に於ける人口現象

朝鮮內に於ける人口現象の中特に滿洲移住と關係深き事項の中結論のみ摘記する。

### 1、總　數

朝鮮の現住人口は昭和十四年末に於て二千二百八十萬六百四十七人、戶數は四百二十九萬一千五百五十四戶であり、翌昭和十五年末調査は戶數不明なるも二千四百三十二萬六千三百二十七人である。之を二千四百三十三萬と概算し內から內地人六十五萬、外國人五萬を差引けば結局朝鮮內に於ける朝鮮人は二千三百六十三萬と言ふことになり日本全國民の約二割三分である。

### 2、增　加　率

倂合の年たる明治四十三年末の人口一千三百三十一萬餘が昭和十五年末に二千三百六十三萬を算するのであるから三十

年間に一千三十二萬を增加したることになり、年平均三十四萬の增加となる。尙ほ之れは併合直後の一・八倍に達してゐる。

今過去十ヶ年の朝鮮人人口の自然增加を見ると、過去五年間の平均自然增加は年二十五萬人、その前五年間の平均は二十五萬人で之れを併合直後五ヶ年間の年平均自然增加數十四萬に比すると、近來に於ける朝鮮人人口の自然增加は頗る旺盛であると云はねばならぬ。尙ほ列國出產率と比較すれば朝鮮人の一年人口一千名に對し三七・九人は世界第一位である。

3、密　度

全鮮を平均したる朝鮮の人口密度は一方粁に付一一〇・一三人であるが道別に見れば京畿道の二二三・四人を最稠密、咸鏡北道の五四・一七人を最稀薄とし京畿、忠南、全南、全北、慶南、慶北、忠北、平南、黃海、江原、平北、咸南、咸北の順となり、湖南地方（忠淸南道及び全羅南北道）が最も密度高く、南鮮地方（慶尙南北道）及び中部地方（京畿、忠淸北道及び江原道）これに次ぐが西鮮地方（平安南北道及び黃海道）及び北鮮地方（咸鏡南北道）は全鮮平均密度を遙に下廻つてゐる。

特に今日の滿洲開拓民は南鮮地方人口稠密地帶を源泉地とすること並に全鮮平均密度は世界の第六位にあること等に注意を要する。

4、都　市　集　中

昭和十四年末京城以下二十府の府部人口は二百三十八萬で同期全人口の一〇・四％が都市人口、殘餘の八九・六％が農村人口である。

但し右は二十の府にのみ言はれることで近年の農村の不況、工業地帶の開發等は人口の都市集中並に小都市膨張の傾向を强度ならしめ、大正十四年より僅か十五年の間に二萬以上の都市が三十二から九十に、その人口が百三十六萬から四百七十五萬にそれ〲激增してゐる。都市の數に於ては三倍に、人口に於ては三・四倍になつてゐるのである。即ち大正十四年から昭和十五年に至る朝鮮の人口增加數四百八十萬の中、二萬以上の都市の人口增加數は三百四十萬に及び、七割はこれら都市に吸收され、爾餘の三割が農村に吸收されたことを物語る。換言すれば朝鮮の人口增加率は高きも農村の增加率は都市の增加率に遠く及ばぬといふことになり、離村者の激增を連想せしめるものである。

### 5、職業別人口構成

總數を一〇〇とする各職業別人口のパーセンテイジは左の通りである。

農業＝七二・五％、水産業＝一・五％、鑛業＝一・五％、工業＝三・二％、商業＝七・三％、交通業＝一・二％、公務及自由業＝四・〇％、其の他有業者＝七・〇％、無職＝一・八％、總數＝一〇〇％

併し乍ら相對的變化については、例へば大正八年末現在農業人口は八三％を占めて居り、工業人口は僅かに二％に過ぎないのであつたから、農業の相對的地位が減少し、工業の相對的地位が增大しつゝある近代朝鮮の姿はこゝにも窺はれるのである。

### 6、男女別人口

朝鮮に於ける人口現象に於て注意を要する事柄に年を經るに從ひ男女の均衡が相接近することである。滿洲に於ても此の點は彼の山東流民と異るのは勿論、一般滿人とも著しく相違する。此の點は將來の人口增加に好條件であることを指摘して置く。

### 7、在外朝鮮人

半島以外に居住する朝鮮人は約三一六萬で其の內譯（最近の數字に一部推算）は滿洲一五〇萬、內地一三〇萬、中華民國一〇萬、蘇聯二五萬、北米布哇、玖瑪其の他に約一萬である。

此の在外朝鮮人三一六萬に半島内朝鮮人二二三六三萬を加算した在内外朝鮮人總數は二千六百七十九萬（昭和十五年末）といふことになる。

8、豫想人口數

在内外朝鮮人一年間の自然增加を年四〇萬と概算すれば今後十年を出でずして三千萬を突破すべく半島内人口（内、鮮、外）に於ても十二、三年にして三千萬を突破すべきは學者の所見も一致してゐる。

## 四、朝鮮農村の實態

朝鮮農村に於ける離村問題並に入滿、渡日の問題がその農村に於ける各種の實態に深く原因してゐることは勿論であるから之を概觀せんとするものである。以下擧げる諸項目は主に朝鮮農村の不健全相であり此の外に類しき幾多の例もあることを併せて考慮され度い。

1、國有地竝分配不平等の問題

昭和五年末調査に依れば國有未墾地、開墾可能地、驛屯土、洑及附屬地、公有水田、開墾可能地等の國有地總計四四八、九五六町步となり之に國有林野、土地及工作物並に建築及工作物を合すれば實に八、八八一、五四三町步といふ尨大なる面積となり耕地總面積の正に二倍に當り、更に國有未墾地貸付並驛屯土公有水田等の貸付には一般農民は其恩典を蒙ることが少いのである。

2、耕地所有の不均衡

昭和十四年度末に於ける朝鮮內自作地百九十萬町步に對し小作地は二百六十三萬町步である、大正三年に於ては自作地百四十二萬町步、小作地は百五十九萬町步であつたから三十年間に自作地は三四％强の增加に對し、小作地はその二倍たる七〇%增加で、漸次自作地より小作地が增加しつゝあることが窺はれる。

更に朝鮮農業人口の約三%が十町歩以上の土地所有者で約二七%が農業勞働者、約七〇%が小作人である。

**3、東拓の土地買收並に土地金融資本の侵入**（前述）

**4、農業經營の零細**

**特に南鮮に於ける一例を擧げて置く。**

耕作耕地廣狹別農家戶數（%）

| | | 總數 | 五反未滿 | 一町未滿 | 二町未滿 | 三町未滿 | 三町以上 |
|---|---|---|---|---|---|---|---|
| 內地 | | 一〇〇・〇 | 三三・九 | 三二・七 | 二四・一 | 五・七 | 三・六 |
| 朝鮮 | 總數 | 一〇〇・〇 | 三八・〇 | 二五・〇 | 二〇・〇 | 一一・〇 | 六・〇 |
| | 自作 | 一〇〇・〇 | 二〇・〇 | 二一・〇 | 二一・〇 | 一六・〇 | 二二・〇 |
| | 自小作 | 一〇〇・〇 | 三四・五 | 二五・五 | 二二・〇 | 一二・〇 | 六・〇 |
| | 小作 | 一〇〇・〇 | 四三・〇 | 二六・〇 | 一八・〇 | 九・〇 | 四・〇 |

**5、中產階級の沒落**

昭和元年より同十四年に至る十四年間に自作農は戶數に於て一二%、自作兼小作農は二〇%各々減少して居るに拘らず、小作農は三三%、火田民は二倍餘に激增してゐる。

**6、小作制度の不合理**

小作慣行は大體に於て古來の慣習に從ふが特に舍音制度（不在地主の管理人制度）は大體改善を要すべきものとされてゐる。

7、生産技術と經營能力の低劣
8、資本支配力の强大
9、農民經濟に於ける自給經濟の破壞
10、土地利用

朝鮮は地勢嶮峻にして平地に乏しいが內地が僅に全國土の一割五分八厘の耕地しか持たないのに對し朝鮮は今日に於て二割二分三厘に達してゐる。其の反面可耕牧場原野が不足すること、高度の營畓の結果「天水畓」と言つて雨が降らねば枯れて仕舞ふ危險性のある水田もある位である。

## 五、朝鮮農民並に都市細民の生活

朝鮮に於ける資本主義資本の量的移入期は彼の宇垣統治時代の昭和五、六年の交以來のことであるが之が對蹠的現象たる貧民層の實情を見れば左の通りである。

1、朝鮮に於ける農家一戸當りの總收入は自作兼小作にして年八五二圓、小作農は六八〇圓で內地のそれに比し五割乃至六割弱に過ぎない。然もその中の大部分は現物に依るもので自作兼小作農で現金收入度三七・九%、小作農は三一・五%であるが一面農家の自給度の高さを物語るものである。

2、飲食費の生活費中に於ける比重は自作農六一・六五%（四五・四三）、自小作農六五・二六%（四七・三八）、小作農七三・〇一%（五〇・四八）、平均六六・六四%（四七・六〇）で實に手より口への原始的生活を營み、喰ふ爲に働くといふ本能的なものであることが分る（括弧內は內地）

3、朝鮮は年々食糧不足が甚しい。米作農民の食糧は麥、粟等の雜穀であるが初夏の端境期にはこれすら不足することが例で此の時を麥嶺と稱し「麥嶺難越」の語すらある。如斯食糧難に苦しむ者を春窮民と云ひ、時に草根木皮で饑を醫することすらある。

4、朝鮮の細民には多數の小作人の外都市近邊の土幕民約二〇萬、山林地帶の火田民約四〇萬居る。

## 六、教育問題

1、義務教育は昭和二十年より實施の豫定であり目下其の準備中である。現在も内鮮共學を本旨としてゐる。

2、現在の朝鮮人初等學校適齢兒童の就學率は四五％で明治十九年の内地に於て義務教育制が實施せられた當時と同率である。

3、朝鮮人の國語理解者は全人口の一三・九％で男子は二二・一％、女子は五・六％である。大正二年末の〇・六％に比すれば著しき增加である。

4、毎年數百名の中等學校卒業者と千數百名の專門、大學卒業生は就職難で相當困つてゐる。教育の道は漸次開けて行くが就職の道が阻まれてゐることは教育を與へ道を與へざる結果となり之も知識階級の滿洲流入の一因である。

5、志願兵制度は既に實施され昭和十九年よりは徵兵制度の實施となり半島青年は等しく榮譽を感じてゐる。

6、現在初等學校數の不足に依る入學難甚しく、入學許可者は全志願者の十分の一といふ地方もあり、初等學校にも入學試驗を行ふ例あり、汽車通學生の增加等も特に目立つ現象である。

## 七、朝鮮内に於ける離村問題

1、朝鮮に於ける小作農は或は天災に逢ひ或は永年の農作不振に見切をつけ、或は農耕地の不足に依り、或は小作地を奪はれ住み馴れし農村を離れるといふ現象が著しい。

前揭の最近に於ける都市人口の激增も其の結果的事實であるが之等離村者の行先並に行先の職業は區々であるが大體

1、滿洲に開拓民として入植するもの(三萬) 2、內地に勞働者(炭礦勞と農業勞とあり)として渡航するもの(八萬) 3、鮮內各都市に集中するもの(二〇萬) 4、滿洲並に內地の各都市に集中するもの(六萬) 並に 5、火田民として山中に入るもの(二萬)とに大別することが出來るであらう。年々四十萬に近き離村者を出すことになる。

2、注意すべきことは學校卒業者の離村であるが朝鮮は教育が未だに普及されざる關係上國民學校卒業程度の者も農村の生活を厭ひ飛躍を夢みて離村し、內地、朝鮮又は滿洲の都市に集中し所謂「採職」の列の中に入る。

3、最近は內地渡航者が激增し、滿洲移住者が稍々減少したる感を有るが之は一時的現象と目して差支へなからう。抑々內地渡航を洪水に依る出水に比するならば滿洲流入は滾々として盡きざる河水に比すべき根本的なる相異なることに注意すべきである。

4、以上四十萬の離村の外に農村に頑張る者の中にも、細民に近き小作農と春窮民等が相當多數居ることを知らねばならぬ。

5、之等の離村者の中滿洲に入りたるものは奉天、安東、新京、ハルピン、牡丹江等地に集結され、無職者並不正業者に轉落されつゝあることは別述の通りである。

## 第三章 實態的概觀

在滿鮮系の實態認識に對する態度に今迄二種の態樣があり其の何れを採るかに依り多少鮮系生活に對する認識に差異のあつたことを指摘したい。二種の態樣とは沿線式認識と間島式認識である。前者は滿鐵調査部等の文獻に良く現はれ「朝鮮人は流離四散、南北滿に水田を營む者である」といふ大前提の下になされ、間島、東邊道等の鮮農發展の眞實に觸れてない憾がある。後者は間島各機關の朝鮮人に對する見方で一應朝鮮人社會內部に觸れてゐる長所はあるが間島のみを以て全滿鮮系を律せんとする短所がある。更に前者は統計的に秀で後者は叙述的である。今日の鮮系國民に對する識者の認識程度には其の何れかに傾くを通例としてゐる。

## 一、戸口並に分布

### 1、現勢

鮮系國民地方別總人口數（康德七年十月一日現在）

| 地方別 | 人口 |
|---|---|
| 新京特別市 | 四一、八一八 |
| 吉林省 | 一三六、三四三 |
| 龍江省 | 六、八〇九 |
| 北安省 | 二二、〇九二 |
| 黑河省 | 一、四〇八 |
| 三江省 | 三〇、五三八 |
| 東安省 | 二五、六六二 |
| 牡丹江省 | 一〇五、二二二 |
| 濱江省 | 五六、〇八六 |
| 間島省 | 五八二、四二七 |
| 通化省 | 九〇、〇〇五 |
| 安東省 | 五八、四五七 |

| | |
|---|---|
| 奉天省 | 一四五、八五六 |
| 錦州省 | 二〇、一八五 |
| 熱河省 | 一、二八四 |
| 興安西省 | 七二六 |
| 興安南省 | 八、七三二 |
| 興安東省 | 一、五一五 |
| 興安北省 | 八九八 |
| 關東州（但し康德六年末） | 四、八二六 |
| 合計 | 一三一三、八七九 |

（備考）

今日滿洲に於ける鮮系國民の戶口調査の正確を期することは困難なることに着眼し調査後の發見增加等を考慮すれば百五十萬とするのが無理なき推定數であらう。

2、增加狀況

朝鮮人の近代的移住の濫觴が距今百年前彼の豆滿江、鴨綠江沿岸の私越潛耕に初まりたることは旣に指摘したるが當時は一戶又二三戶宛點々と渡り所謂「點」的に分布されたるに過ぎなかつたが後數年を出でずして沿岸一帶に移住「線」を形成布陣し、更に數十年を出でず全滿の全「面」に分布されるに至つたのである。

增加の狀況を槪觀すれば

イ、明治初年　間島東邊道に約一萬と推定

ロ、明治三十年　間島東邊道に約七萬と推定

| | | |
|---|---|---|
| ハ、明治四十年 | 間島東邊道奉天に | 一一萬と推定 |
| ニ、明治四十五年 | 右仝 | 一五萬と推定 |
| ホ、大正五年 | 略全滿に分布 | 三〇萬と推定 |
| ヘ、大正八年 | 右仝 | 四三萬 |
| ト、大正十二年 | 右仝 | 五三萬 |
| チ、昭和元年 | 仝右 | 五四萬 |
| リ、昭和五年 | 全滿 | 六一萬 |
| ヌ、昭和七年 | 仝右 | 六七萬 |
| ル、康德二年 | 仝右 | 八一萬 |
| ヲ、康德三年 | 仝右 | 九二萬 |
| ワ、康德四年 | 仝右 | 一〇〇萬 |
| カ、康德五年 | 仝右 | 一一〇萬 |
| ヨ、康德六年 | 仝右 | 一一六萬 |
| ツ、康德七年 | 仝右 | 一三一萬 |
| ネ、康德八年 | 仝右 | 一五〇萬と推定 |

以上の數字に於て滿洲建國以後の入滿者の激增を窺知し得べく現在年々一〇萬內外の入滿者を見るが只注意すべきは其の全部が農民にあらず半數以上が都市集中の知識階級又は商工業者並に勞働者であることである。尙ほ康德六年に比し康德七年度は約十五萬の增加となるが全人口に對する比率は一三・五%である。

次に人口増加に於ける農村と都市との姿態的差異如何の問題である。農村に於ける鮮農人口増加が建國直前に比し一・八倍を示すに反し主要都市の鮮系はこの十年間に約七倍の増加を示してゐる。

3、職　業

鮮系國民の生業中主なものは農業であり、八割が農業に從事してゐると言はれるから約二十一萬戸、百萬人を農民と見なければならぬ。之等の農民は大半小作農として最低の生活を維持しつゝある現狀である。

建國當時より比して職業的變遷を摘記すれば

イ、官吏並公職者の數激増したること

ロ、資本家、企業家の數激増され從つて農業の外其の方面の發展にも多少進展されたること

ハ、都市に於ける交通業、中小商工業、外交員、店員、等の増加したること

ニ、不正業者、密輸業者は一面數的相對減は示すものゝ如きも尙ほ明朗性を缺くことを見受ける

ホ、朝鮮人都市居住者に對する授產、就職斡旋等は社會問題化せんとする趨勢にあること

ヘ、勞働方面への進出は今迄は滿洲人に壓へられしが二三の都市に技術職工として能力を認められつゝあること

4、分　布

今日の鮮系國民の分布は殆んど全滿に亘つてゐるが昭和四年頃既に「間島が在滿朝鮮人數の半數を占め、他は新京、奉天地方、通化、興京地方、沿江西間島方面、吉林地方、龍江地方、寧安地方、東內蒙地等に散在してゐる」ことを公にしてゐる。今日に於ては全滿各縣、旗、市の中十四縣旗、臨浦、蘭西、甘南、富裕、泰康、安廣、乾安、圍場の諸縣と巴彥、莫大達、阿榮、翁牛特左、克什克騰、依克明安の各旗を除いては無任の地方無き有様であり之等の縣旗と雖又發見增加等を豫想すれば殆んど無住縣旗を認めぬと言つて差支ないと思ふ

現在如斯殆んど全滿に亘つてゐるが其の分布につき二三研究して見ることゝする

イ、間島省に約半數居住し、殆んど全滿に亘つてゐる他の地方の鮮系とは稍々營農型態を異にし、後者が水系を辿り其の流域に集結され水田を營むに反し、前者は水陸併耕の堅實なる營農をなすこと。

ロ、南營口灣より東北黑龍江口に一直線を引けばこの線（營黑線）は大體雨量五〇〇ミリ線と一致するが其の以東に於て特に繁榮し、線西は面積に於て三倍なるも、鮮農の人口は僅かに二十分の一に過ぎない、之は朝鮮との位置、距離關係並に生活心理等の必然の結果でもあるが何と言つても雨量を始め無霜期間、乾燥度、蒸發度、氣溫等の氣候、風土が濕潤農法を許さぬ結果であり、反面から言へば鮮農は所謂ドライ、ファミングには不得手なることを敎へてる。この自然と營農の關係は鮮系營農指導上重要なる問題と思ふ。

ハ、建國工作の進展は全滿に於て鮮農をして滿農との地域的複合の度を强め、開拓國策の進度に依り主として都市並に北滿に於て內地人との複合度を强めつゝあり、聚落の如きも必ずしも鮮農のみの集團生活に非ず計畫入植の外は寧ろ滿人と雜居してゐる。此の事は土地小作問題、營農指導上の問題、民族協和の問題、並に文化生活問題等に於て研究を要する。但し、現在蒙古人とは其の分布狀態が正反對で彼等が西部に位して流動分布されてゐるに反し、此方は東部に密集し、恰も前記營黑線が兩民族分布限界線たるかの觀を呈してゐるが恐らく兩方の營農型狀（養畜を含む）の變更無き限り鮮蒙兩族の高度複合は望まれないのではないかと思ふ。

ニ、營黑線以東鮮農分布地域たる東部山嶽地帶は土地生產力に於て劣等ならず、滿洲全體から見れば寧ろ中以上の地域である。

ホ、今後人口分布趨勢は速斷し難きも大體今日の分布地帶に密度が濃度化される程度のものでないかと思ふ。

ヘ、都市に密集せる鮮系は近年激增し（集中率二四・七%滿系は一七・一%日系八七・九%、蒙系三%）農村に於ける增加率を遙かに凌駕してゐることは前述の通りであるが之等の指導問題は農民指導問題より決して比事の輕いものでないことに注意を要する。

5、將來の豫想人口

人口動態に關する正確なる調査缺乏の爲め數字的擧證は不能なるも朝鮮內の1、人口自然增加率の高率2、男女の數的差小さきこと等より自然增加率を推察し、一方移住增加率を考へ更に朝鮮內の客觀的事情等より考慮すれば一年間の增加數を約一〇萬と推算すれば今後四年即ち康德十三年に二百萬を突破すべく、其の場合に備ふる爲に第一に考慮すべき問題が營農指導に依る安定方策であると思料する（後述）

尙ほ農民の渡來者は例外なく初めより妻子同伴にて入滿する傾向にあるが之は嬰兒の死亡率を高める惡果になる反面、出生率を高める良果となり結局人口增殖の上から見れば良き結果を來すものであらう。

尙ほ女百人に對する男子の數は康德七年度調査に於て一二〇・三であるが日本內地人の同一四六・六八よりは均衡のとれた方である。

## 二、發展型態

1、在滿鮮系は農村に於て其の全部が水田のみを經營してゐる樣に一般に言はれてゐるが必ずしもそれは鐵則的なものではない。之を鐵則的なものとしたのは沿線式、滿鐵式認識に基礎を置きたる爲に外ならぬことは前述した通りである。

又一方それは滿洲に於ける水田の大部分を鮮農が耕作するところから來る錯覺である。換言すれば水田の外に畑作營農にも相當關係してゐるが之は建國前後間島東邊道が論外とされたるため一般に認められなかつたに過ぎぬ。

即ち農家約二〇萬戶の半數たる一〇萬戶は水陸併耕又は畑作營のみの營農に從事してゐることを沒却してはいけない。

間島並に通化、奉天其の他の鮮農經營畑作面積は總計約三〇萬町歩で鮮農耕作水田約二五萬町歩より大である。但し、餘りの一〇萬戸が全部純粋と言つても良い位水田一本の經營で立つてゐることはやはり特色ある事實である。

2、入植の經緯並に其の後の生態より觀察して間島と東邊道と南滿沿線と北滿一般とては多少空氣を異にしてゐる。

3、事變前後の自由流入者、分散開拓民等と集合集團開拓民とては安定力の强弱、意志の强弱、團結力の有無、依賴心の强弱並に時局認識等に多少の差はある。兩者一長一短なるも、營農上の技術と意志力の問題を除いては後者が前者に優るを通例とする。

4、鮮系の滿洲發展にその出身地に依り二つの型に分けらる。即ち動産的發展型と不動産的發展型とに分け得るが大體前者に屬するものには西海岸の各道出身者（平安、黄海、京畿、忠淸、全羅各道）多く、後者には東海岸（咸鏡、江原、慶尙各道）出身者が多い傾向にある。大體前者の經營が知的であるに反し、後者の經營は意志的であることも至るところに特徴として現はれるが之は出身地の自然環境並に人的氣質等から來る結果なりと思料する。尙ほ前者の分布が主に南滿、東邊道に濃厚であるに反し、後者の分布が間島、圖佳線並に北滿に稠密なることも興味ある現象である。

5、農民は水系を辿つて自然的に分布されるが都市に於ては官公吏並中以上の商工業者を除いては大體集團的に聚落してゐる。新京の梅枝町八里堡奉天の十間房、牡丹江の西區の如き其の例である。

## 三、職業

### 1、現狀

建國當時の職業は其の九割七分が農業にして、商工業者、官吏、敎員、事務員、店員等は極少數であり、二、三の實業者を見るに過ぎず都市には禁制品取扱者を見受けた狀態で其の實勢は左の如きものであつた。（除間島）

農　業──三六、九九二戸、官公吏教員牧師──三八七戸、醫藥業──七二戸、一般商人──三、三八六戸、製造工業──一七八戸、社員店員──二三七戸、雜穀商──一四五戸、料理飲食旅人宿──一八五戸、日稼──二、二〇六戸、其他──一、二七五戸、計──四五、〇六三戸

康德二年に至り農業は十一萬七千戸にして全戸數の七割六分强に當り、一般商業と目すべきものは三、七七七戸にして、各都市附近には精米業者多く、其の他戸口に比し飲食店料理店及旅館を營むもの相當數にして官公吏並に銀行會社員等に就職するもの漸次增加のにあり、傾向同年現在に於て學校教員及醫師を加へ所謂知識階級と目すべきもの四、四一五人に達し、自由勞働者は全戸數約の七分、其の他牧畜漁撈を業とする者は僅かに三五戸を算するのみであつた、當時の職業別實勢は左の通りである。

農業──一一七、〇七五戸、牧畜業──二三戸、漁業──一二戸、精米業──二四七戸、金貸業──九一戸、質屋業──一〇六戸、工業請負業──一八七戸、寫眞業──一二五戸、物品販賣業──三、七一八戸、賣藥業──四二七戸、商業──三、七八〇戸、旅館宿業──七三八戸、飲食店業──一、一一一戸、料理店業──三三七戸、理髮業──一五六戸、銀行會社員──一、四二二戸、官公吏──一、七七九戸、教員──九八六戸、醫師──一三〇戸、代書業──七四戸、日傭人──一〇、一五四戸、洗濯業──二戸、其の他職業──六、七八三戸、無職──二、九八九戸、非從業員──

計　一五二、五五三戸

然るに建國第五週年の康德四年末職業狀況を國內他民族の分と同時に掲記する。（パーセンテージ）

| | 漢滿族 | 蒙族 | 回族 | 內地人 | 朝鮮人 | 全人口 |
|---|---|---|---|---|---|---|
| 農牧林漁業 | 七一・二 | 七六・八 | 三〇・九 | 三・三 | 六九・二 | 七〇・四 |
| 鑛工業 | 三・九 | 一・九 | 八・六 | 二〇・五 | 四・六 | 四・一 |
| 商業 | 五・三 | 〇・九 | 二四・八 | 二二・九 | 五・三 | 五・六 |
| 交通業 | 〇・四 | 〇〇・四 | 一・一 | 九・一 | 〇・七 | 〇・五 |
| 公務自由業 | 四・二 | 六・〇 | 九・一 | 二四・五 | 四・九 | 四・五 |
| 家事使用人 | 八・四 | 一二・二 | 一六・一 | 六・九 | 八・二 | 九・三 |
| 其の他有業者 | 五・六 | 二・二 | 九・四 | 一二・八 | 七・一 | 五・七 |

2、以上の建國以後五年間の職業的變遷並に他民族との比較を試みつゝ若干の考察を試み度と思ふ。

滿洲建國工作の進度に應じ、公務自由業、交通業、家事使用人並に商工業者激増したるに對し農業者數は絕對數に於て增加したるにも拘らず相對的には寧ろ減少したること、之は他方渡來人口の都市集中をも意味する。

建國當時在滿各機關に於ける朝鮮人採用に對する考へ方の大要を述べれば

〇滿洲國は多量に採用せず僅かに最下級の官吏數十名であつた

〇關東廳には判任官待遇の警察官あるのみ

〇領事舘は高等官に副領事一名で他は警察官のみ

〇滿鐵及び其の傍系會社には朝鮮人事務員三名あるのみ

大體以上の如きもので現在と比すれば僅か十年とは言へ實に今昔の感に堪へないのである。

3、商工業方面に於ては各種の悪條件を免れざるも然し其の間に於て數萬圓乃至數十萬圓の企業家は勃興し之又建國當時の面目は漸く改めつゝあること。

4、料理店等の接客業の殷盛なるは建國以來の事に屬する。

5、都市に於ける青年層は事務員、外交員、自動車運轉手等多く漸く細密工業の方に職工として進出する緒に就かんとしてゐる。

6、他民族と比したる時は。

○農耕業は漢滿人の次位にして、農村發展の健全さを現はしてゐる

○鑛工業は内地人、回敎徒の次位にして、今後工業方面の發展を期待されてゐる。

○商業は其の戸數に於て全國の平均に至らず其の經營規模等を考慮に入れゝば著しく低位にあること。

○交通業は内地人、回敎徒の次位にあり、全國の比率より高位にあるは恐らく自動車の運轉手、助手、鐵道員に多數を占めたる結果であらう。

○公務自由業に於ては率に於て低く、且つ就職に對する難關がある。

○家事使用に於ても就職難の難關解消すれば今後高率の可能あり。

7、右を綜合すれば職業的には建國當時に比すれば進歩もし、安定もされたと見られるが尙ほ數々の脆弱性を露呈してゐる。

大體以上の如き變遷過程を經たる現在の職業を數字的に見れば左の通りである。

鮮系國民の職業別戸數（康德七年）

農　業　約　一八〇、四三〇戸

| | |
|---|---|
| 日傭人約 | 一〇、〇〇〇戸 |
| 商業約 | 七、〇〇〇戸 |
| 官公吏約 | 二、三〇〇戸 |
| 銀行會社員約 | 二、〇〇〇戸 |
| 飲食店等約 | 七〇〇戸 |
| 教員約 | 一、三〇〇戸 |
| 其他約 | 五、〇〇〇戸 |

以上の數字に依れば

1、一八〇、四三〇戸の農家は全戸數の約八割五分に當りそれに日傭人（農業勞働者）一〇、〇〇〇戸を加算すれば約九割近くが農業關係である。

2、官吏數が二、三〇〇戸に達すること並に教員銀行員を併せて五、六〇〇戸になるのは確かに近年的現象で之は康德四年治外法權撤廢と同時に高率を示してゐる。

3、其他の職業についての傾向は康德四年末と大同小異である。

## 四、教育に關する種々の問題

在滿朝鮮人の教育問題は種々の段階を經て今日に至つてゐるが、大正末期から之を概觀すれば同期から建國直前迄は其の教育主體區々であつたことに先づ注目を要するが昭和三年頃の狀態を見れば民族主義者の經營する初等學校三十四校、生徒一、二一八名に上り、朝鮮總督府の補助を受くる學校五十四校（鐵道沿線の學校十四校は滿鐵が經營した）生徒數

四、一九八名鮮支人共學學技一〇八校、生徒數六、八〇八名其の他朝鮮人兒童の純然たる教育を目的として設立したる學校中學一、初等學校二二四生徒總數七、〇六六名であり此の外各宗派の經營する學校八三、生徒數四、七六六名でその經營主體の不統一はその指導機關の亂立と相俟つて愈々思想的混亂を來したるは勿論である。

要するに五ケ系統五〇四校生徒數二四、〇五六名は在滿鮮系子弟教育の綜覽であるがその後昭和六年その滿洲事變に至り一部閉鎖を見るに至り整理されたる結果間島に三四六校（生徒一四、二四三名收容）を殘し其の他の地方に七八校（生徒九、五〇〇名）を殘し結局四二四校生徒二三、七四三名となり昭和三年に比すれば質的に整理したる爲め量的に大減少を見るに至つた。

後昭和十年（康德二年）の實勢は初等學校二七八校（生徒四四、五五一人）書堂一六〇校（生徒數九、五一九人）中等學校七校（生徒一、五六〇人）幼稚園二七（生徒一、三〇六人）特殊學校一六校（生徒一、〇一八人）で合計五八八校（生徒五七、九五四名）數的にも質的にも大飛跳したと言へる。

然るに其の後康德四年治外法權撤廢さるゝや滿鐵沿線十四校の初等學校の經營權を保留し其の他は擧げて滿洲國に移讓され一應形式的の統一が出來たのである。

然るに朝鮮內に於ける教育は內鮮一體の目標の下に日進月步の速調を以て進み、在滿朝鮮人子弟の教育は稍々質的低下を來す虞ありとして全滿有志相計り康德七年に至り、教育費補助に關する件內容充實に關する件等を朝鮮總督府に對して陳情する一方、康德四、五、六、七の三年間の全聯にも鮮系の教育問題は特に其の內容充實を强調されたものであるが今日に於ても大部分が未解決のまゝ日滿兩國政府の善處を俟つてゐる。

### 1、教育現勢

○康德五年より六年、七年に於ける國民教育の數字的實勢を滿洲國側經營監督の分について見るに。

| 年次 | 學校數 | 學級數 | 敎員數 | 生徒數 | 一校當り | 一級當り | 經費 | 就學率 |
|---|---|---|---|---|---|---|---|---|
| 康德五年 | 一、〇五〇 | 二、一九五 | 二、二〇〇 | 一〇〇、二一二 | 九五名 | 四五名 | 二、三七一、〇〇四円 | 六七% |
| 康德六年 | 八二五 | 二、二二七 | 二、三三三 | 一〇六、七九四 | 一二九 | 四七 | 不明 | 六六% |
| 康德七年 | 一、一三二 | 二、七八二 | 二、三四二 | 一三〇、二三〇 | 一一五 | 四七 | 四、〇一七、五五三 | 七八% |

○昭和十六年（康德八年）保留學校（十四校）の實勢を見るに

| 學校數 | 學級數 | 敎員數 | 經費 | 兒童數 | 備考 |
|---|---|---|---|---|---|
| 一四 | 一八五 | 二二一 | 六六六、六八一 | 九、九二七 | |

○中等學校は省立、私立を併せて間島省內に八校、奉天に一校、吉林に一校、安東に一校あり他は日、滿系と共學のものがある。

以上を通覽するに康德三年の實勢に比し學校數に於て中等初等を通じて二、二倍・生徒數に於て實に六倍の飛躍であり特に就學率七八%が若し正確なるものであるとすれば朝鮮內を凌駕すること三三%である。

2、鮮系敎育問題に於ける重要事項

イ、皇國臣民としての精神を徹底化すべき不利なる條件の除去

ロ、經費の不足に伴ふ諸施設の不備

ハ、敎員の數的質的向上並に敎員養成機關の不充分

ニ、中等學校志望者數に對する收容力の不足、（即ち學校數の不足並に日滿系學校への入學制限）

ホ、學校組合の弱體化即ち市縣當局との摩擦防止並に省組合組織への移行
ヘ、教科書問題――數的不足並に配給不圓滑等
ト、共學に伴ふ諸弊害除去
但し朝鮮內に於て最も問題とされてゐる初等學校數並に收容力の不足は滿洲に於ては極輕微なる事項である。內容の充實が專ら問題になる。但し之も徵兵制度の實施鮮內義務敎育制度の實施と相俟つて早晩解決されるものと信ずる。
此の外開拓地の敎育問題に於ては一般農村に於けるものに比すれば經費比較的潤澤で其の內容一日の進步ある樣であり專門學校の設立問題も近頃巷間に於ける話題の一となつてゐる。

## 五、鮮系國民の人的素質

吾人は玆に鮮系國民の人的素質を一應認識し參考にする必要があるので對象別に若干觸れ度いと思ふがそれに先ちその民族素質に關する一班の理會から始め度いと思ふ。

1、民族的素質

過去幾千年の歷史的政治的、乃至社會的逆境は今日の半島內外の朝鮮人の性格を必然的に造成したのであるが吾人はそれを深く究めることはこゝに避け在滿鮮系國民の日常生活から直觀される現象的事實から抄記することにする。

イ、今日の鮮系國民は概觀的に見て知能は進んでゐるが道德力、意志力に於て劣る點が見受けられる。之は主に環境の然らしむるところであるから、皇國臣民として、滿洲國民として惟神の道に歸一せしめ、之を精神的に、理念的に統一錬成すべき必要を示唆するものである。

ロ、語學は日語も滿語も割合に早く上達するので此の點は民族協和の上から見ても美とすべき點である。

ハ、物事の把握、思考の方法は論文的でなく散文的である。良く「朝鮮人には理屈が多い」と言はれるのは社會環境から來る近代的所産で素質やはり北方的（内地人、蒙古人と同じく）である。

ニ、生活は高等教育を受けたる一部のインテリーを除き一般的に簡素である（後述）

ホ、「信用がない」「虚言を吐く」「義務觀念の缺如」等の反省すべき事項があるが、之は今後の指導に依り一日も早く是正すべきである。但し之は生活から來る一つの暗影であることも事實で、近來生活の明朗化と共に好轉されつゝある。

ヘ、孝親、敬老、貞夫、友愛の觀念は特に篤く、禮儀も本來は正しかつたが近來衰へて來たのは殘念である。

ト、意志は一般的に薄弱で薄志弱行の士が多い。「依頼心が多い」「怠ける」等の非難を受けるのは確かに薄志から來る但し其の反面苦難に耐へ貧に甘んずるといふ一面の長所はある。要するに意志力も今後の徴兵制實施並に諸種の體驗に依り、造成されるであらう。

チ、身體が一般的に健康なのは一つの美點である。個人的體格は上身は滿人に劣り腹は内地人に劣り、脚の力は兩者に優り、且つ上、中、下の均整がとれてゐると言はれてゐる、但し飲酒癖があるのは美點ではない。

リ、環境に對する順應性は強い、但し之は改革的積極的、現狀打破の意志發動を阻害する事由でもある。

ヌ、其の團體生活に於て「派閥黨爭心強く、他を陷れ、下剋上の風がある」と言はれてゐるが過去に於て或る程度迄事實であつたが現在反省されつゝある、内部的指導力の造成に依り此の弱點が美點に變革される樣にと希望する。

2、**出身別に見たる氣質上の差異**

イ、李朝は西北人を登用せず、南鮮人のみ官吏に登用し、之を優遇したので、南北の間には感情的に一致せぬものがあり、之が近代迄南北の感情的不一致を招來したる事例がある。

他方、此の郷黨心理は李朝の激烈なる政爭と相關聯し、相當深刻なる狀態を呈したのである。

ロ、現在に於ては勿論其の觀念は解消してゐるが兩者間の氣質上の差異は一應認める。「南鮮人が一般に理知的であり、明朗であり、都市的であるに反し、北鮮人は意志的であり、鈍重であり素朴である」と言はれてゐる。思ふに之は南鮮人と北鮮人とに依る氣質的差異に非らずして寧ろ前述の如く東部人（慶尙、江原、咸鏡）の意志鈍重、素朴と西部人（全羅、忠南、京畿、黃海、平安）の理知、明朗、とに大別するを妥當とする。前者は東海岸の山嶽的自然に育まれ、滿洲に流れては不動產的農經營をなし、後者が西海岸の平原的自然に育まれ渡滿して動產的營農に長けてゐることに注意すれば興味深い。性格的に見て前者を彼の烏に比するならば後者は鵲にも比すべきか?。

因みに南鮮對北鮮出身別の在滿人口の割合は三對七であり、西部對東部は四對六である。

### 3、農民としての朝鮮人

建國直前に於て在滿七十萬の農民が受難の最只中に立つて惡戰苦闘しつゝしかも各方面から「訴へられざる被告」的な立場にあつたことは世人の記憶に新なるところであるが當時の農民の狀況を叙して「荒んだ彼等は飮む、打つ、買ふの三拍手、それしか樂しみがない。歸化證をもらへば土地を獲得して轉賣する。支那人の田を小作しては稗を播き稻を拔く金を借りては夜逃げする。又鄉黨心理の强い彼等は同志流血の慘事まで犯しても一致しない。一家が榮ゆれば一族郎黨よつてたかつて喰ひ潰すといふ風で又その中には多くの密輸業者及關係者並に不逞鮮人、浮浪鮮人がある」と言つた程であつた。

斯如不明朗なる生活態度の纎維中に於て突發されたる滿洲事變は又彼等に流離の苦しみを與へ事變當時の鮮系難民は大同元年二月十五日奉天外二二ケ所の滿鐵沿線丈で一九、三〇四名を算し、又ハルビン市に於ては事變前の一、七一七名が奥地よりの避難民によつて大同二年春五、六七二人に增加したと謂はれ之につけても滿洲建國は彼等にとつて天來の福音であり、樂業の出發點であつたのは確かである。

### イ、米穀生產に於ける鮮農の地位

約二十萬戶の鮮農が得意とするところは水田耕作で、在滿鮮農の主要な生產が水稻である。鮮農の水利に對する認識は天才的で土地の高低を見てする引水の正確さと導水の巧妙さとは全く驚くの外はない。彼の分散開拓民が土地を求めて步み續け、苟も水の流れと名のつく程のものがあれば、決して之を見遁すことなく、必ず其處に小やかながらでも水田を構へて米作を始める。一般の思ひも設けぬ山間僻地に滿農とは懸け離れて、たゞ二、三の鮮農が甚しきは一戶で水田を守つゐるやうな風景も見る。南北滿を通じて從來滿農が棄てゝ顧みず全然手をさへ染め得なかつた低濕地は鮮農が我が恰好の職場とばかりに之を見付けて水田と化して行つたのである。滿洲事變前既に百數十萬石と言はれた滿洲の米も、現在の年產七十萬噸の籾の其の大部分が斯如鮮農の努力の賜物である。

鮮農に依つて滿農も水田耕作を敎へられ、近年漸く南滿其の他に於て經營する者漸增し、一方日本內地開拓民の水田耕作にも一部乍ら助力してゐるが之等經營の實績を比較して見ると次の如く、斷然鮮農がその優位を占めてゐる。

日、鮮、滿、農水稻作比較表（康德六年度）

| | 水田作付面積 | 籾收穫高 | 町當收量 |
|---|---|---|---|
| 日農 | 七、三五三町 | 一四六、二四六石 | 一九・八八 |
| 鮮農 | 二四四、〇〇三町 | 六、七五二、〇〇四 | 二七・六七 |
| 滿農 | 三四、二二三町 | 六八九、二三一 | 二〇・一三 |
| 計 | 二八五、五七九町 | 七、五八七、三八一 | 二六・五七 |

三者の比較

| | 水田作付面積 | 籾收穫高 |
|---|---|---|
| 日農 | 〇、〇三 | 〇、〇二 |
| 鮮農 | 〇、八五 | 〇、八九 |
| 滿農 | 〇、一二 | 〇、〇九 |

之を要するに滿洲の米穀生產上に於ける鮮農の地歩はその水稻作に於て八割九分といふことになる。

ロ、水田作に伴ふ副業としては藁加工品があるが之又近年に於て無視すべからざる物資であり。前述の如く間島東邊道地帶の鮮農經營畑作約三〇萬町歩からの收穫物大豆、粟、包米、麥類生產を併せて考へれば鮮農の生產面に於ける地位は輕視すべからざるものである。事變直前在滿朝鮮人の地位に關し日本に與へてゐる一年間の利益總額（關稅、旅費、米穀生產、購買力等）を換算すれば五百五十萬圓也とした某氏の說は皮肉でもあり、又一方今にして考へれば感無量のものである。

八、鮮農の素質

〇水田經營に於ける鮮農の技術は滿洲に於ては「特技」に近きものに言はれ、その持有の粘着的性格は滿洲開拓には好適の條件である。但し水田經營上にのみに偏し、畑作と家畜の方の知識に乏しいのは今後の營農型態として再考慮を要する點である。

〇勞働力に於ては質的には滿農に優り、量的には劣つてゐる、酷熱の日に十八時間も粘る滿農には一目置く。但し、勞働能率の質量平均率にはさほど劣等とは思はぬ。

〇新農法、新農具に對する使用適應性に至つては內地人農民に遠く及ばず滿農と大差ないであらう。

〇間島、東邊道に於ける鮮農は就中根强き生活力を持つてゐる、彼の開拓當初の越境耕作から潛耕へ、更に小作へ、個民制度へ、降つては歸化に依る土地獲得へと頑張つた粘り强さには驚かざるを得ぬ。

○環境に對する順應性も相當あり、入滿十年以上の者には所謂「滿式鮮人」を見受けられ、言語の修得の如きは案外早い。滿系との間に所謂「金蘭の緣」（誼兄弟）を結ぶ者もある。

○一般的に鮮農の缺陷とするところは消費的なること、酒を飮むこと、依賴心の强きこと、義務觀念なきこと、不平を言ふこと等であるが之等は彼等に希望を與へれば矯正出來ぬことはないと思ふ。

○最も重大なることは彼等の怠惰を征し、勤勞なる、生活意識高き農民へと導くことであり、時局に最も賴もしきことは簡素なる生活に甘じて生産にいそしむことである。

4、勞働者としての朝鮮人

滿洲に於ては特に土建勞働に於て山東工人の爲に、朝鮮人が勞働者として進出する途を阻まれ、勞働能率も自他共に山東華工に敵すべきものでないことゝ認識されてゐる。而して建國以前より朝鮮人勞働者の使用は滿鐵を初め全然なさず南鮮流民の中にも勞働希望の者は渡日し、營農希望の者丈が入滿することを通例としたので勞働要員は他に比し少數になつて來たのである。

一方使用主の朝鮮勞働者に對する認識は大體淺く「能率は必ずしも低くないが休日多く、怠ける風があり、給料の引上げを要求し、言ふことをきかぬ」といふことに一致してゐる。

但し勞力不足の折柄左記諸項は朝鮮人勞働者認識の上に示唆するところあると思ふ。

○朝鮮は山嶽、河川多く、併合以來の鐵道、道路、橋梁の架設に難工事が多かつたが之等の土木勞働は主として朝鮮人勞働者に依りなされたること。

○日本內地に於ける土木、炭礦、等の勞力に朝鮮人勞働力が多數參加してゐること。

○滿洲に於ける水田引水工事等を見れば朝鮮人の土木作用は意外に工程進捗速かなること。

○東滿某會社に於て滿系五〇名、鮮系五〇名の勞働者を使用し、鮮系勞働者には特に勞働制（什長制度）食糧（粟）道具（チゲ）の點を考慮したるところ、鮮系の能率は滿系の一割二分だつたといふ。

兎もあれ勞働者としての進出は大して期待出來ないが、都市集中の失業者は最近技術勞働の方面に漸次吸收されんとする傾向にある。

鮮系の勞働者として特に職工其の他の技術方面の勞工としての素質上の長所を列擧すれば。

イ、語學（日語、滿語）の才能あること

ロ、能率は低からざること。奉天某工場に於ては平均對滿系一・五倍であつた。

ハ、身體强健なること。

ニ、機敏なること。

ホ、工作機械等に對する適應性に富むこと。

ヘ、失業者群多く、募集容易なること。

更に其の弱點を列擧すれば。

イ、賃銀は滿系に比し高きを要すること。

ロ、指導者に對し精心的に尊敬せざれば統制に服せざること、

ハ、缺勤多きこと、酒を飲むこと、

等で要すれば指導如何に依り改善出來ることゝ思ふ。特に勞働意欲の誘發開顯に其の妙を得れば其の將來は寧ろ樂觀して良いと思ふ。

5、其の他の對象別素質

イ、建國以前の入滿者にして知識階級に屬するもの丶中には滿洲國を目するに建國以前の既存觀念を以てする者がある。

ロ、ハルビンを始め濱綏沿線並に琿春、東寧、密山等の國境線には露領よりの歸來者あり、之等の露領入境は滿洲移住第一期乃至第三期と軌を一にし、更に第四期に於て再入滿したるものであるが生活感情に於て一般の鮮系と融合しない點がある。

ハ、間島奥地、長白其の他の東邊道奥地並に北滿には考へ方が滿人化されたる者が少數居る。

ニ、朝鮮の婦人は共に從順なる美點を有し、且つ家事に熱心で手先（特に紡織等）が器用である。

ホ、古老の中には儒學に愛着心醉する者が多く、儒林を中心とする動きは相當强力なるものである。工作上着眼すべき點である。

## 六、朝鮮人開拓民の現狀

主として建國以後の統制入植並に安定指導に關する全貌を明かにする爲め、1、朝鮮よりの新規入植開拓民にする現狀 2、既住鮮農の統制集結、3、既住小作鮮農に對する自作農創定の三題目に分けて說明する。

1、朝鮮よりの新規入植開拓民の現狀

朝鮮よりの新規入植開拓民は其の入植型態に依り　イ、集團開拓民　ロ、集合開拓民及び　ハ、分散開拓民に三種に區分されてゐる。而して三種開拓民の入植を一覽すれば左の通りである。

## 三種開拓民年次別入植累計表

| | | | |
|---|---|---|---|
| (一)、集團開拓民 | 康德六年度 | 五八八戸 | 五八八名 |
| | 康德七年度 | 二、七〇七戸 | 七、五三四名 |
| | 康德八年度 | 一、〇九五戸 | 五、〇〇四名 |
| | 康德九年度 | 一、三四四戸 | 六、四八三名 |
| | 計 | 四、三九〇戸 | 一三、一二六名 |
| (二)、集合開拓民 | 康德四年度 | 二、三三六戸 | 一二、一六〇名 |
| | 康德五年度 | 二、七九九戸 | 一四、一七一名 |
| | 康德六年度 | 四、九七一戸 | 二五、一五九名 |
| | 康德七年度 | 一、三〇五戸 | 六、八五四名 |
| | 康德八年度 | 五九一戸 | 二、四六三名 |
| | 康德九年度 | 四四三戸 | 二、〇九三名 |
| | 計 | 一二、四四五戸 | 三〇、八〇七名 |
| (三)、分散開拓民 | 康德五年度 | 四、四五五戸 | 一四、〇一〇名 |
| | 康德六年度 | 二、六一四戸 | 九、七七〇名 |
| | 康德七年度 | 一、八三三戸 | 七、一五九名 |
| | 康德八年度 | 二、八六九戸 | 一〇、三一三名 |
| | 計 | 一一、八六九戸 | 四一、二五二名 |

○備考

分散開拓民入植數は正式入植數のみにて此の外非正式入植者約五千戸二萬名あるものと推算さる

以上三種開拓民入植總計、二八、七〇四戸、八五、一八五名となる。（除康德五年分散入植者）

イ、集團開拓民

康德七年勅令を以て公布せられた開拓團法は、何れ鮮農開拓民にも適用を見るであらうが、然る後は從來集團開拓民と稱へて來たものゝ内の特定の開拓民のみが、その適用を受けて改めて集團開拓民と唱へられ、之が適用を受けない處の從來の一般集團開拓民は、之を集合開拓民と呼ばるゝことゝなる。この新概念に基いた集團開拓民は北安（六ヶ團）興安南（一ヶ團）黑河（一ヶ團）錦州（一ヶ團）の四省に亘り九ヶ團、前掲の數字の如く入植されてゐる。

ロ、集合開拓民

集合開拓民は（1）、舊滿鮮拓殖會社が直接取扱へるもの（2）、政府扱ひのもの（3）、前金融會が取扱ひ來り康德七年四月金融會の發展的解消と共に前記會社に於て引續ぎたる集會開拓民との三種となり現在に於ては滿洲拓殖公社が管掌してゐる。

ハ、分散開拓民

分散開拓民の形態も康德六年度より新たに認められたるものであつて、從來の一般自由移民の名を以て呼ばれて來たものであり、其の沿革は甚だ古い。滿洲事變前既に百萬に垂んとすると言はれた在滿朝鮮人の大部分は此の自由移民だつたのである。處が康德三年九月に滿鮮拓殖會社が設立せらるゝと共に、朝鮮より新規に入植する開拓民には指導援助が與へられる代りに、入植戸口數は一萬戸五萬人といふ量的制限が認められたから、從來の如く無制限に入滿が出來ず渡滿には所定の移住證明書の所持が必須條件となつて來た從。つて此の證明書を持たないで漫然と渡滿しやうとした者は朝鮮側の新義州、滿浦、惠山鎭、上三峰及訓戎と滿洲側の對岸安東、輯安、長白、開山屯、圖們及び甲瀾子（現在惠山鎭、長白は廢止）の六ケ所に特設されてゐる開拓總局の辦事處を通過すること能はず、鮮內に追ひかへされるのであつて康德七年度にも六月末までに此種送還者は九七二戸、一、〇五七名に上つたのである。

2、既任鮮農の統制集結

現在南北滿洲を通じて一定の土地を持たず、不平不滿の裡に各地を浮動してゐる鮮農に經濟的基礎を與へ、又は國防乃至治安の必要に基く地域上の統制より、漸次適當なる一定の地區に集結せしめやうとするもので、何れも將來は矢張り其の希望者を自作農たらしむるであらう。

此種在滿鮮農集結の爲めにも、當初前項の新規入植鮮農に對すると同樣、間島省、舊東邊道の指導奬勵地區二十三縣の外、別に十六縣が指定せられて、それ以外の縣への集結は認められなかつたのであるが、この地域的制限も亦矢張り康德五年七月に撤廢された。

斯くて康德四年以降同七年までに全滿各地に散在浮動せる鮮農を統制集結したのは全滿十五縣四十二部落二、八二五戸一二、六六八名に達するのである。

3、既任小作鮮農に對する自作農創定

本施設は滿人地主の小作人となつてゐる十數萬戸の鮮農が土地の安定を得ず、且つ地主の搾取に苦んでゐるので、之をそのまゝ放置することは朝鮮人をして滿洲國の健全なる構成分子たらしむる所以でないとして考慮せられたものであつて、金融自作農創定民と稱してゐる。即ち是等鮮農が小作農耕してゐる田畑を會社に於て小作鮮農に代つて地主から買收して、之を適當なる期限の年賦償還により彼等に讓渡し、彼等を自作農として安定せしむる事業である。康德四、五、六及七年度の貸付金額は六、一三八、二一〇圓土地は四一、五七九町戸數は九、二二四戸であり、現地の農民側は目下此の制度の實施を熱望してゐる。

4、安全農村の狀況

安全農村とは滿洲事變及北滿大水害に因る罹災鮮農中の原地歸還不能者に對する恒久的安定方法として案出された集團農場で舊東亞勸業會社が朝鮮總督府並に關東軍、滿洲國政府其の他各方面の援助の下に經營して居つたもので現に左の五ケ所であるが其の成績を見るに各村とも相當の安定向上の跡を見せて居り、康德四年より一定の年限を以て年賦償還（現在に於ては平均三分の一は償還濟）に由る自作農創定を開始した。尙ほ各農村の經營は農民の自治機關たる農務稧聯合會に委任管理せしめてゐる。

安全農村の概況表（康德七年十二月末）

| 農村別 | 戶數 | 作付面積（町） | 反當收量（石） | 收穫高（籾石） |
|---|---|---|---|---|
| 榮興村 | 一、八七〇 | 四、一七六 | 二•五七 | 一〇七、七二六 |
| 鐵嶺 | 三八三 | 九二五 | 二•七七 | 二五、五八八 |
| 河東 | 三七八 | 一、八二五 | 二•四三 | 三九 四九九 |
| 興和 | 四四六 | 一、一四二 | 二•〇七 | 二三、二〇九 |
| 三源浦 | 一七二 | 三五五 | 〇•五八 | 二、〇六五 |
| 計 | 三、六三九 | 八、四二三 | 二•三八 | 一九八、〇八七 |

尙ほ朝鮮人開拓民問題に付て特に問題になる點の二三を摘記すれば

○集團よりも集合多く、集合よりも分散多きことは注意を要する。鮮農入滿の沿革と土地獲得難並に彼等の畓農樣式等と併せ考へて興味がある。

○今日の趨勢より之を見れば入植第一主義より、轉じて入植、營農指導併行主義へ移行すること。

○營農法は水田專營主義を揚棄し水陸併耕主義を採用することこと。

○入植型は既住鮮農部落への分散入植を主體とし、之に集合を加味する。

○鮮系開拓事業にも今少し國策的使命を賦與すること（國防的、國土開發、增産政策並に民族協和等）

○新たに發表されたる第二期五ヶ年計畫要綱は次の如きものである。

5、朝鮮人滿洲開拓第二期五ヶ年計畫要綱

イ、方　針

朝鮮人滿洲開拓第二期五ヶ年計畫は開拓政策基本要領に則り時局の要請に即應し全體的計畫の下に特に新規入植開拓民の質の向上と既住朝鮮人農民の輔導安定を圖るものとす。

ロ、要　領

一、入植戸數は康德九年以降毎年概ね一萬戸とし集團、集合開拓民五千戸、分散開拓民五千戸五ヶ年間に合計五萬戸を目標とす。

二、開拓民の送出に付ては計畫性を確立し資質優良なる者を選拔すると共に農村の更生を主眼とする分村計畫に依ることを目標とす。

三、開拓民の資質向上の爲現行の訓練に付再檢討を迎へ其の機構及內容の整備强化を圖るものとす。

四、開拓地の設定に付ては適地調査の能率化、土地改良事業の積極化並に所要施設の整備を圖り開拓民の入植に支障なからしむる如くするものとす。

五、開拓民の營農に付ては有畜改良農業に據らしむることゝし其の指導に萬全を期するものとす。

六、開拓地の經營に付ては立地條件其の他の條件に應じ積極的なる指導を加へ速に經營の安定を圖るものとす。

七、分散開拓民に付ては其の入植に付き更に適切なる統制の方途を講ずると共に其の輔導に付遺憾なきを期するものとす。

八、既住朝鮮人農民に付ては自作農創定、中堅指導者の錬成其の他適切なる方途を講じ之が安定を期するものとす。（江密峯訓練所）

九、開拓民指導者の養成に付ては之が養成機關を整備强化するものとす。

一〇、開拓民に對する助成に付ては開拓地の綜合的立地條件建設經營の難易等を勘案し補助の適正を期すると共に其の自立安定を促進する爲金融の改善に付考慮するものとす。

一一、開拓地に於ける保健衛生、教育、文化等の諸施設を充實改善し開拓民の生活の安定向上を圖るものとす。

一二、青年義勇隊に付ては訓練の刷新を圖ると共に數的擴充を期するものとす。

一三、開拓民の配偶者の確保を期する爲女子に對し開拓民の使命を周知徹底せしむると共に開拓訓練を行ふものとす。

## 七、信仰並に風習

1、信　仰

在滿朝鮮人の信仰狀況を見るに佛敎、基督敎の外宗敎類似團體たる創造に係る固有信仰の數派がある。大正初期より基督敎並に固有信仰は民族運動の中樞に居り其の有する系統を利用して、發展し强化されたことは著しき特異性である。例へば大正九年日本軍が間島出兵前に於ける各宗派と獨立運動團體との關係を見るに。

| 團體名 | 背景宗教 | 役員數 | 武裝隊員數 | 計 |
|---|---|---|---|---|
| 大韓軍政署 | 大倧教 | 二、八五〇名 | 一、二〇〇名 | 四、〇五〇名 |
| 大國民會 | 耶蘇教 | 一、四八〇名 | 四五〇名 | 一、九三〇名 |
| 大韓光復團 | 孔教會 | 五〇名 | 二〇〇名 | 二五〇名 |
| 野團 | 靑林教 | 七〇名 | 二〇名 | 九〇名 |

而して基督教を除く佛教、儒教並に固有信仰は今日に於ては往時の隆盛に比して著しく衰退し、只其の名殘を各地に留むるのみとなつた。

固有信仰各派について若干說明を加ふれば

○侍天教——天主教に儒教を加味したるもので天道教と教祖を同じくする。教旨の中に「敬」を重視してゐるのは注目に値する。

○普天教——儒教を基としたるもの。

○天道教——儒、佛、仙三道の融合したるもので萬歳騷動の指導者であつた。

○大倧教——朝鮮の神話檀君說に基きて開教されたるもの、滿洲に於ては微弱乍ら勢力を有してゐる。（牡丹江省東京城に總本司あり）

尚ほ現在に於ては佛教並にキリスト教は各全滿的に大同團結の氣運濃厚にして協和會、民生部指導に係る全滿聯合會の下に於て活動してゐる。

現在の宗教信仰者表を各教團別に表示すれば（康徳二年）

| 宗教派別 | | 信徒者數 |
|---|---|---|
| 神道天理教 | | 六七六 |
| 佛教 | 內地佛教 | 二一九 |
| | 朝鮮佛教 | 二、一二一 |
| 基督教 | 長老派 | 一八、二〇九 |
| | 天主教 | 五、九六三 |
| | 監理教 | 三、三〇三 |
| | 天主公教派 | 三、八四七 |
| | 其他 | 二、〇六五 |
| 儒教 | | 一七、六九七 |
| 侍天教 | | 一、〇〇〇 |
| 普天教 | | 二六 |
| 天道教 | | 二、二二三 |
| 大倧教 | | 二一六 |
| 計 | | 五七、五六七 |

要するに基督教の盛況の外殆んど見るべきものなく、固有信教は只過去の罪惡史のみを殘して蹟を斷たんとし、鮮系國民の信仰的生活は「宗教的眞空狀態」とも言ふべきである。

最近鮮系開拓部落に神社建立問題が識者の間に胎動されてゐるが、鮮農集結農村の信仰に示唆すること大なるものがある。

2、風　習

朝鮮人獨有の風習の二三を紹介するにとゞめる。

イ、鮮系は都市に於ける大部分のものを除き農村に於ては舊暦を使用し、年中行事、農期等を之に依り定める。

年中行事の中特有のものはボルム（舊一月十五日）端午、（舊五月五日）秋夕、（舊八月十五日）九日（舊九月九日）位のものであらう

○ボルム即ち舊一月十五日は月祭りと女の板跳びをする。

○端午は舊暦五月五日で祖先の墓參りと男の角戯（相撲）女のブランコ大會を催ほす。男の角戯は特に勇壯で一等二等……、と等級を定め一等には牛一頭を賞品に授與するのが常例で、滿洲に於ける鮮系密集地域に於ても同樣に行はれる。

○秋夕は舊暦の八月十五日で月祭りである。老若男女山に月の出を迎へ、歌を唱ひ乍ら樂しむ、殊に此の季節は新穀期に當るので御馳走が多い。

○九日祭は舊九月九日で一族がその共同祖先の墓參りをする日であり、此の日祖先の墓の清掃をやり墓參りの後親族會議等をその墓前に於てなす例もある。

ロ、鮮系國民の娯樂として特有の者は少く、一般的なものゝ外豆遊び（ユッ）が普遍的なものである。之は冬期に於てなすサイコロの一種で其の大會等を開催する場合がある。碁は普通のものであるが將碁は特有のもので老人が打つ。

農村に於ては冬期が長い關係上、一處に集り、野談（漫談）又は諺文古代小說の輪讀古談（昔話）等をして樂しむ

ハ、婦人は古は內房丈を守つて男女の同席をすら嫌つてゐた、今日に於ても內地人にして農村に於て、婦人部屋に平氣

で出入し、猿股一つで歩いたりして「非禮儀」だと誤解される場合が往々にしてある。

洗濯をすることは婦人の相當な負擔であるが、頭にのせて川邊に行つて、洗濯棒で打つて垢を落すことは周知の事實だが、滿、鮮人雜居部落に行けば滿系婦人が頭に物をのせ、洗濯棒で洗濯する風があるのは興味深い。

ニ、冠婚葬祭

在來の冠婚葬祭の形式は明末の頃朝鮮に入つたもので多分に儒教的であり、今日の滿系の法式に類似のものである。が現在は漸次新式のものに變移しつゝある。

結婚式も基督教式、社會式といふものの外神式で行ふ例もあり、葬式も上級家庭では神、佛式である。但し火葬は特に農村に於ては在來の習慣上一般に嫌ふ。勿論農村に於ては葬祭に限らず冠婚の法式も在來のものが其のまゝ殘つてゐるのが見受けられる。

尙ほ婚姻については「同姓不婚」の原則が堅く守られてゐる。此の風は創氏改名されたる今日に於ても舊の姓氏に依り判じ相當長く保持されるものと斷ずる。

結婚年齡は從來は非常に早かつたが、現在は上流に於ては內地人より二三才早く、農村に於ては男二十才、女十八才程度である。但し開拓地の女子數不足、生活の不安定等は婚期を早める傾向にあるのではないかと思ふ。

ホ、家族生活には別段變つたことはないが一般的に上流の家庭であればあるほど所謂「兩班」風で嚴格である。長幼の序が嚴守される外父子、兄弟の間が家律に依つて確立されてゐる。親族の間亦然り、大家族主義の跡が殘つてゐる。「敬老」の念が強いのは一つの美風である。「坐り方」「話し方」「進退の方法」に至る迄、家族の年長の場、合親等の高き場合、親族の場合親類の場合、身分の高下長序等とに依つて異る。若し身分の高き者が手下の者に敬語を使つたら大笑ひであるばかりでなく、其の人格常識まで疑はれる。此の點朝鮮語其のものが嚴格に組立てられて居つて、敬語の數に於て日本語以上に多數であり複雜である。

へ、日常使用する文字は「諺文」で用法は日語の假名と同じく漢文と混用する。表音上極めて正確である。今日のところ日語の普遍化範圍よりも諺文のそれが廣いのは勿論である。

## 第四章　鮮系國民指導上の諸問題並にその要領

前章に至るまでの鮮系國民の生態發展段階に基き、その指導上の着眼點と要領を概記するに先ち、協和會運動と鮮系國民との從來の關係を瞥見し度いと思ふ。

### 一、協和運動と鮮系の新民

1、沿　革

滿洲事變を騷亂の中に送り、滿洲建國を歡喜を以て迎へ、更に在滿朝鮮人も新國家の構成分子なりとの自覺は滿洲內に於ける百萬同胞の歡聲であると共に之が朝鮮內の思想界にも强く影響したることは一般の認めるところである。而して滿洲國の唯一の建國運動體として創立されたる協和會に對しては鮮系國民は等しく或る種の愛着と憧憬を持つに至り、事變前の思想的混亂を經たる反動として翕然とし其の傘下に走せ參じた。

但し康德三年頃に至るまでは會自體の主體的整備の爲めの多忙さと、鮮系民衆の認識不充分の爲め、意識的協和運動を展開する暇もなく過したが康德四年十二月治外法權撤廢に前後して初めて組織運動として出發するに至つたのは晚きに失するが一方致し方なき事實である。以下大體康德初年頃よりの沿革を想ひ起して見る。

1、康德元年　間島に協助會成立され共匪歸順工作と民衆宣撫工事に從事す。

2、康德四年　北滿ハルビンに於ける鮮系不正業者轉業工作を實施す

3、康德四年　治外法權撤廢さる
各地の朝鮮人民會は協和分會組織として引續がれし爲め民族別分會並に幹事會輔導部等全滿に組織さる
4、康德四年　ソ聯に於ける沿海州在住朝鮮人强制移住問題を機とし、全滿に排共運動展開さる
尙ほ治外法權撤廢後の鮮系指導問題主管は當時の中央本部指導科に於てなせり
5、康德五年　朝鮮內に志願兵制度實施され、滿洲內鮮系も各地に於て祝賀行事を行ふ
鮮系教育問題各級聯協に於て大いに問題となる
6、康德七年　東南地區特別工作開始され、全滿有志相計りて同工作後援會を結成し活動す
7、康德七年　當時の會主管は一般問題については實踐科、開拓問題については開拓科に於て之をなせり
8、康德八年　主管、調査部に移り現在に至る
9、康德九年　鮮系皆勞報國運動實施さる
10、康德九年　三宅中央本部長、坂田調査部長京城訪問、朝鮮總力聯盟と懇談
11、康德九年　朝鮮輔導機構整備要領確定され、各級本部に輔導機構を整備し、民會別分會は之に發展に吸收せしむ
12、康德九年　鮮內に徵兵制度發布され、會としての輔導要領確定さる
13、康德十年　籾出荷工作に全滿有志立つ
以上を通觀して見れば、鮮系の各種の運動は康德四年以降に於ては會組織を通じて展開されたることが瞭然となつてゐる。
現在鮮系會員約六萬名

尙ほ現在の工作概要は左に掲ぐ

2、工作概要

イ、指導目標

朝鮮人に對する指導方針は在滿朝鮮人指導要綱康德四年、關東軍司令部及先般滿鮮兩當局の諒解事項たる滿鮮一如助長に關する件に依據し之が指導に當りつゝあるが、大體日滿不可分關係に於ける一德一心、內鮮一體の指導精神を基調とし皇國臣民たるの本質の下に忠良なる滿洲國人民として進んで他の民族と協和しつゝ其の負荷されたる責務の遂行に遺憾なからしむる如く指導す。

ロ、工作概要

1、朝鮮人輔導分科委員會に關する事項

朝鮮人に對する會工作は會の內外の諸種の事情に依り之が指導組織機能に於て遺憾の節多し特に他の民族との間に於ける其の傳統、境遇、感情等の差異に對する合理的調整を圖る必要を認めて先般中央本部委員會に朝鮮人輔導分科委員會を設置すると共に會工作進展の情況に應じ漸次縣市本部にも（大體都市に於ては人口五千人以上、農村に於ては一萬以上）朝鮮人輔導分科委員會を設置する豫定なり現に右分科委員會の設置された處は奉天市、安東市、輯安縣、吉林市、佳木斯、海龍の六ケ所なり。

2、分會に關する事項

協和會の基本組織たる分會は地域別組織を原則とし民族別分會を認めざる方針なるも各民族混住し特に之が輔導上不便、不合理と思はれる地域にのみ當分朝鮮人のみを以て組織せる民族別分會を認め之が輔導の完遂を圖りつゝあり、現在かゝる分會は新京、哈爾濱、營口の三ケ所のみ、但し前述の通り各縣市本部に於ける朝鮮人輔導分科委員

會整備するに伴ひ右民族別分會は之を發展的に解消せんとす

3、義勇奉公隊及青少年運動に關する事項

從來會自體の主體的關係に依り鮮系國民の中より義勇奉公隊及青少年團員の獲得及訓練の徹底を多少缺く嫌ありしが現下時局の情勢に應じ特に鮮系國民の特性及環境慣習等の點を考慮し義勇奉公隊中堅隊及青年行動隊鮮系分隊等の編成を考慮せんとす。

4、鮮系國民皆勞報國運動に關する事項

滿洲に於ける鮮系國民皆勞報國運動は昨年末頃より在新京鮮系先達者達に依り提案され協和會に對しその實踐方の要望があり、協和會に於ても會運動の一部として之を取上げ廣く鮮系國民間にこの運動を展開しつゝあり

5、徴兵令施行に伴ふ各種工作

會に於ては朝鮮內の徴兵令發布に伴ひ目標を皇民意識の徹底盡忠報國の至誠の涵養に置き主として啓蒙敎化工作を擔當する外青少年訓練に特に主力を注がんとす。

6、青年自興運動

鮮系の青年自興運動は目下各地に於て展開中なるも其の儘繼續せしめ輔導部は之が輔導に留意し一層積極的ならしめんとす。

## 二、思想並に敎化問題

一、過去に於ける在滿朝鮮人の思想的變遷過程を省みれば、强力なる指導力に依る、統一ある工作に依り、思想的統一を計らねばならぬことを痛感する。而してその强力なる指導力を協和會に求むべきことは勿論であるが故に吾等は第一に

思想目標を高く揭ぐると同時に日常の工作に於て、彼等の卑近なる環境の整理をなすことに依り、積極的には皇民にして、且つ滿洲國民たる感激と誇りを感ぜしめ、消極的には、赤化思想並に自我的民族思想に再び染ましめない樣に力むべきである。即ち思想統一の目標を皇國臣民、滿洲國民の具現化に置き之が實現の爲には國體觀念の明徵、滅私奉公觀の發揚、皇民意識の徹底、內鮮滿風習の融合等に重點を指向すべきである。

更に十年前に經驗したる赤化思想の侵入には一段と注意を要すべく、又民族主義と自由主義の淸算にも今後相當の努力を要するものと思ふ。

2、民族協和の徹底

全滿に於ける鮮系國民の分布並に他民族との複合狀態より觀察すれば日本內地人と同心協力を要するは勿論であるが更に滿系と民族的に協和することは至極大事であるから先づ滿鮮兩民族雜居地帶に於ける社會的反應如何といふことから考察したいと思ふ。（滿鮮同數の某縣に於ける例）

イ、行政方面

○行政機關は滿系を主とし、鮮系を從とする爲め、鮮系は國家に對する貢獻の機會も少い。

○この縣一街五村の街長村長は皆滿系で、只助理員一名のみ鮮系である爲め不便が多い。

ロ、精神的方面

○滿鮮人間の相互の理解は相當進んでゐる。「滿式鮮人」の多い代り「鮮式滿人」も多い。

○鮮系が滿系に對し優越感を有せず、其の理由は生活內容の低位が原因である

○相互に自己社會內部の秘密は嚴守する。

○滿系は地主的觀念强く、鮮系は小作人根性である。

○相互に排他的民族感情が強く、兩者共清算出來ない。

八、經濟方面

○滿系は鮮系に土地を賣らない風がある。

○滿系は鮮系に小作さした方が利益だと云ひ、鮮系は滿系地主の方が良いと言つてゐる、但し此の利害關係あるに拘らず、滿系は時に鮮系の小作權を奪ふ事例を見るのは他の感情問題からであらう。

○營農法は水田と畑を併耕し且つ同じ畑でも、滿農に比し高粱、包米少く粟、ジャガイモの多いのは生活の相違からある。

○營商上の實權は滿系がにぎり鮮系は問題にならぬ、最近二三の有志會社組織を着手するに當り、滿系にも出資を慫慂したるに滿系の方は一種好奇心の眼を以て見之に投資せず。

○相互の經濟上の取引、契約、組合式のもの幾分あり。

○商賣上の兩方の特質を比較すると。

| 活動態樣 | 滿系 | 鮮系 |
|---|---|---|
| 1、着眼點 | 現實的にして範圍大なり | 虛榮的にして範圍案外小なり |
| 2、態度 | ○保守的にして粘着不變性なり ○洗練され圓滿なり | ○發展的にして粗放可變性なり ○ウカウカしてゐる |
| 3、目的 | ○不動產購入 ○金貸○商家融通 | ○消費 ○再生產資金繰入 |
| 4、氣質 | ○我慢強し○失敗しても成功しても面に現さず○貪慾 | ○贅澤多く ○利、不利を直ちに面に現はす |

| | | |
|---|---|---|
| 5、生活 | 質素 | ○身分不相應 |
| 6、資金 | 豐富なり | 貧弱なり |
| 7、樣式 | ○舊式なり<br>○多角的に經營す | ○新知識者を應用す<br>○單純なり |
| 8、型 | 不動產的（例燒鍋） | 動產的（例印刷所） |

二、社會的方面

○犯罪率は鮮系が多い、內部社會腐敗の一暗影である、但し大事件は滿系に多い。

○阿片密輸には滿鮮共犯が多い。密輸は鮮系、吸飲は滿系。

○一般密輸件數は鮮系が多い。

○賭博犯は滿系に多い。

○兩者の融和概して良好。金蘭（誼兄弟）の緣を結んでゐる者が多い。但し、男女間にロマンスありしことを聞かず。

○滿系は鮮系風俗の中、女の頭に物を乘せること洗濯棒を使ふこと、朝鮮ワラヂを履くこと、朝鮮漬、唐草を喰ふことを習ふ。

○鮮系は滿系から言語、滿服着用、賭博等を習ふ。

○能力に於ても相當差がある。感受性管理能力、處理能力等は鮮系が優れ、生產能力、特續性等は滿系が優れてゐる。

○滿系社會に於ては金がなければ人格如何に高邁なるも上位に立てず鮮系社會では信用第一、金は第二番目に重要である。從つて金のある滿系は鮮系から非難され、金のある鮮系は滿系から歡迎される。



ホ、文化的方面

○一二校の例外を除いては初等敎育は滿鮮共學である。

○同學級內に於て敎師滿系のときは鮮系兒童に劣等兒多く、敎師鮮系のときは滿系に劣等兒が多い。

○文化の程度は五分五分であるが滿系の進度は鮮系に比し長足である。

以上列擧したる具體的事實に依り吾人は左記各項を注意したる上民族指導に當り度いものである。

イ、滿系と鮮系とは土地問題と感情問題の爲めに不和を生ずる事例がある。土地買賣を初め小作權移動、小作料引上、地界爭ひ、水道問題、言語不通、風俗習慣の不理解、相互の優越感等が民族協和を阻害する事由になるが故に之が除去に力めねばならぬ。

ロ、全滿各縣は兩民族複合の度より見て、「滿多鮮少」の市縣が大部分であるが、間島の四縣は反之「鮮多滿少」であり、長白、安圖の二縣は「滿、鮮同數」である。現在三型は各々雜居に依り生ずる反應を異にしてゐる樣に思ふから、現地に於ては周到なる注意を拂ふを要する。

ハ、兩民族の接觸久しき地方には協和の良き事例も多數あるが其の反面「惡しきに結び、低きに倣ひ、安きに染る」といふ惡現象も呈してゐるが之は警戒を要する。密輸を共謀したり、白米の闇取引をしたり、手鼻をかんだり、阿片を呑んだりすること等に結ぶ例がある。

指導力の伴はぬ民族協和に於ては稍もすれば「模倣の爆布」は良きものが惡しきものを倣ふ例を作る。

ニ、滿系に言はせば「ツマラぬものが（鮮系）日本人なりとして威張るのは癪に障る」と言つてゐる。今日の鮮系は大いに謙讓の美德を發揮し、自重自愛し假初めにもつまらぬ優越感をもつてはならぬことを認識せしめねばならぬ。現地の物資の配給等に於て鮮系は日系並に受け滿系との間に多少の差が出來る場合があるかも知れぬ。此の場合の滿系側の心理を察してやることこそ民族協和の出發である。今日の鮮系は決して慢つてはならぬ。民族協和は相手を敬ふ禮儀から出發することに深く思を致さねばならぬ。

## 三、都市に於ける指導

都市に於ける朝鮮人の數が建國後激增したること、彼の農村に於けるよりも甚しいことは前第三章に於て旣述したのである。普通敎育の普及せざる朝鮮農村に於ては、小學卒業者は比較的に有識階級に屬し祖先傳來の農業を天職と自認し凡ゆる逼迫と不利な條件の下にあつて、猶ほ默々として地を掘りそれから上る僅かの收入に依り生を繋ぐ大多數の農民の間に於て、自己の環境に就て、不充分ながら批判の飛躍を試み得る一群である。殊に最近の鮮內の社會的不安が之に拍車をかけ彼等の大多數は行き詰つた營農を斷念し、郡面等地方官廳の小吏に、商業に、內地渡航に、都會地に流れ所謂失業インテリーの中に合流するのであるが朝鮮に於てはこの非常時に於て敎育を受け道を求め得ざる一群が滿洲の都市にも流れて來る。此の失業者に職を與へることこそは彼の農村に於て營々と働く農民の指導以上に困難なる問題で指導の如何に依り副作用の多い問題である。

一方之等有識失業者と似て非なるものに「重二階生活者」といふのがある。之は滿人家屋の天井に疊を入れ其處に起居してゐる階級でスリ、萬引、盜電、喧嘩は此の方から出るといふ話である。之等は奉天を始め、新京、哈爾濱、牡丹江等地に最も多い。

其の外不正業者密輸業者、ブローカー流の一群の洋服階級の存立も否定出來ないが之にも正業を授けねばならぬ。

兎角之等青少年失業者の就職問題は極めて重大であるが故に一概には言へないが一つの方法として考へられるのは其の

大部分を工場方面に振向ける工夫等が必要である。幸ひ奉天の工場地帯等に於ては鮮系青年の能率が再檢討され、漸次多数採用の傾向にある由であるが一方又求職者の身分保證等に困却するそうである。

各都市本部の鮮系輔導部は民間の有力者の協同を求め授産場と職業傳授所と職業紹介所と後見人との各機能を綜合したる機關を設け、履歴書持ちのしかも中等以下の學力のある青年を入れ、精神、技術兩方面の錬成、實習をなし、使用者（工場）に斡旋し、身元を確實に保證し、後見人的立場に於て或る期間面倒を見るといふ風にてもすれば今の如き社會悪は幾分か除去されるのでないかと思ふ。

悪質ブローカー不正業者等に至つては道義運動に依つて反省させ、轉向させることは至難に屬するが各機關並に有力者と連絡し剛柔二筋の行き方で行つた方が効き目も早いし、永久的でもあらう。

○要は高級の知識階級の失職者については求人側に諒解を求め永求續出來得る様就職斡旋すること。

○低度の知識階級並に其れ以下の者は事務系統への就職を斷念さすと同時に技術職工の方に轉向さし、組織的に就職斡旋すること。

○不健全職業者に對しては諸機關並に有力者協同の下に好轉業を講ずることに結論されるが更に現に職業を有する鮮系は之につけても職域奉公の念を旺盛にし、其の信用の度を高めねばならぬと思ふ。

以上の職業の外都市工作には衛生問題、民族協和問題組織、問題、配給問題等の具體的問題が存するが職業問題のみ解決すれば都市に於ける鮮系問題は割に容易なるものであると確信する。

尚ほ不正業者等の轉業の一方法として都市遊休者の歸農運動の如きも有効適切なる運動題目となるであらう。

## 四、農村に於ける指導

鮮系國民の農村に於ける指導は之を營農上の指導と生活指導との二項に分けて考へられるが之に更に農村に於ける組織問題に若干觸れ度いと思ふ。

1、營農上の指導問題

農村に於ける朝鮮人營農指導上の問題の中重要問題のみを摘記し説明を加へることゝする

イ、土地小作問題

在滿朝鮮人の百年間の開拓史を通覽し、更にこれを分析すれば結局土地問題に歸着すると言つても過言ではない。彼の百年前の點的發展時代から、線的發展を經るや、滿人との民族複合度が强化され、地主との摩擦を始め更に降つて面的發展期に達するや、之に官憲の土地問題を中心とする壓迫となり、それが昂じて遂に滿洲事變、滿洲建國となつたが、建國後統制安定方策の確立されたる後と雖も今日に至る迄、農耕地獲得難は解消されず一重大問題たるを失はぬ。

農耕地獲得問題は大別して、土地所有權獲得問題と小作其他の賃貸契約に基く耕作權獲得問題に二大別することが出來る。

（イ）、土地所有權獲得問題

從來在滿鮮農の多くは滿人の小作人であつた、之は土地獲得難が今日の問題であるばかりでなく、開拓全史を通じての重大問題であつたことを意味する、只間島のみは稍々趣を異にし、大正十三年に於て耕地總面積の四八%を所有し、五年後の昭和四年に於ては既に五五%の面積を所有するに至り、其の後この趨勢は繼續され、今日に於ては間島は土地總面積の七〇%迄を所有してゐる。但し其の間に於ける耕作獲得の蔭の涙ぐましき苦闘史は佃民制度、歸化問題並に舊政權官憲の壓迫等に歷として現はれてゐる。

建國後一部資本家は南北滿並に東邊道、圖佳線方面に農場經營を目的として土地獲得を試みたることもあるが一部開拓用地收買に影響され一頓挫を來し、今日に於ては平地即ち水田用地の賣買は其の地價の高騰實に建國當時の數十倍に達し、賣惜しみ等の心理的條件に阻害され、農民が自作用の土地を整備することは困難となつたばかりでなく、資本家が農場經營として買收することすら困難の域に達した。

更に左の諸條件は從來及び現在に於て土地獲得困難の度を益々强めつゝある。

○開拓地の用地整備

○賣主側の今後地價が高騰するだらうといふ思惑

○低地（水田用地）の開拓進捗したること

○土地に對する觀念は生産慾より所有慾强きこと

○民族的心理から來る諸事情

しからば之等の事情に直面し、現地としては如何なる工作を必要とするか、素より今日の段階に於て、鮮系は絶對に自作農にならねばならぬといふ理はない。可能なる範圍内に於ての方法を考慮し度いものである。

○民族協和の實踐を平時に於てなし、民族間の摩擦に關する流言蜚語等を撲滅すること。

○鮮系は土地を買ふ爲め焦り過ぎるから賣主は不必要の疑心を懷き滿系は徒らに土地不賣を固執するから兩方無理なく契約出來る樣誘導すること。

○大面積たると小面積とを問はず原則として個人間の自由賣買に委ね深く立入らざること。

○營農の指導と併行し人口稀薄地帶への入植を促進し該地の土地獲得をなさしむべく徒らに人口稠密地帶に於て土地を中心とする民族間の諸問題を惹起せしめざる樣誘導すること。

○朝鮮人にのみ土地をもたし保護するが如き觀念は勿論不可である換言すれば人口稠密地帶に於ける買賣に付ては個人契約に委ね背後の環境を整理するに止め、高地、休閑地、未墾地の獲得開發に誘導することを上策とする。

（ロ）、小作（類似契約を含む）

全滿を通じ、鮮農は農家の八割近くが小作農であるが其の態樣を種類別に見れば、內地人又は朝鮮人經營の農場の小作人として營農するもの、朝鮮人中以下の地主より借受け其の小作人となるもの及び滿系地主の小作人となるもの等である。前二者は少數にして大部分は後者に屬する。又前者の場合は民族問題の介在なき爲め大したる問題にならぬ以下主として第三の場合を連想しつゝ筆を進める。

滿鮮人間の小作契約は大體滿人側の舊慣に依り左の如き種類のものが通常行はれてゐる。

○定租——每年一定の小作料を約し穀物を以て收穫後地主に納付するもの。

○錢租——一定の金額を耕作前に地主に納付するもの。

○分租——每年豫め收穫の分配率を約束し置き收穫後、右分配率に依り分配するもの、而して分配率は二・八（地主二小作人八）三・七、四・六（半作等があるが土地生産力が高ければ高い程小作人の配當率は少くなる。

○典（[illegible]・押）——土地の所有者が他人より一定の金錢の融通を受け、之に對して自己の土地を使用收益せしむるものにして、其の金錢の支拂を受けざる限り、期限滿了後と雖も引續き耕作し、年々小作料の如きものを支拂はずして、土地の使用收益を完了し得るもの。

（備考）典價は滿人間の場合より、滿鮮人間の場合は稍々高く、又此の場合地權は買主が所持するから途中、地主不在となれば買主の所有と同じ形態にて繼續する。今般の地籍整理に於ては長年月の場合所有權を認めた。

○轉租——小作人が自己の小作關係より脫退することなくして自己と第三者との間に小作關係を結ぶもの。

以上五種の内定租、錢租、分租が一般的なもので廣く全滿に行はれ後の二者は特殊の形態で其は間島、東邊道の滿、鮮人間に若干行はれ、轉租は至るところにあるが中間小作人が滿人の場合よりも鮮人の場合が多い樣である。

滿洲の小作慣行に於て最も古くしかも一般的のものは定租、分租でしかも其の小作料は毎年改訂せざることが通例である。然し建國以後特に最近に於ては小作期間は短くなり、小作條件は毎年改訂の傾向を辿り、金納小作より物納小作の方が漸増の趨勢にあり、この長期一定金納小作化の問題は滿洲國の小作問題の中心問題であり、鮮農にとつても勿論大問題であり延ては増産問題、社會問題、民族問題等に影響するところが大きい。

滿洲に於ける小作料は大體、土地收益の大體二割乃至三割である。勿論上則地中則地下則地別に見れば上級であればある程高い同一地方に於ても平地に於て四、六（分租の場合地主四小作人六の割にて分けること）稍々高地に於て三、七山麓が二、八といふ例は珍しくなく、且つ北滿は南滿に比し、東滿は南北に比し若干高率である。

定租、錢租、分租を通じ、從來毎年小作權も小作條件も一定であるのが通例である、一定すればするほど地主は地力の維持に小作人は諸種の安定上有利であることと勿論であるが最近短期に變じつゝあることは前述の通りである。但し東邊道等の例を見れば同じ土地を同じ人から同じ條件で二十年近く耕作する例も稀でない。

小作料に附加される附帶條件等は漸次少くなりつゝあり、滿人對鮮人の場合は愈々少い。その代り地方に依つては滿人對滿人の場合より小作料が高いのが見受けられる。

小作問題に關する現地の工作上特に注意を要する點は勿論前揭の小作期間を永年化すべく指導することゝ小作料を一定とし毎年訂正せしめざることゝ小作料を金納化することの三點であるが之は地力の維持の爲めにも、増産、蒐荷の爲めにも、營農の安定の爲めにも、更に紛爭防止の爲めにも大切なことである。

現地としては分會の運動の問事工作として、各地に於て現在小作問題に關する調停に當つてゐるが、尚ほ一層、法院、警察、村公所との關係を密にすると同時に一定の方針の下に之が解決に當るを適當とする。

更に滿鮮人間のみでなく、今日の鮮農の小作問題の中注意を要する點を附記する。

○地主が鮮農である場合は各種工作に其の協同を求めること。而して地主に會運動を通じて營農一家的觀念を注入する必要がある。

○轉租には中間小作人の存在が必然的になるが、中間小作人は從來所謂搾取者でブローカー式のものが多い、全滿に於て此の流の者が數的に夥しい。地主に納める分と、小作人からとる分との差額は案外に大きく、ところに依つては之等のものが一の土豪劣紳層をなし、社會的に害毒を流す場合が多く、之等は日語は勿論滿語も上手で、小作人を足場にし、一應活動的でもあるので之を指導者なりと認識し把握して失敗した例がある。

○小作期間の長期化並に條件の不變更を圖る爲には小作人側に於てももつと眞面目に働く必要がある。期間、條件の變更の非が地主のみにあるのでない。收穫量を詐したり、草取りをしなかつたりする爲めに地主が一方的に小作權を取上げる場合もある。

○小作問題は地主、小作人が相對立して感情的に面白くないもの丶如く印象され易いが、案外そうでなく寧ろ一般的には之に依つて主從親類附合をする例も多い。間島、東邊道に於ける滿鮮人間の義父子制金爾制度の如きはたしかにこの小作關係の所産である。

ロ、營　農　型　態

○水田營農の特質

滿洲に於ける水田營農の有利性については、從來各方面に於て實證して來た問題であり、康德二年——四年三ケ年間に於て陌當籾收入を各作物別に見るに次の通りである。

| | 生産量 | 一〇〇瓩當價格 | 粗收入 |
|---|---|---|---|
| 水稻 | 二、四八九瓩 | 八、四六円 | 二一〇、五二円 |
| 大麥 | 一、〇三六 | 七、四五 | 七七、一八 |
| 小麥 | 九二五 | 一二、五二 | 一一五、八一 |
| 大豆 | 一、二〇九 | 七、〇二 | 八四、八七 |
| 燕麥 | 八〇〇 | 五、〇〇 | 四〇、〇〇 |
| 高粱 | 一、四四四 | 五、五五 | 八〇、一四 |
| 玉蜀黍 | 一、六五五 | 五、二七 | 八七、二三 |
| 粟 | 一、[illegible]九七 | 五、一七 | 七二、七三 |

前表で明かな樣に一般に畑作は水田と比較して收量收益も共に少いことが分る。然し之は計算上の米作の有利性を說明するに過ぎず、一應農家としての水田耕作の特質を再檢討する必要があると思ふ。

鮮農の滿洲に於ける營農の沿革を見ると初期に於ては準乾燥農を以て發展し、漸次濕潤農法（水田）に依つて有名になつたことが分る。「鮮農と水田」は滿洲農村に於ける一つの名物であり、兩者は必然的結合である。前述間島地方に於ける水陸併耕の原型も稍々もすれば崩れ出し水主陸從の新しき型になり易き傾向にある。兎角水田一本の經營樣式の利害得失には贊否兩論あり結着點を見ないが上揭表のみを以て直ちに水田經營が有利であるとは斷じ難い點がある。寧ろ以下の考察並に客觀的情勢より見れば一般的には此の型に修正を加へる必要を發見する。二三年前京圖線某縣に於て、水田五晌の作付をなしたる小作鮮農の家計について調査したるところ。

一、農事收入は九三五・〇〇圓で割に多收であつた。二、昨年度末の借金はなかつた。三、雜收入もなかつた。而して支出面を見ると。

一、營農費八〇一・五〇圓　二、生計費三三七・七〇圓で收支は結局赤字二〇四・二〇圓となつた。

渡滿六年目のこの農家は今年度三〇〇圓の借金を新たに作つた爲め長男は離村（恐らく「浮動鮮農」になつたであらう）雇農二人を入れ八歲の次男は學校にすら入れられぬ狀態であつた。尙ほ同農家の經濟狀況から左の諸點が見られた。

（イ）、畑作無き爲め飼料（高粱、包米、粟、大豆、稗、燕麥等）作物なく從つて牛一頭の外家畜なし、滿洲に於ける營農に於て家畜收入と高粱殼、粟殼の賣却代は「馬鹿」にならぬ收入である。

（ロ）、高粱殼並に山林なき爲めに薪炭に苦しんでゐた。

（ハ）、畜牛の外家畜なき爲め堆肥充分ならず土質改良並に地力保持出來ず來年度の再生產に不利であつた。

（ニ）、籾の賣却は蒐荷統制價格に依り、主食用の粟、包米は配給價（蒐荷に伴ふ諸掛、商人の利益を含む）にて買ひ入れる爲め較差損を見てゐた。

（ホ）、支出面に於ける勞賃と小作料とは比重最も大にして、飼料は購入したる爲め現金支出であつた。

（ヘ）、要するに收入一本、支出多岐なる水田營農は表からの採算上たとひ得にしても、勞力均分、自給自足、副業、燃料、地保持並に家畜との關係に於て特に不利である。

以上の事實は更に營黑線以東の水系濕潤地帶の水田造成が概成されたること。假令今後灌漑の便を圖ることに依り水田可耕面積約百萬町步を得られるとしてもそれは內地入開拓用地として充當される可能性濃厚であることを併せて考慮する必要がある。

○自給自足營農型

前目に於て水田營農に關する本質的問題に觸れたが營農の脆弱性とするところは。

（イ）籾は商品化の率が高く自給自足に適しないこと。

滿洲に於ける主要穀物の商品化率は大豆八三%を筆頭に水稻八〇%小麥八〇%、の外高粱包米粟何れも四〇%以下である。商品化されたる籾が形を變へて雜穀になり、家畜の飼料になり燃料になり、綿布になるので甚だ農家としては安定されない方法である。

（ロ）、勞力均分がなされてない。

夏水田を作り、秋之をとり入れ賣却すれば後は遊休時が多い。之が消費期間になる。反之夏の間の除草期を初め、春の播種期、秋の取入期（農繁三期）には自家勞力ではどうしても不足するから日に四五圓の勞賃を出して迄勞力を雇ふ。

（ハ）、金融に困る

以前金融會融資當時に於ては米作農民は種々の便宜を蒙つてゐたが今日に於ては合作社が米作農民にのみ便宜を圖ることは到底出來なくなり結局農村内個人貸に依るのであるが之が著しく高利で最低月利一分最高四分である。

（ニ）、地力保持、家畜飼育、副業並に燃料獲得に困難なることは前に述べた。

更に 一、雨量其の他の原因に依る水量の不足 二、耕地獲得難 三、農家經濟難 四、霜冷害、其の他天災に依る被害の高率等より見れば當然水陸併耕、有畜混同の營農を考へ、一方に於て高地高緯地、の進出を考慮して林野との組合せを考慮する必要がある。半島南部濕潤地帶の民が北鮮、東滿に於ける水陸併耕式の農法を吟味せずして飛躍的に故國の方法を踏襲して之に臨むのは極めて冒險である。

更に水、陸營農案出の爲め一部に於てプラウ農法の如きを試營する向きもあるが一般的問題としては尙ほ研究を要するであらう。

結局左表の通りの營農移行過程をとらしめ多角化を促進せねばならぬ。

| 現在營農 | 將來の指導目標 | | 備考 |
| --- | --- | --- | --- |
| | 主として | 從として | |
| A型、水田 | 水田 | 畑、副、畜 | △副—副業　△畜—家畜、役畜、家禽 |
| B型、水、畑 | 水　畑 | 副、畜 | |
| D型、畑 | 畑、畜 | 山、副 | ○プラウを考慮す<br>△山林—産並に山貨— |

右營農への進化發展のめには。

(イ)、水田經營は集約化する。場合に依りては耕作壓縮も不可避であらう。

(ロ)、畑作に對する一般的知識を與へること。

殊に滿洲畑作營農の重大ポイントたる種子の問題、季節の問題、農具の問題並に草取の問題を速かに解決すること。

(ハ)、役畜、家畜並に家禽の飼育使役法をもつと眞劍に研究し、馴れ〲しく管理すること等が差當つての問題となる。

(ニ)、多角營農が一に立體營農と謂はれる所以は高丘、山麓、山腹の立地的參加を要するからであるが山を利用しての植樹、原野、放牧、柞蠶並に諸山貨(ワラビ、蕈、藥草)採集に考慮を拂ふ必要がある。

結局以上の三型が左記の如き組合せの下に營農されることを略々理想とするであらう。

| 營農型態 | 經營內容 | | | | | 適應すべき農業地帶 |
|---|---|---|---|---|---|---|
| | 水田 | 畑 | 山 | 計 | 其の他 | |
| A 水田經營 | 一.〇町 | 一.〇町 | ― | 三.〇町 | 〇副業として藁加工<br>〇家畜として牛其の他 | 〇一般 |
| B 水田兼畑 | 一.〇 | 三.〇 | ― | 四.〇 | 全右の外豚を餘計に飼ふこと | 〇間島東邊道並に東滿一帶 |
| C 畑兼家畜 | ― | 五.〇 | 三.〇 | 八.〇 | 〇家畜に主力を置く<br>〇山貨採集を副業とす | 〇高標高緯並に營黑線以西 |

## 八、營農指導問題

主として營農止の技術問題となるが要點のみを摘記する。

(イ)、種子——鮮農は氣候、風土に對する認識不足の爲め季節特に無霜期間と結實の關係雨量、氣溫、濕度等の不案內で種子の選定に困る。尙ほ徒らに改良種を選ぶ傾向は未熟に因る不作に導く場合が多いから、餘程の確信なき限り其の他方の在來種を選ぶ樣指導する必要がある。

(ロ)、季節——滿洲に於ける氣溫、降水、霜雪、日照並に風等の季節的變化は比較的地方的に差異甚だしく、從つて種子の選定、播種期、肥培管理並に收穫期等に地方的に差異が甚だしい。殊に新來の農民には其の地方に於ける季節的環境に馴れしむる必要がある。

(ハ)、除草——滿洲は氣候、風土の關係で夏季の穀物生長率高く、雜草の成長繁茂も短時日の內になされてゐるから其の間の除草を失機せざる樣にすることは最も大切なことである。夏期の除草に要する勞力は急激に增加し、除草期に於ける勞力の八割以上を雇傭勞働者に期待してゐることが滿洲農村の現狀である。であるからこの雨期に晴天が打續くことは農業勞働の分配上から見れば誠に結構であるが、反對に雨が降り續く年柄に於ては圃場に入ることも出來ず。雜草は繁茂するまゝに放置されることになつて減收を來すことになる。無除草に依る減收の最大を示す作物は荏で除草した圃場の十五分の一しか收量を擧げ得ない。次は粟で六分の一作、大豆は四分の一作を示し、小麥と亞麻は割合に減收率が少く僅かに一割內外で止つてゐるといふ（克山農事試驗場）

（ニ）、肥料——米作地帶には堆肥の施用の經驗を經ずして一躍、金肥即ち化學肥料を使ふ風があるが、肥料の需給關係並に地力維持の點で堆肥の增産並に施肥を奬勵せねばならぬ。目下現地の農家を見ると堆肥增産を困難ならしむる條件の一に農家畜舍等の問題である。先づ次の諸項の如く設備改善を加へることゝ併行に堆廐肥の增産を計るべきである。

○便所を造ること。○堆肥舍畜舍を造ること。

○便所、堆肥舍、畜舍はなるべく一ケ所に隣合せて位置は主家の附近にすること。

（ホ）、秋耕並に深耕奬勵

堆肥增産と併行に秋耕並に深耕の奬勵は土質軟化の爲め最も必要なことである。特に秋耕は春季の耕鋤作業を早からしめ、作物の育成期間を延長せしむるにも效果がある。

（ヘ）、農繁期に於ける勞力需給問題——如上の關係で滿洲の農繁三期特に除草期に於ては勞力が拂底して來、勞賃は高騰となつて來るがこの木に於ける勞賃統制等は極めて困難なことに屬する、この自然の勢は今早急に解決することは困難なことであるが、賦役の考慮、合作社金融の便宜、婦女子、青少年團の動員問題等に特別考慮を要する。

（ト）、副業奬勵——滿洲に於ける冬期が長期である上、鮮農の營農が稍々もすれば水田一本になり勝であるから副業による收入增を圖ることは最も大事であるに拘らず、今までは繩叺の外殆んど見るべきものがなく最近になつて冬期運撒、薪刈、草鞋製造等の副業が考へられて來てゐる。各地に於ける適當なる副業を選擇し、强力に之が奬勵をなす必要がある。東滿の山地帶の或る部落の如きは一年を通じ僅か三十五日（一日を十時間と見）の耕作と二十日の山貨採取に勞力を費すのみ後は酒、賭博に暮す（部落の大部分）といふ例もある

## 二、浮動鮮農問題

浮動鮮農とは本章に於て既述したる都市失業者に對する、農村失業者である。在滿鮮農問題の終結點は土地問題であるが結局に於て耕地の獲得難が一般を通じての悩みであるが、こゝに掲げたる浮動鮮農とはその字義の如く土地耕作不確定の爲め家族と共に年々轉々し小作農となり或は雇農となり、或は勞働者になり西に東に時には北にと渡り歩く鮮農を言ふ。今の在滿鮮農二〇萬戸の約數半一〇萬戸は貧農と推算するがその半分約五萬戸は準と純の浮動鮮農の合計と言はれてゐる。北に於ては滿農の浮動農が多いが鮮農のそれに比すればその困難の程度がやさしい。

數年前の日本人開拓用地整備、最近の小作期間の短期化並に鮮農の營農欲は益々浮動農增加の度を强め更に彼等の大部分が家族を同伴してゐることは困難を愈々深くしてゐる。

この浮動鮮農問題は一時重大問題化され、之が安定方法の一案として舊滿鮮拓殖が自作農創定を考へ出し、五ケ所の安全農村の經營の外、一萬戸に近い農家に四萬餘町歩の土地を割當て六百萬圓餘の貸付をなしたが最近になり稍々低調になつた樣である。

尙ほ此の自作農創定には土豪劣紳、中間搾取人の介入等の爲め浮動鮮農の安定を危殆ならしむる例も多い。

浮動鮮農の安定問題は都市失業群の救濟問題と酷似してゐるが結局歲末週間的一時的救濟となつては何もならぬ。

○小作問題の安定化を圖ること。

○營農慾を揚棄し水陸併耕の安定性を求むること。

○現地に於て資産家の協力を求め、自作農創定の類似施設を考究實施すること。
○農業勞働者安定方策を考究すること。

ホ、配給問題

鮮農の農村に於ける配給については一般農村に於けると大差なく、現在最も要望せられてゐるのは綿布、石油、地下足袋食塩等の圓滑なる配給であるが地下足袋の如きは草鞋で代用する風が方々に見られ、燈用の不足から夜は採光しない様であり、綿布の不足は自給自足で一部の彌縫はしてゐるが甚だ困難である。聖戰下のことゝて致し方がない。

今一般滿系農とは特に考慮すべき點の二三を擧ぐれば。

（イ）、鮮農は米穀を生産するが其は商品化し普通雑穀（粟、包米、麥）を買入れて食糧とする。故に雑穀の配給が圓滑であれば籾の蒐荷も容易であらうが雑穀が入手困難であれば籾も自家消費するか闇に流すといふことになる。

雑穀の配給は今日までは其の生産者から收買し、諸掛、利潤を加算したる、價格を以て行ふから鮮農は籾價と較差損を見る結果になるから、其の點を充分考慮し、速かに雑穀の配給を行ふことゝ雑穀の配給價格について考慮する必要があると思ふ。

（ロ）、日用物資配給については滿農と同程度の量並方法を定めるべきことは勿論である。只左の特殊事情丈は考慮する必要がある。

○秋の漬物期に於ける塩と、白菜唐草の特配。
○婦人用ゴムクツの特配。
○其の他風俗習慣上特に已むを得ざる品物に對する考慮。

②、生活指導の問題

### イ、生活指導の目標

○今日に至る迄の農民生活問題は主にその生活内容を豊富にするといふ一點に集注されたのは否み難き事實である。而して生活内容の豊富化は物質生活の個人的滿足を要求し、それは又直ちに營農收入の増加と生活合理化の問題と化したのである。然るに戰時に於ける農民生活は必ずしも平時的收入増加と生活合理化を要求し得ざる幾多の條件がある。

然らば今日の鮮農の生活改善の目標を何處に置くべきかを先づ考へ度いと思ふがそれに先ち今日の實狀を點描して之を瞥見し度いと思ふ。

○鮮農の生活は第一に簡素生活であるといふ點に一大特色がある。但し合理化されたる爲めの簡素性にあらずして、貧困の結果自然的に造成されたる簡素性である。某氏は「朝鮮の婦人の使用するパカチ（瓢）は一つで十五種類の働きをする重寶なものである」と言つたが考へて見れば水を汲む、米を入れる、米を砥ぐ、殘飯を入れる、等パケツの働きから把杓、茶碗、コツプ、皿の働きまでなすもので彼の南鮮よりの渡滿流民がパカチ二三と小兒を背にし、若干の荷物丈で家財道具全部であることは生活の簡素を充分物語るものである。

簡素なる生活であるから生活が分化されず、從つて用器は最小限度で足り、住宅にも、衣服にも無駄がなく之を今までの觀念では非文化的なるものとされてゐた。

○鮮農の生活は近來自給性が稀薄になりつゝある。金錢經濟の發達したのは半島內が既に日本內地より約半世紀後れたが農村に於ては近來商品化の度が俄然强くなつた。故に滿洲に於ける鮮農もそれに倣ひ自給自足の度が非常に弱まつてゐる。

○米作農民が籾の大部分を商品化し、食糧まで買入れねばならぬ現狀は既に一言したが、彼の滿農に比し金錢經済の多くなつたことは確かである。

○次に鮮農の生活に於て見らるゝことは精神的に萎靡沈滯してゐることである。現狀の環境を打破し運命を打開せんとする氣力、迫力に乏しいことである。「金があれば喰ふ、無ければ寢込む」式の消極的な無氣力な空氣が充滿してゐる。

右樣の彼等の農村生活を如何にすれば明朗化し、戰時下の國家目的に副はしむるかは重大問題である。

(イ)、先づ生活の目標を心田の開發に置くべきである。

以上の如く今日の沈滯したる生活意識を以てしては、一個人としての明朗なる環境を招來すること困難であるばかりでなく、戰時下の國家は國民一人〱の迫力ある職域奉公を强く要請してゐる。氣力、迫力に乏しいのは生活觀の敗退であり、發展の障害である。速かに現在の位置より進んで戰取するといふ進取の氣象勞働意識を培養する必要がある。

(ロ)、其の樣式の簡素性は助長する必要がある。

但し其の簡素性の中にも趣味的にも物的にも豐富なる內容を與へねばならぬ、只貧なるが故のものでなく、內容あり實のある而しかも合理化されたる素朴さでなければならぬ。形は小さくとも、樣式は單純でも、味があり、潤ひのある型にせねば今日の簡素性の特徵は生きて來ないだらう。

(ハ)、自給自足生活に立直らせねばならぬ。

今日の鮮農が籾を商品化することは別問題である。籾は勿論商品化せねばならぬが商品化しても最小限度の食糧位は自給自足出來る樣、衣料等も可成的自給出來る樣營農其の他を考慮すべきである。

(ニ)、生活に於ける歪曲面を是正せねばならぬ。

八一

鮮系の生活內部に包藏されてゐる諸種の陋習は勿論諸種の無駄、過度的弊害を此の際勇しく改善揚棄せねばならぬ。

この歪曲面の是正こそは、物質的に「物持ち、金持ち」になることよりもこの非常時に於ては大事である。

（ホ）、物質生活の理想が「美しき生活」であるかも知らぬが今日の鮮農の生活に於ては其の下底に位すべき「强き生活」即ち安定されたる生活にすら達してない。故に物質的の安定を與ふることが目下の急務である。

**ロ、物質生活の指導問題**

（イ）、衣服に對する指導

鮮農の衣服費の生計費に對する比重は極めて輕く、其の一戶當月平均三、四圓を出でないだらうと思ふ。更に近年の纖維製品の騰貴を考慮に入れればその粗末さ不備さは想像にあまりある。

一家庭に衣服として一着位、着のみ着の儘で冬期を過す者すらある程度で貧村に行けば蒲團一枚しかないといふところもあり、防寒保溫の衣服がないから冬期の戶外作業をせず、外出する時は隣人の衣服を借りて着るといふ例もある。十一月頃の北滿の寒さに跣足で學校に通ふ學童も見受ける。

衣服――纖維製品の不足は現實であるから、農村に於ては麻、亞麻等の栽培を奬勵し、或る程度迄自足し得る如く指導する必要がある、特に麻製品は綿布よりも丈夫であり、紡績工程は婦人が會得してゐる筈である。東滿某協和分會では常務委員會に於て決議し、實踐したる結果、所期に近き程度迄の成果を收め尙ほ麻製品たる朝鮮草履は滿人まで製作法を知り、漸次商品化されつゝあるといふ例がある。

次に朝鮮內の生活改善運動に於て白服廢止を强く取上げたることがある。が原則的に正當である。但し滿洲特に農村に於ては白服ところの騷ぎでないだらう。服裝の改良問題も同斷して可である。朝鮮服は腹部保溫の點缺くるところあるがこのことは腹痛、胃腸病等の罹病率の高率を招來する一因になるのでなからうか?。

(ロ)、飲食物に對する指導

鮮農の飲食費の全生活費に占むる割合は相當大きく約七四%と言はれてゐる。朝鮮內は自作農六二%、自兼小作農六五%小作農七三%で生活程度の低い程生活費中の飲食費の比重が大であることは定說であるが之より見ても彼等の「喰ふ爲めに働く」といふ狀態が窺はれる。大體其の主食並に副食物を見ると生活程度の割には營養分もあり美味しいものを喰ひ一日平均二、〇〇〇カロリー程度のものを攝取する(日本人平均二、七六三カロリー)

〇主食物――鮮農の主食物は粟が主で麥、大豆、包米、小豆又は白米の混食である。但し、昨今純白米に對する風も增加した樣に思ふが之は雜穀配給の不圓滑に其の一因がある。今後混食を益々奬勵する必要があるが之は營農型態の改良からせぬと完璧を期し得られぬかも知らぬ、滿洲に於ては高粱、包米、粟は糧穀三品と言つてゐるが粟は滿農より以上に鮮農には必要である。高粱、包米に至つては滿農に比し少量である。

〇副食物――鮮農副食物を表示すれば大體左の如きものである。

| | 平常の獻立 | 時に平常の料理に添加するもの | 稀に平常の料理に添加するもの |
|---|---|---|---|
| 中階層 | 漬物 | 野菜、蕃椒 | 豆腐、若布 |
| | 汁物 | | 塩魚 |
| | 唐辛子味噌 | 小蝦塩辛 | 乾明太 |
| | 唐辛子 | | |
| 下階層 | 漬物 | 汁物 | 小蝦塩辛 |
| | 唐辛子 | 野菜類 | 豆腐 |
| | 醬油 | 唐辛子味噌 | |

右各種の中特徴的なもの二三について説明を加へる。

A　漬物——白菜大根、葱、等を原料にしたもので鹽、唐辛子を調味料としてゐる。魚類を入れることもあるが農家の方は稍々劣る。夏の間は一夜漬であるが冬期の分は秋季（食塩が餘計要るのはこの時である）に於て一時に漬けて貯蔵する。

B　唐辛子味噌——味噌醤油は農家では自家で醸造する。唐辛子味噌は此の味噌に唐辛子を入れ味を付けたものである。

C　野菜山菜の副食物が朝鮮料理には多い。

D　唐辛子　朝鮮料理唐辛子を餘計使ふのは周知の通りである。この營養價を云々する人も居るが營養劑でなしに一の刺戟劑である。時に砂糖の代りになり、時にカラシ、時に味の素の代りをつとめ朝鮮料理にはなくてはならぬものになつてゐる。

○嗜好品——鮮農の嗜好品は煙草と酒類位なものである。お茶も飲まず、砂糖分も自家製の飴で間に合はせてゐる。煙草は葉煙草を用ゐ又葉巻も用ひるので別に記すべきことがない、酒は燒酒濁酒（マツカリ）並に藥酒で燒酒はあまり産しないから白酒を以て代用する。濁酒は自家醸造のもので甘味がある。

鮮農の飲酒量は多く、銘酊もだらしがないので非難を受ける。殊に滿農からきらはれて一つの理由になつてゐる。

○鮮農の主食物は一般日系に比して多量であると言はれてゐる。間食が殆んどないから左様な結果になるかも知らぬ。兎もあれ食事の時良く咀嚼する様指導する必要がある。刺戟劑（唐辛子、ニンニク、葱等）を餘計使ふ結果咀嚼不充分の中に呑み下す弊があり、其の結果多食となり、一方胃腸病等になる率が多くなるのではないかと思ふ。

○飲料水は冷水をのむ癖があるが傳染病の流行時には特に危險である。チブス、赤痢等の罹病率は滿系より多い。滿農雜居地帶の狀況を見ると、先づ病氣になるのが鮮系で、罹病率が稍々低くなつて滿農が罹るを例とする。但し罹病率は鮮農高く死亡率は滿農が高い。何れにしても咀嚼と保溫と冷水を飲まないことで幾分防ぎ得ることゝ思ふ。

（八）、住居に對する指導

大正十年頃の鮮農の住居に關し左の通りの報告がなされた。

「居住……在滿朝鮮人農民中、自己の家屋を所有し居る者殆んどなく、大多數は支那人家屋の一隅を借り受けるか然らざれば僅かに高粱桿を材料として三坪乃至五坪の小舍を造り此の間に五六の家族雜然と簇居しつゝある狀態であるが水田に天災ありて以來は家居の貸主たる支那人は家賃の納入覺束なきを見越し、其の住居の立退を要求するもの多く冬季零下三十五度の際、妻子を擁して路頭に彷徨する悲慘なる境遇に陷れり……」（南滿及び東蒙朝鮮人事情より）

然らば現在は如何、元來朝鮮人は生活費中、飲食費大部分を占め衣服費が次位、住居費は甚だ貧弱である。鮮農に於てはそれが極端で、入植十年位の者ですら滿人の住居を借りて住む者がある。しかも鮮式農家は簡單で一人一ケ月位で建築し得るから一つは怠慢のせいかも知らぬ。兎に角先づ自分の家屋のないものは建築して安定する樣指導することからである。

朝鮮式農家は外見貧弱であるけれども、合理的である。通風と採光の點は不充分であるが防寒設備としての溫突（オンドル）は滿洲にもつて來ても傑作である。薪の經濟から見れば一回炊けば飯もたき部屋も溫まるたきものは薪でも石炭でも、のこくづでも、籾くづでも良い。滿式「炕」よりは內部の構造が稍々異るがこゝではその說明は省略する。鮮系開拓地には溫突が不良で煙がもれ眼疾にかゝつた人が多い樣に見受けられた。

部屋の設備も至つて簡單である。庭先も又然り、庭先に花を植え、部屋に繪一枚でも張るといふ落着きとうるほひを與へ度いものである。

住居の序に附加へ度いことは畜舍便所、堆肥舍の設備も出來る丈速かに整備し度いものである。

(二)、衛生に關する指導

衛生指導上特に注意すべき點を摘記する。

○罹病狀態

鮮農の罹病の中首位を占めるのは齒牙疾患で耳鼻咽喉疾患が次位、消化器が第三位で眼疾病が第四位である。

年齡別に見ると幼少年期には消化器病並外科疾患皮膚疾患眼疾患、耳鼻咽喉疾患並に齒牙疾患多く、中等期には齒牙疾患並に消化疾患が多く、老年は齒牙疾患が多い。

○醫藥

滿洲に於ける何れに於ても醫療設備は不充分であるが鮮農の部落も其の例に漏れない。其の上最近は洋藥の入手が特に農村に於て困難である。之が打開策としては積極療法即ち運動外出等の鍛錬と漢藥を有效に利用することが考へられる。

○井戸

井戸を衛生的に施設し利用することが大事であることは言ふまでもない。特に井戸の清掃、滌掃に注意すること、井戸端に於て洗濯せざる樣指導し度。

○洗顏、風呂

特に冬に於て手も足も顏も洗はない人(子供に多い)が一部分見受けられる、風呂の設備をもつてゐる家が殆んどないから風呂に入らぬのは先づ無理ないとして、せめて行水位でもやらした方が良いと思ふ。大抵の部落では滿系と共同風呂位設けても良いと思ふ。

○便所——設備すると同時に利用と掃除迄やらねばならぬ。

○其の他

部落内庭先の掃除の勵行——婦人又は少年團。

衣服又は生活習慣上、腹部を冷やす結果、腹痛、消化不良になりやすいから不斷の注意を必要とする。

飲食物の中、生の物を喰ふのが多い、特に傳染病の媒介となる處がある。

國防婦人會等に於て臺所改善、美化、清掃を時々刻々に勵行さした方が良いと思ふ。

3、農村に於ける組織運動上の諸問題

現在の鮮系農村位強力なる組織と正しき指導力を必要とする處は少い。農村に於ける指導組織は言ふ迄もなく分會組織であつて之以外にあり得ないが現在の分會組織運動狀態では尙ほ主體的に脆弱性を感する。兎に角分會運動上參考となるべき事項を二三紹介し度いと思ふ。

イ、指導者の選定

鮮系農村指導力の缺乏は直ちに指導者の缺乏であることは勿論であるがその指導者選定に意見がある。從來、農民の中から先覺者（又は中堅會員、役員）を選定する場合に往々にして陷り易いことは其の人の交際術と媚態等に魅せられたことである。然し、眞の指導者たるべき人は他の社會に於けると同じく、大抵默々として根を張つてゐる。大體部落內に人望もあり信念もあるが語學（日語）を知らず近代式の交際の道に疎いために世事にあまり關しない人が居る（靑年にも壯年にも）現在工作に於て注意すべきは現代型の一、二名との眞の底力のある指導者一、二名は其の心を深くつかんで置く必要がある。

ロ、篤　農　家

農村に於ける分會組織は意識分子としての中堅會員を如何に組織化したか、他方生産的中堅たる篤農家を如何なる形でつかんだかに依つて決せれると思ふ今までが中堅會員問題については何れも意見と情熱がある樣だが篤農家のことになると無策の樣である。今日の狀態に於ては生産中堅たる篤農家（適正農家）を有效に組織化し、分會運動の傘下に容れる必要がある。增産、蒐荷、小作、勞工供出等々の農村問題に於て眞面目に考慮すればするほど其の必要性を感ずるそれには全滿的な組織をも一應は考へられるが農談會等の形式で素朴な方法を以て引付け分會自體を參謀本部として漸次組織化する必要があると思ふが然る時は鮮系は米作農民として別組織でも良いと思ふ。

次に今日の滿洲の農村は技術の不分を來してゐるが之は上下擧つて技術員の不足に原因するものと解する。技術員の多量養成は徒らに期待は大きくしこ受くる實益は案外小なるものである。

農事は技術も必要であるけれども、氣候、風土等大自然的環境に對する經驗的體感なくしては到底經營の完璧を期することが出來ない。此の貴重なる經驗を彼等篤農家に求め、之を組織化し、技術員に代位し、以て增産政策遂行の效率化に資することと目下のところ何よりも必要であらう。

ハ、農場主等の取扱

今日までの農場主等は多くは土豪劣紳として、見棄てられたる感が深い。然し彼等が時局下の使命觀を感ずるや否やは麾下至小作民にまで及び其の影響力は蓋し大なるものがある。此の點に深く鑑み、良心的なる人士の協同を求め眞に「營農一家、增産報國」の觀念を植付ける一方、增産、出荷、農民指導等に眞に自主的に活動する樣仕向けねばならぬ。

ニ、參考とすべき在來の組織

今日の農村指導に於て、既に他に於て試み、又は滿洲に於て相當効果を擧げたる組織を參考迄擧例する。

○鄕約運動——此の運動は周知の如く支那周代の部落協同組織で、李朝は中期に於て台灣は明治初年に於て特に盛んだつた歷史を有する。今日の隣組の申合せも鄕約の協定事項に其の端を發するものでないかと思ふ。在滿鮮農の移住史を繙けば明治三十六年通化縣の八道外十一面、懷仁縣の蒔和面外十一面、寬甸縣の水工面外三面、興京縣の旺盛面外一面に鄕約を設け、正副鄕約長を選任し來つたが明治四十二年間島問題解決と共に鄕約を廢するに至つたやうである。

○農務稧——稧とは朝鮮式「組合」を謂ふ。經濟的相互援助を目的とするのが一番多數であるが相互の親睦を圖るといた樣な社交的なものもある。「殖牛稧」と言へば「牛」を飼ふ組合、「甲稧」と言ば同齡の者の親睦會、「植樹稧」と云へば植樹組合である。さて農務稧は舊金融會が稧の相互援助的精神的共同社會的微妙なる作用に着眼して造つた、貸金の連帶保證と農事奬勵とを主任務とする組合である。此の農務稧には全滿に組織され非常に好評だつたが金融解消と共に解消となつたのは殘念である。今は只滿拓關係の安全農村五ヶ所に農務稧並にその聯合會があり、その農村經營の主體となつてゐるに過ぎぬ。

○報德精神——說明は省略するが鮮系農村に取入れて可然ものと思ふ。

○間島各部落に組織されたる矯風會的組織

名稱は種々あるも自發的組織に依り、婦人夜學の奬行、禁酒の實施、賭博の嚴禁、副業奬勵等が實施され、一時相當の効果を納めた。

## 五、對象別に見たる指導上の注意

1、指導者層並に一般智識層

この層は現段階に於て自覺されたる方で先づ凡ゆる活動に於て精神的に意表に立つてゐる。

イ、仔細に觀察すれば舊民會式に「在滿朝鮮人」的意識の强い者と建國の理想に燃え「鮮系國民」的意識の强い者との二者にらけ得るが年が經るにつれ前者は後者に代位されつゝある。一方能力的に見て、國語に習熟したる者と然らざる者が居る。後者にも相當迫力と情熱を持つてゐる者が居るが殘念乍ら第一線から退却しつゝある。

ロ、又一つの特徴は鮮系國民の指導者は民間よりも官界に多數居ることで、この點は朝鮮內と事情を異にしてゐる。一般知識階級も同である。

ハ、指導者は一應別とし一般知識層は自由主義等の一部過度的思想に育まれた經驗を有することは內地人の場合と同樣であるから之が淸算並に其他の思想的環境整理をなし、一層建國精神に歸依する樣工作する必要がある。

ニ、一般知識層は目下新京を始め各地に於て日系と一緒に又は別個に青年自興運動を展開してゐるがその成果は今後に俟つとし、當局は之に對し徒らに「取締の對象」とせざる樣注意する必要がある。重大時局に際會せる彼等は「何かやらねば國家の爲めにならぬ」といふ焦操にかられてゐるのも事實である。

2、商人並に企業家

商人並に企業家は、建國以後增加し、至る處で微弱ながら會社、店舗を經營し、當時の面目は一新した。

イ、之等の階層に對しては「企業報國」の念を注入しその使用人に感化力を及ぼす樣工作し並に闇取引其他の不正商行爲を防止し以て經濟倫理化運動の中核たらしむる必要がある。

ロ、現在營業者中には機會均等の取扱を擧け得ざることを一般にコボしてゐる。商工公會、組業同合又は同業聯盟等に速かに參加せしむる、一方、特に經濟當局が親心を以て育つべきであらう。

ハ、現在新京を始め重要都市には鮮系實業家丈の俱樂的會合があるが、會工作の一の據點であると思ふ。

3、古　老　層

古老層は文弱、保守、頑固なる弱點はあるが儒教的團結の鞏固さ、禮儀を重んずる等の美風がある。特に朝鮮は敬老の美風があるので古老は影響力強く之を教化の中心とすることは割合に效果がある。

全滿各地には詩會、甲楔等の社交的集會があり滿鮮國境地方には儒林聯盟等の活動がある。

今後滿系との連繫を特に考慮し、道德會運動の理會を深からしむる一方、孔子廟會等の共同參加を考慮すべきであると思ふ。

孔子樣の教を絕對信ずることおそらく東洋第一であらう。

4、青　少　年

朝鮮內に於ける徵兵制度發布と相伴つて青少年の國家的地位が躍進向上したが國外に於ける鮮系青少年についても之に對應する諸方策を講考すべきは勿論であるが先つ次の諸點に注意を要する。

イ、朝鮮に於ける錬成制度を取入れ、鮮系青少年訓練等の參考にする。

ロ、現在不斷の部落防衞等に他民族と同樣任ぜしむること。

ハ、語學（日語）の習熟を一層徹底的ならしむること。

ニ、都會地に於ける失業者並に有業者の特殊指導を必要とする。

5、婦　女　子

朝鮮の婦人は生活力が强く、柔順で手先が器用だから手工業の才がある。向學心も旺盛である。

イ、衞生、育兒、家事に對する一般的知識を授けること。

ロ、冬期等を利用し婦女子夜學の實施をなすと意外に効果がある。

九一

ハ、國防婦人會等に於て指導の都合次第で「鮮系班」又は「鮮系組」を設き特別指導しても良いと思ふ。

6、特殊地帶に於ける指導

イ、ハルビン、濱綏沿線、琿春、東寧、穆稜、密山、綏陽、虎林等には沿海州に長年居住し、生活感情、生活態度が稍々露西亞化（必らずしも蘇聯化に非ず）されたる一群がある。之等は一般と氣持の上で釋然とせざる點があるから、建國精神に基く精神工作に依り、精神的轉向を圖る必要がある。

ロ、間島牡丹江吉林並に通化の各省には少數乍ら滿洲居住長年に亘るものにして生活様式感情が滿人化されたるもがある。滿人化されたから惡いふのでないが、一般との融和を圖る必要がある。

ハ、滿鮮國境地方には安東を始め、輯安、長白、開山屯、圖們等地に密輸業者が潛在してゐる。特殊的啓蒙指導を要する。

ニ、內地人開拓地周邊には水田經營をする一群と開拓民の小作、雇農に屬する一群とが集結してゐるが出來る限り開拓民の敎化的影響を彼等に及ぼす様の方途を講じ度いものである。

## 第五章　結　語

今日の滿洲に於ける鮮系國民をして眞正なる皇國臣民たらしめ、滿洲國民たらしむるは何よりも先づ彼等に意識的協和運動を展開せしむるより方法がない。爲之適切なる指導に依り生活態度の改善、生活感情の明朗化を圖ることは即ち環境整理であり淨化であると思ふ。

指導者は眞に內鮮一體的境地に立つて以上第一章から第四章に至る迄の所述を具體的に把握し工作資料とされんことを望む。

## (附) 第一、丁卯和約 (江都會盟の項參照)

清の太宗と韓廷との間結ばれたる和約條件

(一)、君臣ノ禮ヲ取執リ、新ニ宗屬關係ヲ結ブベシ

(二)、明國ノ年號ヲ去リ、明國ノ往來ヲ斷チ、明國ノ與ヘタル誥命冊印ヲ獻納スヘシ

(三)、王ハ長子及ビ第二子を質トシ、大臣ハ子若ハ弟ヲ質トスヘシ

(四)、明國ノ同例ニ準シテ貢納スヘシ

(五)、明國ヲ討タントスル場合ハ出兵ニ期日ヲ違フヘカラス

(六)、今次、皮島ヲ攻取スルニ、兵及ヒ兵船ヲ出スヘシ

(七)、捕虜ノ鴨綠江ヲ渡リテ後、本國ニ逃還セルハ、執ヘテ本主ニ送ルヘク、若シ贖還セントセハ兩主ノ便ニ從フヘシ

(八)、兩國臣民ノ結婚ヲ行フヘシ

(九)、新舊ノ城垣ハ擅ニ築造ヲ許サス

(一〇)、一切ノ瓦爾哈人ハ刷送スヘシ

(十一)、日本トノ貿易ハ之ヲ許ス、ソノ使者ヲ導イテ來朝スヘシ

(十二)、毎年ノ進貢額ハ左ノ如シ(省略)

黃金以下二十種目及價格ヲ記載シアリ(筆者)

## （附）第二、白頭山定界碑の文字

以下八十三字が高さ二尺七寸、廣さ一尺七寸の黒石に刻まれあり

大淸烏喇總管穆克登等、奉
旨査邊至此審視西爲鴨綠、東
爲土門、故分水嶺上、勒
石爲記
康德五十一年五月十五日
筆帖、式蘇爾昌
通過二哥
朝鮮軍官李義趙台相
若使官許樑朴道常通官
金應濾金慶門

## （附）第三、間島ニ關スル日淸協約（所謂間島協約）

### 日淸協約

大日本帝國政府及大淸國政府ハ善隣ノ好誼ニ鑑ミ圖們江ガ淸韓兩國ノ國境タルコトヲ互ニ確認シ並妥協ノ精神ヲ以テ

一切ノ辦法ヲ商定シ以テ清韓兩國ノ邊民ヲシテ永遠ニ治安ノ慶福ヲ享受セシメンコトヲ欲シ玆ニ左ノ條款ヲ訂立セリ、

第一條　日清兩國政府ハ圖們江ヲ清韓兩國ノ國境トシ江源地方ニ於テハ定界碑ヲ起點トシ石乙水ヲ以テ兩國ノ境界ト爲スコトヲ聲明ス

第二條　清國政府ハ本協約調印後成ク速ニ左記ノ各地ヲ外國人ニ居住及貿易ノ爲メ開放スヘク日本政府ハ此等ノ地ニ領事館若ハ領事分館ヲ配設スヘシ

開放ノ期日ハ別ニ之ヲ定ム

龍井村、局子街、頭道溝、白草溝

第三條　清國政府ハ從來ノ通リ圖們江北ノ墾地ニ於テ韓民ノ居住ヲ承准ス其ノ地域ノ境界ハ別圖ヲ以テ之ヲ示ス

第四條　圖們江北地方雜居地區域內墾地居住ノ韓民ハ清國法權ニ服從シ清國地方官ノ管轄裁判ニ歸ス

清國官憲ハ右韓民ヲ清國民ト同樣ニ待遇スヘク納稅其他一切行政上ノ處分モ清國民ト同樣タルヘシ

右韓民ニ關係スル民事刑事一切ノ訴訟事件ハ清國官憲ニ於テ清國ノ法律ヲ按照シ公平ニ裁判スヘク日本國領事館又ハ委任ヲ受ケタル官吏ハ自由ニ法廷ニ立會フコトヲ得、但シ人命ニ關スル重案ニ付テハ須ラク先ツ日本國領事官ニ知照スヘキモノトス日本國領事官ニ於テ若法律ヲ按照セスシテ判斷セル廉アルヲ認メタルトキハ公正ノ裁判ヲ期セムカ爲別ニ官吏ヲ派シテ覆審スヘキコトヲ清國ニ請求スルヲ得

第五條　圖們江北雜居地區域內ニ於ケル韓民所有ノ土地ハ清國政府ハ清國人民ノ財產同樣ニ完全ニ保護スヘシ又該江沿岸ニハ場所ヲ選ヒ渡船ヲ設ケ雙方人民ノ往來ハ自由タルヘシ但シ兵器ヲ携帶スルモノハ公文又ハ護照ナクシテ境ヲ越ユル

コトヲ得ス雜居區域內產出ノ米穀ハ韓民ノ搬出ヲ許ス尤凶年ニ際シテハ尙禁止スルコトヲ得ヘク柴草ハ舊ニ依リ照辨スヘシ。

第六條　淸國政府ハ將來吉長鐵道ヲ延吉南境ニ延長シ韓國會寧ニ於テ韓國鐵道ト連絡スヘク其ノ一切ノ辦法ハ吉長鐵道ト一律タルヘシ開辦ノ時期ハ淸國政府ニ於テ情形ヲ酌量シ日本政府ト商量ノ上之レヲ定ム

第七條　本協和ハ調印後直ニ效力ヲ生スヘク統監府派出所竝文武ノ各員ハ成ルヘク速ニ撤退ヲ開始シ二箇月ヲ以テ完了スヘシ日本國政府ハ二箇月以內ニ第二條所開ノ通商地ニ領事館ヲ開設スヘシ

右證據トシテ下名ハ各其ノ本國政府ヨリ相當ノ委任ヲ受ケ日本文及漢文ヲ以テ作成セル各二通ノ本協約ニ記名調印スルモノナリ

明治四十二年九月四日北京ニ於テ

大日本特命令權公使　伊集八彥吉

宣統元年七月二十日

大淸國欽命外務部尙書會辦大臣　梁敦彥

## （附）第四、二十一箇條々約抄

大正四年五月二十五日締結

第一條　日本國臣民ハ南滿ニ於テ自由ニ居住往來各種ノ商工業ニ從來スルコトヲ得

第二條　日本國臣民ハ南滿洲ニ於テ各種ノ商工業上建物ヲ建設スル爲メ又ハ農業ヲ經營スル爲メ必要ナル土地ヲ商租スルコトヲ得

第三條　日本國臣民ハ東部內蒙古ニ於テ民國ト合辦ヲ以テ農業及附隨工業ノ經營ヲナサントスル時ハ民國政府ハ此ヲ承認スルコト

## (附) 第五、總督府ト外務省トノ協定內容

在滿朝鮮人ノ保護撫育ニ關シ、大正十年七月總督府ト外務省トノ間ニ協定ヲ行ヒタルカ其ノ內容左ノ如シ

1、教育ニ關スル施設
2、衛生ニ關スル施設
3、防疫ニ關スル施設
4、金融ニ關スル施設
5、產業ニ關スル施設
6、救濟ニ關スル施設

朝鮮總督府ニ於テ擔當シ、專ラ之レカ保護助長ノ任ニ當リ

1、警察取締ニ關スル施設
2、朝鮮人會指導監督ニ關スル施設
3、調査就籍ニ關スル施設

外務省側ニ於テ之ヲ擔當シ、專ラ保護取締ノ任ニ當リ夫々連絡提携シテ、撫育保護ノ完璧ヲ期スルコト

## （附）第六、支那領土内ニ於ケル朝鮮人ノ居住取締方針ニ關スル日支警察官憲間ノ協定（所謂三矢協定）

第一條　支那在留朝鮮人ノ居住ニ關シテ支那官憲ニ於テ淸鄕章程ニ依リ其ノ戸口ヲ嚴査スヘク朝鮮人ハ各戸ノ登錄ヲ了シタル上互ニ善行ヲ保證シ相互ノ非行ニ付連帶責任ヲ負擔スヘシ

第二條　支那官憲ハ管下各縣ニ通令シ在留鮮人ノ武器ヲ携帶シ朝鮮ニ侵入スルコレヲ嚴禁スヘク之ヲ犯ス者ハ即時逮捕ノ上朝鮮官憲ニ引渡スヘシ

第三條　支那官憲ハ即時朝鮮人團體ヲ解散シ其ノ武裝ヲ解除シ所有ノ銃器ヲ捜索シテ之ヲ沒收スヘシ

第四條　地方各官憲ハ隨時朝鮮人所有ノ銃器火藥ヲ嚴重捜索シ之ヲ沒收スヘシ但農民ノ使用スル鳥類驅除用ノ銃器ハコノ限リニ在ラス

第五條　支那官憲ハ朝鮮官憲ノ指名スル朝鮮人團體首領ヲ即時逮捕ノ上引渡スヘシ

第六條　日支兩國官憲ハ朝鮮人團體取締ノ實況ヲ相互ニ通報スヘシ

第七條　日支兩警察ハ擅ニ越境スルコトヲ得ス緊急ノ必用アルトキハ相互ニ對手方ニ對シ代ツテ必要ノ處置方ヲ請求スヘシ

第八條　從前ノ懸案ハ雙方誠意ヲ以テ一定ノ期間ヲ限リ解決スヘシ

大正十四年六月十一日奉天省交涉署ニ於テ

奉天全省警務處長　于　珍

朝鮮總督府警務局長　三　矢　宮　松

# （附）第七、滿洲ニ於ケル朝鮮人指導方策

昭和八年十二月關東軍司令部

## 第一、方針

一、滿洲ニ於ケル朝鮮人ニ對シテハ適當ナル保護ヲ加ヘ其ノ生活ノ安定ヲ計リ以テ滿洲國ニ於ケル民族協和ノ精神ニ合致スル如ク指導ス爲之先ツ現ニ在住スル者ニ對シ生活安定ノ方法ヲ講シ次テ新規移住者ニ及フ

## 第二、要領

二、在滿日本最高統制機關ハ關係諸機關（滿洲國ヲ含ム）ト連繫シ滿洲ニ於ケル朝鮮人ノ指導ヲ統制ス

關東廳、在滿大使館、領事館、朝鮮總督府派遣機關及滿鐵會社等ハ當分ノ間概ネ現制ノ儘其業務ニ當リ必要ニ應シ兼務者ヲ設ケ相互ノ連繫ヲ容易ニスルモ將來朝鮮人指導統制ヲ容易ナラムル如ク指導機構ノ改正ヲ期ス

三、朝鮮人ノ保護統制ヲ容易ナラシムル爲勉メテ其ノ集團化ヲ計リ統制アル集團ノ下ニ定着セシムル如ク指導ス爲之國境接壤地方特ニ間島地方ノ安定策ヲ講シ次テ東邊道及其他ノ地方ニ及フ

四、間島地方ハ定住鮮人同地方ニ於ケル全人口ノ約八割ヲ占メ既ニ集團ノ形態ニ在ルヲ以テ金融、教育、 療及警備等ノ諸施設ヲ補備改善ス

東邊道地方ニ在リテ間島ニ準シ指導スルモ差シ當リ現狀ヲ基礎トシ適當ノ地區毎ニ集團化ヲ圖リ必要ニ應シ所要ノ保護撫育ヲ加フ

其他ノ地方ニ散在スル（避難中ノ）者ニ對シテハ成ルヘク原住地附近ニ近キ適地ニ集團セシム

四、集團地ニ於テハ漸次團體ヲ組織セシメ且地方的ニ之ヲ聯絡統制スヘキ機關ヲ設ケ各地團體ノ統制指導ヲ容易ナラシム
爲之朝鮮民會ヲ組織シ直接人民ノ指導誘掖ニ當ラシメ尙緊要ナル地方ニハ聯合民會ヲ設ケ關係民會（人員僅少ナルトキハ民會支部）ノ聯絡統制ニ任セシム

其他産業、經濟、警備、社會事業等ヲ處理スル爲各種組合ノ組織ヲ奬勵ス特ニ金融組合ニハ資金ヲ融通シ其組織ヲ幇助スルコトニ努ム

五、朝鮮人ノ定着ヲ助長スル爲内地移民ニ準シ其ノ實行機關ヲシテ必要ナル事業ヲ實施セシムル外必要ニ應シ所要機關ヲ特設シテ之ニ當ラシム

但現況ニ即スル緊急事項ニ對シテハ取敢エス應急的處置ヲ講ス

朝鮮人移民事業ハ土地ニ關スル斡旋資金ノ貸付、生産物ノ販賣並ニ需要品購入ノ斡旋ヲ主トスルモ特ニ高利貸務ノ整理農耕資金ノ融通避難民ノ救濟等ノ緊急事項ハ速ニ處理スルコトニ努ム

六、勞働者ハ成ルヘク農業ニ轉セシメ且ツ努メテ是レヲ定着セシム又其統制ヲ容易ナラシムル爲民會ヲ組織スル如ク指導シ自由勞働者ニ對シテハ職業紹介等ニ就キ必要ナル保護ヲ加フ

商工業者ニ對シテハ自由營業ニ支障ナカラシメ必要ニ應シ金融上ノ保護ヲ加フ

七、朝鮮人保護取締ニ關スル施設ヲ改善スルト共ニ其ノ指導ニ當リテハ自力更生ノ精神ヲ涵養シ且思想善導ニ努ム

教育、衛生、警備等ニ必要ナル費用ニ對シテハ理現ニ準シ當局ノ補助ヲ持續スルモ成ルヘク速ニ自立シ得ル如ク指導ス

教育ハ鮮内教育制度ニ準シ且滿洲國ノ事情ヲ加味シ普通教育ト實業教育ヲ主トシ又適當ナル宗教ノ普及、言論機關ノ

指導等ニ依リ思想ノ善導ヲ圖リ特ニ有識階級者ノ指導ニ努メ且排日共產思想ノ取締ヲ勵行ス
警備豫算ハ地方ノ肅淸スルニ伴ヒ逐次助長行政ニ充當スルコトニ努ム

八、滿洲國側ノ朝鮮人統治ハ民族協和趣旨ニ基キ指導セシムルモ集團地方ニ於テハ特ニ行政機構ヲ其特性ニ應セシメ目所要ノ內鮮人ヲ〆入スル如ク指導ス

## （附）第八、圖們會談內容

昭和十一年十月二十九日夜圖們領事館分館ニ於テ、北鮮視察中ノ南朝鮮總督ト間島巡視中ノ植田關東軍司令官トガ會見シタ。右ハ所謂滿鮮一如ノ精神ニ基キテ、兩地ノ依存關係ヲ協議シタモノデアル。蓋シ滿洲國獨立以前ニハ滿鮮ノ境界ハ即チ國境線デアツテ、外交的ニモ、產業的ニモ、交通的ニモ、政治的ニモ高ク墻壁ヲ築カネバナラナカツタ。然ルニ滿洲國ノ成立後ハ日滿一體ノ關係トナツテ、此處ニ餘リ高キ墻壁ヲ除キ、雙方ノ融和互助ニヨリテ雙方ノ便利ト發達トヲ期セントスルモノデアル。具體的問題トシテハ、滿鮮ブロツク經濟ノ研立ヲ期シ、滿鮮不可分關係ヲ協定スベキ滿鮮兩者首腦部ノ經濟合作協議ル關シ、滿鮮ノ共同利害ヲ有スル治安維持ル關シ、政治ブロツクニ關シ移民ニ關スル問題等デアル（此項「滿洲年鑑」ヨリ）

## （附）第九、在滿朝鮮人指導要綱

昭和十一年八月十五日關東軍司令部

### 指導方針

一〇一

在滿朝鮮人ハ滿洲國ノ重要ナル構成分子タルコトヲ眞ニ自覺セシメ自ラ其素質ヲ向上シ內容ヲ充實セシムルト共ニ喜ンテ滿洲國民タルノ義務ヲ履行シ進ンテ滿洲國ノ發展ニ貢献セシメ治外法權撤廢ニ伴ヒ其主權下ニ於テ他民族ト協和融合シ均等ノ條件ヲ以テ各般ノ方面ニ堅實ナル發展ヲ遂ケシムル如ク指導ス

## 指導要領

一、在滿朝鮮人ヲシテ滿洲國構成ノ重要分子タルニ背カサル如ク自ラ其內容ヲ淨化充實スヘキ精神ヲ覺醒振興セシメ特ニ義務履行ノ觀念及勤勞精神ノ助長ニ努ム

爲之速ニ先ツ核心的指導階級ヲ養成把握シ且各種ノ現存民衆團體ハ其性質ニ應シ滿洲帝國協和會ニ統合シ自淨的敎化ヲ行ヒ從來ノ相剋不統一ヲ是正ス

二、在滿朝鮮人ニ對スル朝鮮總督府從來ノ諸施政ハ治外法權撤廢ニ伴ヒ逐次滿洲國ニ移爲シ軍司令官兼全權大使ヲ通シ滿洲國政府ヲシテ實施セシメ彼等ヲシテ眞ニ滿洲國民タルノ意識ヲ徹底セシメ喜ンテ其施政ニ服シ進ンテ滿洲國ノ發展ニ貢献セシム

三、在滿朝鮮人ニ對シ必要ナル物質的補助ノ實施ニ當リテハ徒ニ彼等ノ自力更生ヲ害スヘキ虞アル小乘的施與ヲ避ケ產業開發及敎化施設等ノ改善ニ充當シ勤勞自彊ノ美風ヲ助長セシム

四、舊東北政權時代ノ暴政ニ對スル反動的觀念ト一部ノ誤レル優越感トヲ抑制シ民族協和ノ建國精神ヲ徹底セシメ他民族トノ融合ヲ圖リ之ト均等ノ條件處遇ヲ以テ各般ノ方面ニ緊實ナル發展ヲ遂ケシム

五、在滿朝鮮人ハ其實力ニ應シ適所ニ從ヒ他民族ト他民族ト同等ノ資格ヲ以テ官吏ニ任命ス

特ニ間島東邊道ノ如キ地方ニ於テ然リトス然レトモ之カ實現ニ當リテハ人格實力ヲ要慮シ急激ナル變草ヲ避ケ朝滿人

間ノ對立的感情ヲ激化セシメサル如ク留意ス

六、朝鮮人ノ移民ハ主トシテ間島、東邊道地方ニ集結セシムル如ク積極的ニ指導奬勵シ其ノ他ノ地方ニ於テハ軍事上ノ必要ト現在並將來ニ於ケル內地人ノ移殖トヲ妨ケサル範圍ニ於テ勉メテ地區每ニ集團セシムル如ク如ク指導統制ヲ加ヘ特ニ農民ノ定着心ヲ養ハシメ其堅實ナル經濟的發展ノ根基ヲ確立セシム

右ニ基ク取扱要領別册ノ如シ

七、在滿朝鮮人ハ滿洲國內ノ治安維持ニ任シ且漸ヲ逐ヒテ國防ノ責務ヲ負擔セシム

備　考

法權撤廢ニ伴フ敎育及金融施設並國籍法ニ關シテハ別ニ之ヲ定ム

（註）昭和十三年に至り第六號は全部修正されその他は治廢に依り一部修正さる（附第十三參照）

## （附）第十、滿洲國ニ於ケル鮮農取扱要領

昭和十一年八月二十四日關東軍司令部

一、全滿ノ農耕地ヲ鮮農取扱上ノ見地ヨリ次ノ三地區ニ區分スルコト

(1)、鮮農ノ入植ヲ指導援助スヘキ地區

(2)、國防上鮮農ヲ入植セシメサル地區

(3)、其他ノ地區

二、第一項第一號ノ地區ニ對スル鮮農ノ取扱ハ次ノ要領ニ依ルコト

(1)、鮮拓ノ該地區ニ於ケル鮮農用地ノ取得ニ對シテハ積極的ニ援助スルコト

(2)、鮮招ヲシテ他地區ニ於ケル鮮農ヲ本地區ニ誘導セシムルコト

三、第一項第二號ノ地區ニ對スル鮮農ノ取扱ハ次ノ要領ニ依ルコト

(1)、鮮農移植ノ爲新規ニ土地ヲ取得シ又ハ入植セシムルコトナキコト

(2)、既ニ入植シアル鮮農ニ對シテハ別ニ定ムル所ニ依リ鮮拓等ニ於テ成ク速ニ之ヲ他ノ地區ニ移植集結セシムルコト

四、第一項第三號ノ地區ニ對スル鮮農ノ取扱ハ次ノ要領ニ依ルコト

(1)、內地人移民ノ入植豫定地區ニ對シテハ原則トシテ鮮人ノ移住ヲ認メス已ニ入植セル鮮農ニ對シテハ條件附短期更改ノ小作契約ヲ爲サシメ逐次他地區ニ移植集結セシムルコト

(2)、前號ノ地區以外ノ地區ニ對スル鮮農ノ取扱ハ努メテ地域毎ニ集結セシメ且先住民トノ融合ヲ爲サシムル爲適當ナル統制ヲ加フルコト

備考

一、第一項第一號及第二號並第四項第一號及第二號ノ地區ノ區分ハ附圖ニ依ル（附圖略―纂者）

二、滿洲國軍屯田兵タルモノノ取扱ニ關シテハ別ニ定ム

(註) 本要領は康德五年七月二十五日決定の「鮮農取扱要領」に依り廢止されたり（纂者附第十二參照）

## （附）第十一、法權撤廢ニ伴フ朝鮮人關係ノ行政事務施設經費等ノ處理ニ關スル件

法權撤廢ニ伴フ朝鮮人關係ノ行政事務施設、經費等ノ處理ニ關シ昭和十二年康德四年十月十五日、六日、七日、八日ノ

四日間朝鮮總督府ニ於テ左記ノ如ク協定セリ

記

第一、別途協定事項

一、朝鮮總督府又ハ道ニ所屬スル施設ノ補償ニ付テハ別ニ協定サルヘキ一般的要領ニ依ル

二、朝鮮總督府又ハ道廳ニ所屬スル官吏待遇官吏其他ノ職員ノ身分待遇ニ付テハ別ニ協定スル標準ニ依ル

三、朝鮮總督府所屬ノ引繼範圍ハ別ニ協定ス

四、法權撤廢後ニ於ケル朝鮮總督府ハ滿洲國トノ經費負擔ニ關シテハ別ニ協定スル處ニ依ル

第二、在滿朝鮮人子弟教育行政處理要領

一、方針

在滿朝鮮人子弟ニ對スル教育（初等教育）ハ日本人タル本質ノ下ニ滿洲國結成分子トシテ建國ノ本旨ニ合致スル如ク之ヲ實施スルモノトス

二、國旗及國歌

日本人タル本質ヲ失ハシメサル爲少ク共四大節ニハ國旗ノ掲揚、國歌ノ合唱ヲ爲スコトトシ尚教育勅語ノ奉讀ニ付テハ日滿間ニ於テ別ニ協定スル方針ニ依ルモノトス

三、經費

凡テ現狀ノ儘引繼ヲ受ケ康德五年一月一日ヨリ我國新學制ニ依ラシムルタメ必要ナル準備ヲナスモノトス但シ前記教

育方針ニ鑑ミ教育ノ實質ヲ現狀ヨリ低下セシメサル樣考慮スルモノトシ尙教科內容及教科書編纂等ニ關シテハ日本側ト協議スルモノトス

1、經　營　主　體

(イ)、間島省內ニ在リテハ咸鏡北道ノ六校ハ縣立トシ其ノ他ハ滿洲國一般ノ例ニ依ル

(ロ)、其他ノ地域ニ在リテハ原則トシテ別紙要項ニ基キ學校組合ヲ設クルモノトス

學校組合ヲ設ケサル地域ニ於テハ現ニ存スル朝鮮人ノ教育機關ハ縣、街村等一般行政團體ニ於テ之カ經營ニ當ルモノトス但シ私人ノ經營ニ依ルモノハ(ハ)號ニ依ル

混住地帶ニ於テハ別ノ機關ヲ設ケス滿蒙人ト共學セシムル爲適當ナル措置ヲ講スルモノトス

(ハ)、私人ノ經營學校ハ漸次公立ニ引上ケ又ハ之ニ統合スルモノトス

2、經　　費

現狀ヲ低下セシメサルモノトシ經營主體ヲシテ負擔セシムルモノトス之ニ對スル滿洲國側及朝鮮總督府ノ補償金又ハ交付金ニ付テハ別ニ定ムル處ニ依ル

四、施設及職員ノ引繼

別ニ定ムルモノヲ除クノ外教育關係ノ施設及職員ハ原則トシテ現狀ノ儘學校組合又ハ當該地方團體ニ之ヲ引繼クルモノトス

前項ノ施設ノ引繼ハ之ハ無償トス

五、監　督

監督及其他教育行政ハ凡テ滿洲國一般學制ノ定ムル處ニ依ルモノトシ之カ爲引繼職員ノ一部ヲ以テ當該監督機構ノ充

實ヲ圖ルモノトス朝鮮人教育機關多數存在スル地方ニシテ視學ヲ配置スル場合ニ於テハ朝鮮人又ハ朝鮮ノ事情ニ精通セル者ヲ以テ之ニ充ツル樣考慮スルモノトス

六、間島光明學園ニ對シテハ當分ノ間從來ノ通外務省及朝鮮總督府同樣ノ補助金ヲ交付スルモノトス

七、東光學校ノ補助ニ付テハ別途研究スルモノトス

附　記

移讓サルヘキ學校ト日本側學校トノ相互ノ進學及轉學ニ付テハ支障無キ採日滿兩國側ニ於テ適當ノ方法ヲ講スルモノトス

別紙一

學校組合要項案（省略）

別紙二

朝鮮人學校組合設置要項（省略）

第三、移民事務處理要領

一、既存ノ朝鮮人移民施設ニ付テハ其ノ事務、職員ト共ニ一切之ヲ滿洲國ニ引受ケ從來ノ方針ノ下ニ總督府同樣ノ保護施設ヲ爲シ移民ノ營農定着ニ遺憾ナカラシムルモノトス

前項ノ施設ノ引繼ハ之ヲ無償トス

二、新ニ入國スル朝鮮人移民ノ施設ニ付テハ既定ノ鮮農移住統制並安定實施要領其ノ他滿洲國ノ一般方針ニ依ルモノトス

三、前號ノ移民ニ對シ朝鮮總督府ニ於テ特別ノ施設ヲ爲サントスル場合ハ豫メ滿洲國ト協議ノ上朝鮮總督府ノ負擔ニ於テ滿洲國側之ヲ實施スルモノトス

四、前號ノ朝鮮總督府負擔經費ハ滿洲國政府ニ之ヲ交付シ政府ハ適宜ノ機關ヲシテ實施セシムルモノトス

五、前各號ノ外朝鮮人移民ニ關シ滿洲國內ニ於テ處理スヘキ事務ハ一切滿洲國側ニ於テ之ヲ實施スルモノトス

## 第四、金融會處理要領

一、金融會ニ關スル日本側トノ協議事項ハ治外法權ノ全面的撤廢ト同時ニ之ヲ撤廢スルモノトス

二、金融會聯合會ハ差當リ之ヲ存置シ其ノ理事長ハ金融合作社聯合會理事長ヲシテ兼ネシムルモノトス

三、滿洲國ハ金融會ニ對シ當分ノ間從來朝鮮總督府カ與ヘタルト同樣ノ保護ヲ加フルモノトス

四、朝鮮總督府ノ貸下金及補助金ヲ資源トセル金融會ニ對スル貸付金ノ免除ニ付テハ滿洲國ハ事前ニ朝鮮總督府ト協議スルモノトス

五、朝鮮總督府ニ於テ補償ノ實ヲ有スル金融會聯合會ニ對スル東拓及滿鮮拓會社ノ貸付金ハ滿洲國ニ於テ責任ヲ以テ返還セシムルモノトス

## 第五、衛生施設處理要領

一、道立會寧病院龍井分院及同延吉分院ハ之ヲ其ノ施設職員ト共ニ間島省公署（省地方費）ニ引繼クモノトス

二、囑託醫ハ之ヲ原則トシテ現狀ノ儘縣市囑託トシ當該縣市公署ニ引繼クモノトス

三、朝鮮人ニ對スル巡回診療等ニ付テハ從來前ノ程度ヲ低下セシメサル樣考慮スルモノトス

移讓朝鮮人學校經費負擔區分ノ件

一、康德四、五年兩年度ニ於テ日本側ハ移讓朝鮮人初等教育費トシテ兒童一人當七圓トシ四五七、〇七六圓（兒童數六三、八六八）ヲ負擔スルモノトス

二、滿洲國側ハ右經費トシテ間島省內現在ノ咸北道立普通學校ノ兒童ニ對シテハ一人當年一八圓トシ七四、五三八圓（四、一四一人）其ノ他ノ兒童ニ對シテハ九圓トシ五三七、五四三圓（五九、七二七人）計六一、二〇八一圓ヲ負擔スルモノトス

三、康德四五兩年度ニ於テハ朝鮮人學校組合ハ兒童一人當リ三圓ノ負擔ヲナスモノトス

學校組合ヲ設ケサル地域ニ在リテハ前項ノ負擔金ハ授業料其他トシテ徵收スルモノトス

四、各學校ノ豫算割當額ハ前各號ノ算出根基ニ拘ラス概ネ現狀ヲ基礎トシ之ヲ定ムルモノトス

備考

康德四五年兩年度トアルハ四年度ニ於テハ一月トス

右ノ通協定セルニ付テハ相互ニ充分治外法權撤廢ノ根本旨ヲ體シ各條項ニ對シテハ責任ヲ以テ之カ實行ヲ約スルモノトス

昭和十二年　十一月六日

康德四年

記名　印

# (附) 第十二、鮮農取扱要領

康德五年七月二十五日決定

## 方針

在滿朝鮮人指導要綱ニ基キ朝鮮人農業移民ニ對シ必要ナル指導保護ヲ加フルト共ニ適宜之ヲ統制シ以テ其ノ安定ト堅實ナル發展ヲ期セントス

## 要領

一、新規入植戸數ハ差當リ年概ネ一萬戸トス
前項ノ限度ヲ變更スル場合ハ移民事務處委員會ノ議ヲ經ルモノトス

二、滿洲國政府ハ前年度適宜ノ時期迄ニ地域並ニ種類別入植戸數ヲ決定シ朝鮮總督府ニ通知スルモノトス

三、朝鮮總督府ハ前號ノ通知ニ基キ移住希望ノ農民ニ對シ移住地域別入植者ヲ決定シ之ニ移住證明書ヲ發給スルモノトス

四、朝鮮總督府ハ移住證明書ヲ所持セサル者ヲ入滿セシメサルヤウ適宜ナル措置ヲ講スルモノトス

五、滿洲國政府ハ入滿鮮農ノ統制並ニ輔導ノ爲鮮滿國境必要個所ニ拓政辦事處ヲ設置スルモノトス

六、移民ノ選定ニ當リテハ其ノ素質ニ重點ヲ置キ入滿後滿洲國ノ構成分子トシテ遺憾ナキヲ期スルト共ニ必要ニ應シ鮮滿兩者ニ於テ訓練ヲ實施スルモノトス

七、新規入植者ハ土地ノ情況其ノ他ノ事情ノ許ス限リ別ニ定ムル地域ニ集團入植セシメ若ハ一般的ニ適宜ノ方法ニ依リ集

合又ハ分散セシムルモノトス

八、入植者ハ其ノ安定ヲ期シ得ル限リ必ズシモ自作農トスルヲ要セス宜シキニ應シ小作農トシテ入植安定セシム

九、新規入植地域ハ國境地帶其ノ他特ニ定ムル地域以外トシ每年度ノ具體的入植區域ハ政府ニ於テ鮮拓、金融會其ノ他關係機關ト協議ノ上之ヲ定ムルモノトス

十、新規入植者ノ土地ノ選定及之カ入植ニ付テハ協和會、地方行政機關鮮拓金融會其ノ他關係機關協力シ必要ニ應シ其ノ指導援助ヲナスモノトス

集團入植ノ用地ハ未墾地ヲ原則トシ其ノ整備要領ハ內地人移民用地ノ場合ニ準ス、

十一、集合又ハ分散入植地ニ於テハ原住民耕作地トノ調整ニ付考慮スルモノトス

十二、既住鮮農ニシテ營農ノ基礎確定セス浮動シアル者ニ對シテハ適宜安定措置ヲ講スルモノトス

備考

1、國境地帶其他特ニ定ムル地域ニ既住スル鮮農ノ處置ニ付テハ一般原住民ノ例ニ依ル

2、本要綱ニ對應シ鮮拓、金融會、農務稅等ノ關係ヲ調整シ其ノ機能ヲ合理的ナラシムル方途ヲ講スルモノトス

之ニ基ク要領ハ別ニ定ム

3、從來ノ「鮮農取扱要領」「鮮農移住統制並ニ安定實施要領」及「全細目」ハ之ヲ廢止ス

## (附) 第十三、在滿朝鮮人指導要綱第六號內容變更ノ件

昭和十三年七月二十五日關東軍司令部

「在滿朝鮮人指導要綱」第六號ヲ左ノ通改メ其ノ他ニ就テハ治外法權撤廢ニ伴ヒ修正若ハ削除ス、

一一一

朝鮮人農業移民ハ軍事上其ノ他ノ必要ニ依リ適宜統制指導シ特ニ農民ノ定着心ヲ養ハシメ以テ堅實ナル滿洲國構成分子トシテノ經濟的發展ノ根基ヲ確立セシム

## （附）第十四、滿洲開拓政策基本要綱附屬書中朝鮮人開拓民關係文書

昭和十四年（康德六年）十二月二十二日、日滿兩國政府決定

### 其ノ一、朝鮮人開拓民ニ關スル件

一、朝鮮人開拓民ハ開拓農民ニ重點ヲ置キ差當リ現在ノ實施計劃ニ依リ移住セシメ將來之カ數的擴充ヲ期スルモノトス

二、集合開拓民ノ數ハ集團開拓民ノ數ト併セ考慮スルモノトシ差當リ新規移住戶數ノ過半タラシムル樣努ムルモノトス

三、移住要領ハ集團開拓民ニ在リテハ概ネ日本內地人集團開拓民ノ例ニ集合開拓民ニ在リテハ從來滿鮮拓ノ實施シタル集團部落建設ノ例ニ準シ夫々現地ノ實情ニ應シ精粗其ノ宜シキニ從ヒ速ニ自立自營シ得ル如ク指導スルモノトス尙必要ニ應シ先遣隊制度ヲ實施ス

四、集團及集合開拓地ノ行政經濟機構ハ原則トシテ滿洲國制度ニ融合歸一セシムルモ移住後當分ノ間ハ開拓民ノ型態及開拓地ノ實情等ニ應シ街村制及經濟協同機構ノ運用ニ付適宜ノ考慮ヲ加ヘ輔導安定ニ遺憾ナカラシムルモノトス

五、朝鮮人開拓民ノ訓練ハ開拓民幹部、基幹開拓民、一般開拓民、中堅青年開拓民等ニ對シ夫々ノ目的ニ應シ朝鮮ニ在リテハ朝鮮總督府其ノ他關係機關之ニ當ルモノトシ其ノ訓練ニ付密接ナル連繫ヲ保持スルノ措置ヲ講スルモノトス

其ノ二、既住朝鮮人農民ノ安定輔導ニ關スル件

一、既住朝鮮人農民中安定セサル者ニ對シテハ物心兩方面ヨリ極力之ヲ安定々着セシムル如ク輔導シ以テ健全ナル滿洲國構成分子タラシムルモノトス

二、協和會運動ノ强化ニ依リ極力精神的安定方策ヲ講スルト共ニ自力更生計劃ヲ樹立シテ營農ノ合理化ヲ圖リ農家經濟ヲ充實セシムルモノトシ之カ爲指導者ノ養成及訓練ヲナスモノトス

三、耕作地ヲ確保セシムル爲自作農創定又ハ小作權ノ移動防止等有效適切ナル方途ヲ講スルト共ニ榜靑制度ヲ嚴ニ禁止スルモノトス

四、既住朝鮮農民安定ノ爲メ必要ナル金融ニ付テハ適當ノ方途ヲ講スルモノトス

## （附）第十五、第二次滿鮮協定

康德九年八月南總督訪問直後

基本方針ト指導要綱

一、基本方針

東亞共榮圈確立ノ根幹タル日滿支一體ノ中軸タル日滿一德一心ノ國是ニ基キ滿鮮一如ノ關係ヲ强化助長スルニ在リ

二、指導要綱

(1) 滿鮮一如ノ精神ハ第一次圖們會談以來滿鮮間ノ國防、行政、經濟、產業、交通、貿易等ヲ助長シ來タル成績ニ鑑ミ

一一三

今後一層之ヲ強化助長スルモノトス

(2) 滿洲側ニ於テハ内鮮一體ノ朝鮮統治ノ根本方針ヲ尊重シ之ニ全幅ノ協力ヲナスト同時ニ朝鮮側ニ於テハ滿洲國ノ一德一心ノ建國精神、民族協和ノ指導精神ヲ尊重シテ之ニ全幅ノ協力ヲナスコト

(3) 日本ノ國籍ヲ有スル在滿鮮人ハ皇國臣民タル本質ヲ基礎トシテ善良ナル滿洲國人民タル教養ヲナスモノトス爲之

イ、人情、風俗、習慣ノ異ル傳統ヲ急激ニ變更セシメス漸次善導スルコト

ロ、青少年訓練學校生徒ノ練成ヲ通シ家庭及社會ニ滲透セシムルコト

(4) 滿鮮間ノ案件處理ニ當リテハ滿鮮一如ノ精神ニ則リ各問題毎ニ實際ニ則スル樣協議解決スルモノトス

(5) 滿鮮間ノ相互認識ヲ強化スル爲メ有効適切ナル具體的方策ヲ考究スルモノトス

(6) 煽動的民族意識ヲ鼓吹シ半島ノ皇國臣民化ニ對シ妨害ヲ加ヘ亦ハ滿洲國ノ民族協和ノ指導ヲ破壞シ銃後攪亂ヲ企圖スルガ如キ思想動向ニ對シテハ嚴ニ之ヲ取締ルモノトス

## 三、實施方策

(1) 滿鮮間ノ案件ノ現地處理ノ爲メ懇談會協議會ヲ開催スル等適宜ノ措置ヲ講究スルモノトス

(2) 前項目的達成ノ爲メ人事交流ニ關シテモ考慮ス

(3) 滿鮮官公吏及民間有力者ノ相互實地視察及隔意ナキ懇談ニ依リ個別的接衝ニ努メシメ現地ノ實情ニ對シ相互間ノ認識ヲ深カラシムルコト

(4) 每年交互ニ滿鮮經濟、教育、開拓等各部間ニ亘リ懇談會ヲ開催スル等緊密ナル連絡ヲ圖リ滿鮮一如ノ基本方針達成ニ遺憾ナラシムルコト

(5) 相互間ニ關聯アリ又ハ將來アルベキモノト豫想サルル事項ニ對シテハ常ニ遲滯ナク相互通報スルコト

（附） 第十六、朝鮮人輔導機能整備要領 （康德九年十一月中央本部）

第一、目　的

朝鮮人輔導ニ付テハ一般分會工作トシテ各級本部之ニ當ルヲ原則トス然レトモ朝鮮人ノ傳統境遇等ノ現情ニ照シ一般分會工作ノミニテハ之ガ輔導ノ萬全ヲ期シ難ク殊ニ從來朝鮮人ニ對スル指導機構ハ動モスレバ會機構ヨリ遊離スル嫌アリタルノミナラズ之ガ指導機構ノ組織モ區々タルモノアルヲ以テ左記ノ要領ニ依リ各級本部ノ補助機構トシテ朝鮮人輔導機能ノ一元的整備充實ヲ圖ラントス

第二、要　領

一、朝鮮人輔導分科委員會設置

イ、縣市本部（首都本部ヲ含ム）ハ市ニ於テハ朝鮮人人口概ネ五千人縣ニ於テハ概ネ一萬人居住シ或ハ前記ノ人口ニ充タザルモ現地ノ特殊事情ヲ勘案シ朝鮮人輔導ニ關スル會務ニ付企畫審議ヲナス爲市縣本部委員會ニ朝鮮人輔導分科委員會ヲ設置ス但シ間島省各縣本部ニ於テハ該地本部委員會直接本輔導分科委員會ノ機能ヲ遂行スルモノトス

ロ、輔導分委員會ノ構成ハ德望信用アル指導者ヲ以テ之ニ充ツルモノトシ之ヲ契機トシテ從來諸種ノ運動ニ於ケル鮮系ノミノ活動ノ弊風ヲ一掃シ日鮮系指導者ヲ中心トシテ之ガ指導ニ當ル事ヲ要ス

ハ、省本部ニ於テモ前項ニ準ジ朝鮮人輔導分科委員ヲ設置スル事ヲ得

二、朝鮮人輔導部設置

イ、縣市輔導分科委員會ヲ設置シタル現地本部ニハ一般分會運動ニ依リ消化シ得サル朝鮮人ノミニ日常生起スル相互扶助斡旋、職業輔導、問事、弊風改善等ノ實踐指導ノ爲現地本部内ノ事務機構トシテ朝鮮人輔導部ヲ設置スル事ヲ得

ロ、朝鮮人輔導部長ハ輔導分科委員會ノ日系委員中ヨリ副部長ハ鮮系委員中ヨリ適任者ヲ以テ之ニ充ツルモノトス但シ現地ノ實情ニ應ジ已ムヲ得ザル場合ハ此ノ限ニ在ラズ

朝鮮人輔導部ノ現地採用職員ハ協和會第一號囑託トシ之ガ給與ハ當分間第四項ノ收入ヲ以テ支辨スルモノトス

三、民族別分會ノ解消

各地ニ於ケル民族別分會ハ此ノ際解消シ其ノ業務ノ中一般地域分會ニ關スル事項ハ之ヲ當該地分會ニ移讓シ朝鮮人ニ關スル相互扶助斡旋、職業輔導、問事、弊風改善等ノ事項ニ付テハ當該地本部朝鮮人輔導部ニ吸收スルモノト

四、經　費

縣市本部朝鮮人輔導部事務運營ニ要スル經費ハ本部一般經費ニ依ル外篤志寄附金補助金（關係機關）竝事業收入ヲ以テ之ニ充ツ

## 第三、措　置

一、吉林市本部協和俱樂部安東、佳木斯市本部朝鮮人輔導部等ハ本要領ニ基キ適宜之ヲ改組ス

二、現地本部ハ民族別分會ノ職員、財產ノ措置ニ付關係機關ト協議ノ上適宜處理シソノ處理經過ヲ省本部ヲ通ジ中央本部長ニ報告スルモノトス

三、朝鮮人輔導分科委員會及朝鮮人輔導部ヲ設置シタル時ハ直ニソノ委員及部長、副部長ノ名簿竝朝鮮人一般概況等會係書類ヲ添ヘ中央本部長宛報告スルモノトス

## （附） 第十七 全聯ニ現ハレタル鮮系關係議案（康德九年十一月）

一、康德貳年度全聯
〇1、金融圓滑化ニ關スル件
◎2、小作權確保ニ關スル件
〇3、移民事業助成ニ關スル件

二、康德參年度全聯
〇1、滿鮮人間ノ租佃並ニ水利問題ニ關スル件
◎2、教育方針ノ確立ト制度刷新並ニ教育施設ノ普及改善ニ關スル件
〇3、農村救濟並ニ金融機關設置ノ件
〇4、民族協和具體化ノ件
〇5、國內移民ニ對スル政府補助ノ件

三、康德四年度全聯
◎1、在滿朝鮮人教育問題解決策促進ノ件
◎2、滿鮮人間ノ小作料問題及ビ水利問題ノ件
◎3、在滿鮮農ノ小作權確保ノ件
◎4、在滿鮮人ノ小作確保ノ件（奉天省聯提出）
◎5、朝鮮人移民ニ關スル件（濱江、首都、奉天各省聯提出）

附）第十八、鮮系國民開段拓沿革一覽表

（康德九年十二月協和會中央本部調査部）

| | |
|---|---|
| 期別年次概觀 | 第一期（皇紀二五〇〇年——明治初年）<br>道光同治<br>私越潛耕時代 |
| 戶口分布 | ○私耕スル者續出<br>○道光二十七年鴨綠江西岸四十二ケ所ニ私墾地アリ<br>○東邊道一帶事實上解放サル（同治年間）<br>○間島又全ジ<br>○戶口江岸數百戶 |
| 政治的事情 | 清朝封禁政策<br>李朝江禁政策<br>私。鳳凰城附近ノ私墾ヲ許ス（道光二八）<br>↑ 正面衝突 ↓ |
| 經濟的事情 生產 | ○筏夫、藥草採集者ソノママ安定定スルモノ多シ |
| 經濟的事情 生活 | 朝鮮人ノ渡江欲<br>○假小屋程度ノモノニ住ス |
| 思想的事情 | ○李朝ハ内心韓民ノ越耕ヲ喜ブモ清ノ威勢ヲオソレ表面江禁政策ヲトリタルモノ如シ<br>——朝鮮ハ暗黒 |
| 背景的事情 | ○間島ノ歸屬明確ナラズ東邊道又閑曠地帶ナリ、流民私墾ニヨリ清韓兩國事實上默認セザルヲ得ザリキ |
| 備考 | ○分布ハ「點」ヨリ「線」形ニ次變形セントス |

## 第二期（明治初年——同末年）

| 明治初年ヨリ二〇年マデ | 明治三十年マデ | 明治末年マデ |
|---|---|---|
| 混迷時代 | 奬勵時代 | 制度整備時代 |
| ○韓安縣下約一、〇〇〇戸（一三）<br>○漸次間島入植優勢トナル | ○鴨綠江沿岸ニ三七、〇〇〇名（三〇） | ○奉天附近五〇〇〇名（四一）<br>○間島七萬八千名（四〇年）<br>戸口 一五〇、〇〇〇 |
| ○鴨綠江岸ニ二十八面ヲ設置ス（三）<br>○清國局子街ニ招墾局ヲ設ク（一〇）<br>○朝鮮側江禁ヲ徹廢ス（一六）<br>○韓民ニ納税ヲ初メテ課ス（一七） | ○鴨綠江岸ニ二四面ヲ設置ス（二一）<br>○韓國西邊界管理使任命（三〇） | ○露兵間島使署（三三）<br>○鴨綠江岸ニ鄕約設置（三六）<br>○露兵間島徹退（三九）<br>○統監府出張所開設（四〇）<br>○間島協約（四二）<br>○間島領事館設置（四二）<br>○龍井朝鮮人民會生ル（四四） |
| | | ○奉天附近ニ水田始マル（三九） |
| ○小作關係始マル | | ○間島ニ移住權獲得（四二） |
| ノ末期漸ク去リ開化ノ黎明漸ク衰レントス—— | | ○李相卨（民族主義者）龍井ニ入ル（三五）<br>○大倧敎入滿（三八）<br>○ハルピン伊藤公狙擊事件（四〇）<br>○思想家渡滿多シ |
| ○巳巳ノ大凶（二）<br>○日韓修好通信條約（九）<br>○清國琿春ニ副都統ヲ置ク（一四）<br>○金玉均帝立ツ（一五）<br>○清韓第一回定界碑談判會寧ニ於テ開ク（一八）<br>○仝第二回交涉開始（二〇） | ○仝第三回交涉ヲナス（二一）<br>○和龍恪ノ越墾局ハ韓民ノ歸化ヲ強制ス<br>○東學黨亂起ル（二七）<br>○日清戰爭（二七、二八） | ○韓國行營ニ鎭衛隊ヲ置ク（三三）<br>○親露派李容翊立ツ（三七）<br>○韓國保護國トナリ外交權日本ニ移ル（三八）<br>○日露戰爭（三七、三八）<br>○民族主義國體新民會生ル（二八）<br>○海牙密使事件（四〇）<br>○日韓合併（四三）<br>○東拓營業開始（四三） |
| | | |

## 第三期（大正初年—同十三年）

| 大正七年マデ | 大正十三年迄 |
| --- | --- |
| 清國側ノ壓迫漸ク現ハル | 民族主義胎動シ移民熱高騰ス |
| ○北鮮農民ノ入滿ニ加フルニ南鮮農民ノ入滿始マリ、同時ニ移住地ハ間島ヨリ全滿ニ擴ガラントスル形勢ニアリ | ○年移住四萬名（八）<br>○年移住約三萬人（一〇）<br>○間島地方ニ約三五萬<br>○其他二〇萬<br>戸口 五三〇、〇〇〇 |
| ○總督府派遣員制度ヲ布ク（大正元年）<br>○各地ニ朝鮮人民會生ル（二十）<br>○二十一ケ條々約（四） | ○民族主義諸團體勢力ヲ得<br>○日本軍琿春討伐（九）<br>○間島ニ領事館警察十四ケ分署設置（一〇）<br>○支那右ニ對抗シ各地ニ延吉警察廳ノ分署ヲ置ク（一一） |
| | ○間島各地ニ金融部生ル（一〇）<br>○各地ニ金融會生ル（一〇） |
| ○支那人ノ小作人トナルコトヲ通例トス | ○精神的ニ安定セズ |
| ○瑞典、紐育、桑港、巴里等ニ獨立請願<br>○民族主義諸團體各地ニ勢力結集 | ○民族主義胎動<br>○民族主義諸系ノ各學校勢力ヲ得<br>○民族運動武裝者九、八八〇人ヲ算ス<br>○琿春領事分館襲擊サル（六九）<br>○上海京城等ヨリ共産主義者入滿（一二） |
| ○歐洲戰爭（三一七）<br>○ウイルソン、民族自決問題ヲ提唱ス（七） | ○萬歲騷動（八）<br>○朝鮮內ニ流言流布サル<br>○上海ニ假政府ヲ置ク（八）<br>○鮮內ニ小作爭議十九件アリ（九）<br>○東拓ノ爲メノ立退者二七、〇〇〇戸（九）<br>○外務省ト總督府在滿朝鮮人保護撫育ニ關スル協定ヲナス（一〇）<br>○東亞勸業會社設立（一一）<br>○天圖鐵道（三峯、龍井間）開通ナル（一二） |
| 「線」的分布ガ「面」ニ變形ス | |

# 第四期 大正十三年——昭和七年

| 大正十五年迄<br>大移動時代 | 昭和七年迄<br>壓迫ニ依ル大受難時代 |
| --- | --- |
| ○入滿ルート<br>1、安東經由<br>2、三条經由 | ○五四萬二千(昭元)<br>○歸還並ニ移動者<br>○勞働者五〇〇〇戸(二)<br>○六〇萬七千(五)<br>○半ケ年間ノ歸還並ニ移動者三萬ヲ越ユ(昭六)<br>戸口 八〇〇、〇〇〇 |
| ○三矢協定 | ○組織的鮮農壓迫始マル(二)<br>○政治主體(昭六)（外務省 總督府 領事館 關東長官 滿鐵 關東軍 思想團體）<br>○萬寶山事件(六)<br>○滿洲事變(六)<br>○滿洲建國(昭七大同元) |
| ○間島ニ於ケル耕地總面積ノ四八%ヲ所有ス(一三) | ○畑作一六萬五千町歩(昭二)<br>○水田一二萬四千町歩(昭二)<br>○間島土地所有總面積ノ五五%(四)<br>○安全農村建設始マル(七) |
| ○間島ノ生活漸ク安定ノ緒ニ就ク | ○流離分散甚シ<br>○都市ニ於ケル朝鮮人ノ惡質ノモノ多ク生活不明朗ナリ<br>○奉天附近丈ノ難民二萬人(六) |
| ○朝鮮内民族、共產主義兩立亂舞ス<br>○朝鮮共產黨滿洲總局成立(一五) | ○參議府、正義府、新民府鼎立(二)<br>○共產運動全盛時代(一、二、三、四)<br>○朝共滿洲總局解散(三)<br>○中共滿洲省委ノ下ニ入ル(五)<br>○五、三〇暴動(五)<br>○民生團成立(七)<br>○右解散(七)<br>○日滿軍ノ共匪討伐開始(七) |
| ○鮮内ノ思想社會問題安定ヲ欠ク | ○歸化始マル<br>○内外經濟不況<br>○支那側ノ排日氣運胎動<br>○鮮内輿論激化ス<br>○鮮農ノ三割内外歸化ス(二)<br>○鮮内ニ至ル處ニ學校騷動起ル<br>○張作霖爆死(三)<br>○鮮内農村振興運動始マル<br>○平壤事件<br>○間島特別行政區設定運動(七)<br>○リットン調査團來ル(七) |

## 第五期（大同元年建國ヨリ今日ニ至ル）

| 康德四年迄 | 康德九年迄 |
| --- | --- |
| 統制移民計畫時代 | 國策開拓民入植時代 |
| ○六三萬四千（大同一）<br>○平均一年八萬入滿ス<br>○間島四二萬二千（康元）<br>○其ノ他二十九萬六千（康元）計七一萬八千<br>— | ○都市失業者六萬名<br>○浮動鮮農五萬戶<br>戶口概算 1,500,000 |
| ○關東軍第三課ニ朝鮮班ヲ設置ス（大同元）<br>○民政部拓政司ニ第二科ヲ設置ス<br>○在滿朝鮮人指導要綱確立サル（康三）<br>○鮮農取扱要領設定サル（康三）<br>○鮮農移住統制並ニ安定實施要領決定ル（康四）<br>○治外法權撤廢サル（康四）<br>○民會解散（康四） | ○鮮農入植取扱要領定ル（康五）<br>○協和會ニ於ケル鮮系輔導要綱定ル（康九） |
| ○農業約十萬戶ニシテ全戶數ノ約七割ニ當ル（大同一）<br>○商業約三千戶（大同一）<br>○牧畜漁撈數十戶（大同一）<br>○官公吏等三、四〇〇人（大同一）<br>○勞働者約一割（大同一） | ○金融會興農合作社ニ統合（七）<br>○畑作三〇萬町<br>○水田二五萬町<br>○籾七〇萬頓生產（康八） |
| ○間島ニ九ケ所ノ集團部落出現（大同一） | ○漸ク安定ノ域ニ入ル |
| ○延吉ニ共匪歸順縣會設置（大同元）<br>○間島ノ治安亂ル<br>○東北人民革命政府成立（大同二）<br>○協助會成立（康元）<br>○昭和六年ヨリ五年間ニ間島ニ於テ共匪、六八〇〇名檢擧サル<br>○間島式ノ歸順者二千五百餘名（康三）<br>○在滿鮮系排共運動ヲ展開ス（康四） | ○金日成東邊道ニ跳梁<br>○協和理念青年間ニ檢討サル<br>○東南地區工作後援會活動開始（七）<br>○金日成逃亡說（康八） |
| ○滿鮮日報日刊サル（大二）<br>○日本國際聯盟脫退（大二）<br>○鮮內拓植會社生ル（康三）<br>○滿鮮小作爭議三一、〇〇〇件（康四）<br>○鮮系官吏多數採用サル<br>○鮮內ニ於ケル皇民化運動熾烈<br>○都市鮮系工作ヲ協和會ニテ實施（康四） | ○志願兵訓練實施（五）<br>○間島ニ特設部隊設置（五）<br>○滿洲開拓國策基本要綱定ル（六）<br>○內地渡航者激增サレ年十三萬（六）<br>○朝鮮移住協會成立（七）<br>○總督府ニ對シ在滿有志敎育問題陳情（七）<br>○大東亞戰爭勃發（八）<br>○皆勞報國運動實施（八）<br>○協和會ト總力聯盟懇談（九）<br>○徵兵制發布（九）<br>○全滿鮮出共荷ニ有志起ツ（九） |